礼仪金说
LIYIJINSHUO

交
仪
社
礼

金正昆 著

北京联合出版公司
Beijing United Publishing Co.,Ltd.

目　录

目 录

绪 论

礼仪就在你身边

各位好，我非常高兴地来和各位探讨有关交际礼仪的一些具体问题。

首先，我想明确一下什么是礼仪。"礼"这个字的意思是什么呢？它是一种道德规范：尊重。孔子说过："礼者，敬人也。"在人际交往中，既要尊重别人，更要尊重自己，此即礼者敬人。但是你只是口头说说尊重没用。别人怎么知道你心里想什么？这就要求你善于表达，它需要一定的表达形式。你得会说话，你得有眼色，你得懂得待人接物之道。因此，在人际交往中我们不仅要有"礼"，而且还要有"仪"。

"仪"，就是恰到好处地向别人表示尊重的具体形式。下面，我来举一个简单的例子。我来讲课，主持人会介绍说"请金老师上场"。因为这儿是一个礼仪讲堂，金教授我就是老师，我在给台下的听众讲课。当然我们应该谈谈交往艺术的游戏规则。倘若你是外人，到人民大学也好，到北京大学也好，如果你不是我的学生，你也不是我的同事，游戏规则的一般要求则是：你不能叫我金老师，而要叫我金教授。为什么？在人际交往中，你要尊重交往对象，就要使用尊称，而使用尊称的一般性技巧是就高不就低。谁叫我金老师呢？主持人可以叫我金老师，我听说在座的有中学生、大学生，你们也可以叫我金老师，因为我的职业就是老师嘛。但是，如果是对外交往或跨行业、跨地区交往的话，你最好别叫我金老师，而是要叫我金教授。当然，我也见过不在行的人：

　　一天，有位同志对我说："我也想叫你教授，但是我不知道你评上没有。"我笑了，我告诉对方："你不太懂得游戏规则。到什么山上唱什么歌，你对别人尊重，你跟别人打交道，假如你没有使用必要的尊称，就会失敬于对方。"

　　我们再举一个简单的例子：逢年过节，家里会来客人。过春节的时候，过元旦的时候，有时候家里来的客人彼此之间是不认识的。作为主人，你要有基本的礼貌，你要为客人进行相互介绍。根据现代礼仪的游戏规则，谁是介绍人呢？女主人。我到你家串门去，我碰到老王、老李，我不认识他们。比如，我是你的朋友，你是男士，丈夫，那么你老婆的朋友也来了，我们彼此之间不认识，谁是介绍人？女主人。要介绍一下这是"人民大学金教授"，那是"化工学院王老师"，替我们彼此作一个介绍。你若不介绍，有时候就会失礼。

　　有一天，我到一个地方去，大家彼此之间就说起孩子来了。关心下一代，家长之天性也。一位女同志跟我年龄差不多，四五十岁，她说："我的孩子要报考大学了，不知道报什么专业好？"
　　旁边有一位同志知道我在学校工作，就把话题往我这儿引，问她家里是男孩还是女孩。
　　答："是女孩。"
　　这个同志就说："女孩还是报师范好，现在当大学老师，又体面，又有稳定的收入，而且将来还可以教育好自己的孩子。最重要的是有寒暑假，这对女人比较好。"

那位女同志马上说："我们家孩子才不想当老师呢！当教授有什么意思，'教授教授，越教越瘦'。"她当时还说了一些其他比较难听的话。

过了一会儿，她问我："你在什么地方高就？"

我说："我就是越教越瘦的那种人。"

为什么会出现这种情况？因为这家的女主人忘了作介绍了，其实她要先跟我们彼此说说话，介绍一下张三和李四，那就不至于失礼了。因此，礼和仪在现实生活里往往不可或缺。

实际上，你善待自己也好，善待别人也好；你尊重自己也好，尊重别人也好，都既要有礼，又要有仪，礼就是尊重，仪就是表达。也就是说，既要坚持尊重为本，又要掌握必要的表达方式。没有礼，是没有仪的！

比如，我给各位出一个小问题，大家可以扪心自问，倘若遇到这个问题怎么办：打电话时谁先挂？我们在比较正式的场合和别人通电话，你也别管是座机还是手机，请问打电话时谁先挂？

这个问题，其实就是礼和仪的问题。我遇到的同志经常犯以下两个常识性的错误：

第一个常识性错误是谁先打谁先挂，即误认为主叫方应当先挂断电话。

第二个常识性错误是什么呢？等着对方挂！这个说法根本没有操作性。你想想：我人民大学规定打电话对方挂，你清华大学也规定打电话对方挂，人大和清华两家通话时将出现何种状态？两边都不挂，死扛，大说其废话。那么，到底应该谁先挂呢？

交际礼仪有其游戏规则：地位高者先挂。

我在单位里上班，不管我的上司是男士还是女士，是年龄大还是年龄小，是我的学生还是我的同事，在职业道德中，尊重上级是一种天职，所以游戏规则是：上司先挂电话。我是一名北京市教委的工作人员，我和国家教育部通话，我不用考虑教育部的那个人是部长还是科员，因为他代表上级机关，所以上级机关的人先挂。现在我们国家和政府强调立党为公、执政为民，那么群众给我们的公务员打电话，不讨论，群众先挂。现在在商务交往中讲客户是上帝，不讨论，服务行业及其企事业单位和客户通话时，客户先挂。我经常跟别人开玩笑说："金老师我怕老婆，一般和老婆打电话都是老婆先挂，否则怎么能够证明她是我家老大。"地位高者先挂！我讲授礼仪时喜欢强调：你要尊重别人，你就得以适当的方式表现出来，否则你说什么叫尊重，没有形式就没有其内容。

如果要让我来具体地解释礼仪，我喜欢从以下三个角度来讲。

第一个角度，礼仪是人际交往的艺术。现代社会生产力发达，人们的交际圈扩大，现代交通和通信技术使我们可以"坐地日行八万里，巡天遥看一千河"。我们交际圈子扩大以后，拿自己跟自己村里人打交道的游戏规则去对付外人，可能就没有用。比如，国家人事部颁布的《国家公务员行为规范》，第八条最后一句话是四个字——讲普通话。为什么要求公务员讲普通话？因为普通话是国家法律规定所要推广的，讲普通话有助于全国人民之间的有效沟通。你讲方言土语，有人会听不懂。

我上大学的时候，七八个同学住一间宿舍。开学头一天，七个人准时报到，第八个同学是从四川来的，来晚了。那时候也没有什么夜班车、早班车。好不容易我们睡着了，大概凌晨两三点，这位四川兄弟进来了。他好不容易找到自己的宿舍，进门，开灯，灯不亮，学校怕我们淘气，拉闸了。他自己就嘟囔，讲的是四川话："老子床在哪里？老子床在哪里？"他乱摸，把我们摸醒了，还当我们老子，我们当然很不高兴，我们在黑暗中窥视他，不吭气。他后来急了："龟儿子，你们说话呀！"结果"龟儿子"们就联合起来把"老子"给打了一顿。我们那时挺淘，也不是真打他，反正挺不高兴，就骂骂咧咧地给了他几下。很久之后才知道他有点冤，因为四川话里什么"老子"、"龟儿子"，跟北京话里哥们儿、兄弟姐妹什么的差不多，并没有什么装你长辈的意思，也没有把你当晚辈贬低或讽刺的意思。

这实际上就是没有有效沟通的结果。现代人交际圈大了，有时候不讲交往艺术就会自找麻烦。

再来问你一个问题：倘若你们想向金教授要张名片，怎样索取比较方便？

有一天，我在一个地方散步，一个同志过来说："金教授好，你有片子吗？"他倒挺直奔主题的。但说实话，他是不是有点糙？现代人要讲教养。不讲教养的人，在交际中往往会四处碰壁。

金教授喜欢讲一句话：教养体现于细节，细节展示素质，细节决定成败。

人与人之间打交道，有的时候细节之处如果不注意，往往就会自找麻烦。

一天，我到一所大学去，有位领导跟我说：一名博士生被推荐到一个国家机关去面试，他考试成绩优秀当然没得说，公务员考试也通过了。去面试时，最后一圈了，那个机关的领导要见他，他却晚到十分钟。没有别的原因，就是因为晚到十分钟，于是那个机关就不要他了。

这里面存在着一个个人修养的问题。教养其实体现于每一个人做人做事的具体细节之中。细节展示素质，细节决定成败。如果不注意细节，有时真的很麻烦。

回过头来再说，在人际交往中，索取名片省事的办法是有的。一般来讲，以下四个办法比较常用。

第一个办法，是交易法。它的具体方法，就是先把自己的名片递给对方。所谓将欲取之，必先予之，来而不往非礼也。想要索取金教授的名片最省事的办法，就是先把自己的名片递给金教授。不管金教授愿意不愿意，我得回你一张，我不至于告诉你"收到"。我在舞会上碰到一个女生，我是一个男生，我想认识她，我总不至于傻乎乎地上去问："同学，你叫什么名字？""这位女士，你怎么称呼？"你这样问太笨！你要聪明的话，你那时可以先作自我介绍。比如，坐飞机我们俩坐一块儿了，"这位女士，认识您很高兴，我是人民大学的老师，我叫金正昆。"我先自我介绍一下，你就得回应我一下。你不会只说"嗯"。来而不往非礼也，这是基本的游戏规则。

第二个办法，是明示法。明示法，就是明着说明自己的本意："金教授，认识您很高兴，能换一下名片吗？"在一些场合，此种直截了当的表达方法，往往也行之有效。

第三个办法，是谦恭法。倘若这个人地位比较高，身份比较高，你可以给他先作一个铺垫：“金教授，听你刚才这个讲座很受启发。我本人呢，也深感自己在交往艺术方面有待提高，跟你相见恨晚。现在知道你很累了，不便打扰你，你看以后有没有机会继续向你请教？”“以后有没有机会继续向你请教”这句话，实际上就是暗示“老金，能不能把电话号码留下来”，就等于问我要名片。我想给你就给你，我不给你你也有面子。此种方法，即谦恭法。

第四个办法，是联络法。比如，金教授我今年46岁了，对面坐一个女中学生也就是16岁。我想要她的名片，总不至于说“以后如何向你请教”吧？那样她什么感觉，碰上坏人了。说实话，太夸张了。我要跟一个晚辈或者跟一个平辈要他的名片，我可以说：“认识你很高兴，希望以后能够与你保持联络，希望今后还能与你再见，不知道怎么跟你联系比较方便？”“不知道怎么跟你联系比较方便”这句话的言下之意，就是要你的名片。你要愿意给我，我谢谢。不愿意给我，咱俩都不伤面子。如果你不想给我，其实很容易，你可以这样讲：“金教授，

以后还是我跟你联系吧。"其言下之意是："我以后就不跟你联系了。"这是一条很巧妙的退路。这种方法，即联络法。

第二个角度，礼仪是有效的沟通技巧。"闻道有先后，术业有专攻"。人和人打交道，沟通是比较困难的一条。有时候你如果不注意沟通，就会问题不断。比如，我举个简单例子：你说别人穿衣服，谁愿意穿的衣服让别人觉得自己没有品位？！待人接物，谁愿意让人说自己糊涂、傻？没有吧？我深信我国人民不管是城市的还是乡村的，不管是企业家、知识分子还是农民、工人，都有学习礼仪、运用礼仪的愿望，因为没有人愿意让别人觉得自己没有教养，没有人打算让自己丢人现眼，更没有人愿意伤害别人。有的人之所以弄巧成拙，主要在于他不懂礼仪。不知礼怎么去讲礼，不知礼就没办法去讲。虽说"沟通无极限"，但是沟通往往存在着困难。正确地运用礼仪，方可有效地进行人际沟通。

比如，我举一个简单的例子，现在的高楼、大厦，宾馆、酒店一般都采用无人驾驶电梯，假如你是主人，当你陪同多位客人出入这种电梯时，请问出入电梯的标准顺序如何？主人和客人应该怎么走，主人是先进先出，还是后进后出？

陪同客人出入电梯，假如是无人驾驶的升降式电梯，标准做法是什么呢？陪同人员需要先入，后出。为什么？有以下两个原因：

第一个原因，安全。你把门一打开，就把客人让进去，你能够保证电梯底板同时到位吗？万一它不上来呢？万一里面有坏人呢？

引导不就是带路嘛，是故引导者一定要走在前面。你在前面带路时，你往往需要提醒被陪同者此处有楼梯、有台阶，那个地方比较暗，请他留意，所以引导者必须走在前面。

第二个原因，方便。下次您坐电梯时，请您注意：电梯门口那个钮，我们把它叫做升降钮。一按它,电梯就来了。但是,它一般有设定的程序,大概几十秒钟就自动关门走了。我经常遇到这种事——客人还没上完,陪同人员着急了,拿胳膊跟电梯门搏斗,或者用脚挡在那里,还有的同志大喊"快来"。此举非常非常有损个人形象。如果陪同人员先进入电梯按住有开门标志的按钮,就不会出现这样的尴尬。电梯到达目标楼层,再次按住开门按钮,等客人陆续下完再出电梯。如此即方便了客人进出,也显得待客周到。

穿衣服时,谁愿意不讲规则与品位呢?没有吧?但是你要不懂有关的规则就很可能贻笑大方。比如,夏天的时候有人穿露脚趾、露脚跟的凉鞋,很多女孩子穿。但是依据"礼",这种露脚趾和露脚跟的凉鞋适穿的场合则是有要求的。在非常重要的场合,上班的时候,特别是穿制服的时候,穿露趾和露跟的凉鞋是不得体的。当然倒过来说,如果你要休闲度假到海滨去,到海南、到泰国去旅游,那就另当别论。在那种地方,你要穿着高跟鞋或套装反而不伦不类,它其实有一个适用场合的问题。

再举一个例子,在非正式场合穿露趾凉鞋是可以的,但是穿露趾凉鞋还有一条游戏规则:不能穿袜子。穿露脚趾凉鞋就是要透气啊,你要再穿一双袜子则叫煞有介事,等于告诉别人"自己的腿上有情况",比如,汗毛粗重、毛孔粗大、胎斑色痣,害怕被别人发现。所以你穿露趾凉鞋时煞有介事地穿上一双袜子,自己觉得挺正规,看在行家的眼里却是稍逊一筹。这里我讲的是沟通技巧。礼仪就是一种沟通技巧。

又如,男人穿西装亦有它的游戏规则。请问:男同志穿西装的最高水准的要求是什么?

我在此要介绍的是三色原则。穿套装也好,穿套裙也好,穿制服也好，基本的游戏规则是：全身颜色皆应被控制在三种之内。包括上衣，包括下衣，包括衬衫，包括领带，包括鞋袜在内。比如我穿西装套装，套装是一个颜色，深色的；鞋袜是一个颜色，黑色的；衬衫是一个颜色，白色的；这就三色了。那么领带呢，领带只有一种选择，领带的颜色和西装是一个颜色为佳。当然，喜庆场合，比如，国庆或参加少数民族节日，喜庆一点，我可以打紫红色领带，那是比较特殊的情况。在一般情况下，三色原则是着装最基本的游戏规则。我有一个习惯，一个人要穿着西装，打着领带向我走来时，我通常不太在乎他自报家门，而是喜欢把他身上的颜色数一数。我的经验是：在他的身上，三种颜色一般是懂规矩的，四种颜色一般是不太懂规矩的，五种颜色以上肯定是不懂规矩的。

再如，一个男人穿西装外出的话，尤其在国际交往中，我们一般要求其遵守三一律。什么叫三一律？就是你穿西装的时候，身上有三个地方应该是同一种颜色，哪三个地方？鞋子、腰带、公文包！它们三者应该是一种颜色，而且应当首选黑色。当然，我讲的是很正规的场合。内行看门道，讲究的男人出来的话，他的鞋子、腰带、公文包肯定是一个颜色，而且首选黑色。不过我也见过不在行的。

那天，我在机场见到一个老兄。他脚穿白皮鞋，腰系红腰带，手拿咖啡色手袋。当他看见我后，马上就过来了。没办法，我边上还有很多外国朋友呢，怎么也是咱们自己人，我想替他圆场，就问他："你今天为什么穿得这么花呀？"没曾想他告诉我："那还用说吗，哥们儿今年是本命年。"

此刻他跟我用的不是同一个标准，于是他与我的沟通出现了障碍。

第三个角度，礼仪是约定俗成的行为规范。现代人是讲规范的，规范就是标准。礼仪，其实就是待人接物时约定俗成的标准化做法。前面我们讲到了"教养体现于细节，细节展示素质"，其实规范就是展示于细节的。在任何情况下，规范的问题你要不注意，那就会比较麻烦。我们强调：礼仪不仅是交往艺术，是沟通技巧，而且也是行为规范！

当然，现代礼仪是划分得很具体的，不同的领域，不同的对象，都有不同的讲究。一般而论，现代礼仪可以分成以下五大板块。

其一，政务礼仪。它是国家机关工作人员、国家公务员在执行国家公务、为人民服务时所讲究的礼仪。

其二，商务礼仪。它是企业的从业人员在商务交往中所讲究的礼仪。

其三，服务礼仪。它是服务行业从业人员——酒店、餐厅、旅行社、银行、保险公司、医院等单位的从业人员，在其工作中所讲的礼仪。

其四，社交礼仪。它是人们在工作之余的公众场合，在其迎来送往、私人交往中所讲的礼仪。

其五，国际礼仪。它是我们中国人和外国人打交道时所要讲究的礼仪。

之所以要把政务礼仪、商务礼仪、服务礼仪、社交礼仪和国际礼仪分类介绍，主要是想说明什么呢？想要说明的是：它们有不同的适用对象，你不可能以不变应万变。我们举一个例子，中国人吃饭有一个习惯：给别人夹菜。一般的社交场合我们经常受到这种厚待，长辈要给晚辈夹个菜，主人要给客人夹菜，以示那种谦让和友善。恐怕各位都曾经受到过这种待遇，比如爹妈和老前辈给我们夹一筷子菜，礼让给你。但国际礼仪是绝不允许此举的。国际礼仪讲究的是：让菜不夹菜。为什么？道理很简单。换成另外一个角度，你又不知道我是谁，你又不知道我爱吃什么，你凭什么给我夹菜。不是讲尊重吗？尊重别人，就是要尊重别人的选择。你给我夹的那筷子菜，万一我不愿意吃呢？

有一次，我就非常倒霉。我肠胃不太好，不爱吃比较寒的东西。那天被一个同志请吃大闸蟹，他一会儿给我来一只，夹过来我就得吃。然后再给我夹一只，我又吃了。他连着让我吃了三只，我被他弄得连续一个星期胃痛。

他给你夹了菜，你没办法不吃。这还算好的，还有更差劲的。有人拿自己的筷子给你夹，还把筷子先在嘴里"处理"一下，等于给你派送一口唾沫，你说恶心不恶心？！不同的地方，是有不同的讲究的。如果彼此是熟人、自己人，就不讲这个。比如两个青年男女在谈恋爱呢，人约黄昏后，两人在属于自己的二人世界里一块儿说悄悄话，吃悄悄饭去了。那女孩子夹了一筷子菜，含情脉脉，给男朋友递过来了。可以想象那位帅哥当时会是什么感觉，他恐怕恨不得把筷子都吃了！此刻，他绝对不会要求对方出示健康证书之类的，那是没道理的。所以这里就要加以说明，礼仪它有自己特定的适用范围、适用对象，你不能弄错了。

———————————✦———————————

究竟什么时候需要我们讲究礼仪呢？大体上在以下三种情况下要讲究礼仪。

第一，初次交往。第一次打交道时，你要给人留下好的印象。你初次跟别人打交道，他不知道你姓甚名谁。比如，我现在跟各位在一块儿交往，我们假定要在这儿交往十天、八天，您知道我是一位礼仪专家，是一位大学教授，有的时候我随便点，这叫不见外。又如，你是我家孩子，或者是我晚辈，我给你夹一筷子菜，那我是看得起你，这个你挺高兴的。但我们彼此如果是不认识呢？不认识的话，上来给你夹菜，是不是有点不合适？所以初次交往要讲礼仪。

第二，因公交往。两国交兵各为其主。公事公办，有助于拉开距离。跟外单位、外行业的人打交道，即便是熟人也要讲礼仪，那样做有助于更好地进行公务交往。在因公交往之中，不能不讲究礼仪。

第三，涉外交往。"十里不同风，百里不同俗"。和外国客人打交道，有的时候你要不讲国际礼仪那就麻烦了。比如，北京的市花是月季和菊这两种花。逢年过节，尤其国庆前后都要用菊花装点国庆的北京。京城那时到处是菊花。但是有国际交往经验的人都知道，不少外国客人是比较忌讳菊花的，尤其是西方客人。在西方文化中，菊花往往是死人专用的。他们把它叫做妖花，叫葬礼之花。如果来了外国客人，你给他送了一盆菊花，那就等于是为他送葬。在西方，菊花往往在墓地摆放。你给他送一盆菊花，或放他家里去了，那怎么行？！所以，在涉外交往中，我们一定要讲国际礼仪。国际礼仪，其实就是人们在国际社会中所必须恪守的有关交际往来的"交通规则"。

———————◈◈———————

那么，我们为什么要学习礼仪、运用礼仪？

学习礼仪、运用礼仪，简而言之，通常具有以下三大作用：

第一个作用，内强素质。作为现代人，你跟别人打交道也好，你要做好本职工作也好，恰到好处地展示自己的素质都是非常重要的。教养体现于细节，细节展示素质。言谈、话语、举止行为，其实都是个人的素养问题。荀子曾说："礼者，养也"，就是此意。比如，个别国人，在国际交往中和正式场合往往不修边幅，那么有的时候就影响形象。有的同志在你对面一坐，习惯性地顺手把裤腿往上一拉，露出一条"飞毛腿"，这个顶多说明他发育正常。还有同志按着鼻孔，一下就把鼻涕之类发射出去了。我还见过最高境界，他不发射，自己消化，他一下就把那个东西咽下去了。这样的人并不多，但是说实话，如果你要遇到其中的一位，您说他的个人素质如何？

在国际交往中，上述那样的同志往往会影响国家形象，影响民族形象，也影响我们的地方形象。因为任何一个中国人到外国去了，在公众场合擤了一下鼻子，别人可能就说那是中国人擤鼻涕，说那是北京人擤鼻子，甚至说那是某单位、某部门的人擤鼻子！总之，我们的个人形象其实代表着组织形象，我们的个人形象代表着国家形象、产品形象和服务形象。

第二个作用，外塑形象。在国际交往中也好，在国内交往中也好，员工的个人形象，就是代表组织形象，就是代表产品和服务形象。有鉴于此，我们一定要时刻维护好自身形象。

那天，我问一位男同志："你为何不照照镜子？"

他问："我照镜子干什么？"

我说："请你用它去照一照鼻孔，检查一下自己的鼻毛吧。它已超出你的鼻孔之外。走近之后，我们都会发现你的鼻毛正在鼻孔之外随风飘摇。"

它实际上是一个个人形象问题。在国内交往与国际交往中，个人形象都是比较重要的。

　　第三个作用，增进交往。现代人都有这样的欲望：要多交朋友，广结善缘。一个人不管你愿意不愿意，你必然要跟别人打交道。古希腊哲人亚里士多德曾说："一个人若不和别人打交道，他不是一个神，就是一只兽。"革命导师马克思则强调过："人是各种社会关系的总和。"一个人不论做任何事情，做农民也好，做工人也好，做企业家也好，做官员也好，做学者也好，做学生也好，你肯定都要和别人交往。既然要跟别人交往，你就要掌握交往的艺术，所以学习礼仪有助于我们的人际交往。说话时你得会说，什么话能说，什么话不能说，它有游戏规则。对此，我们要了解，更要遵守。

　　总而言之，上面所提到的学习礼仪、运用礼仪的三大作用就是：内强素质，外塑形象，增进交往。我可以把它概括为一句话：使问题

最小化。它的具体含义是：学习并运用礼仪，能使你少出问题，或不出问题。说白了，就是可以令我们少丢人，少得罪人。从这个意义上说，就是使问题最小化。它实际上也是效益最大化。打个比方，我们搞外事工作，能为国民生产总值直接作什么贡献吗？能够多炼钢，多种粮吗？不可能的。但是，外事工作做好了，不出问题，就会有助于树立中国国际形象，有助于提升中国国际地位。从这个意义上讲，我们的外事工作不出问题就是对国家、对民族最大的贡献。因此，有助于使人际交往的问题最小化，是学习礼仪的基本作用。

下边，我再来简单介绍一下，交际礼仪有哪些基本内容。从总体上讲，它包括以下两大内容。

内容之一，叫做形象设计。形象设计，其实就是一个人的穿着打扮、言谈话语、举止行为。比如说，你是一个有教养的人，你和外人打交道时，不能够随便去置疑别人、训斥别人、诽谤别人，这就是教养，这是你的形象。另外，对穿着打扮你要具有基本的常识。那天，我对一个女孩子讲：戴首饰一般不能乱戴。戴贵金属首饰、戴珠宝首饰时，都要讲究以少为佳，协调为美。你戴八只戒指，你戴三串手镯、手链，胳膊一晃，跟呼啦圈似的，好看吗？实际上，你若有经验的话，会知道协调比较好看，少而精比较好看。比如，现在我要戴一枚黄金的胸针，那么我的戒指和项链最好就戴黄金的。现在流行戴白金戒指，我要戴项链，我就得同时戴白金项链。礼仪上的游戏规则把它叫做同质同色。其具体含义是：同时佩戴多种或多件首饰时，它们的具体质地、色彩都要相同。

有一次我去参加一个宴会，对面的一个女孩把我看晕了。她戴了四枚戒指：一枚是绿色的，翡翠的；一枚玳瑁的，黑色的；一枚玛瑙的，咖啡色的；一枚玫瑰金的，彩色的。由于穿着高领衫，她戴的项链看不见。耳环则有两组：一紫一蓝。人家很大方地问我："好看吗？"

我问："你想听真话还是假话？"

她问："啥意思？"

我说："那就跟你简单说吧，反正你戴的首饰都是好东西。"

她又问："什么意思吗？"

我说："把它们放一块不好看。"

她问："为什么呀？"

我说："它们远看像一棵圣诞树，近看像一座杂货铺。你戴的饰物质杂色乱，彼此之间串了味了。"

这里所要说的，其实是形象设计的问题。

内容之二，叫做沟通技巧。你跟任何人打交道，其实都是一种沟通。沟通之事，往往难乎其难。举个例子，说话。你跟别人说话，你得知道什么该说，什么不该说。不该说的就不能说，该说就要说。国际交往也好，社交场合也好，个人隐私的问题就最好不要去说。不问收入、不问年龄，这些是最基本的忌谈问题。遗憾的是，有的人就是不注意此点。

那天，一位同志问我："金教授，您一个月能挣多少钱？"

我跟他开玩笑，我说："挣的跟别的教授差不多。"

我的所答非所问，就是不想跟他就此进行深入探讨。

没想到他很认真地追问："那别的教授一般挣多少？"

我说："国家给多少，就是多少。"

他又再接再厉地打探："国家到底给你们多少？"

他其实是在有效沟通的环节上出了问题，他不了解有关的沟通技巧。

最后，我想来与大家探讨一下礼仪应该如何操作。毛泽东同志说过："学习的目的，全在于应用。"学习礼仪，当然也不例外。学习礼仪，自然而然是为了学以致用。

交际礼仪有着下列三个具体的特点：

第一个特点，规范性。它强调标准化操作礼仪，要求人们在交往中不可肆意妄为。

第二个特点，对象性。它要求人们到什么山上唱什么歌，见不同对象有不同说法，具体操作礼仪时因人而异。

第三个特点，技巧性。它告诉人们：礼仪是讲究技巧、重视操作的。

在实践中，对此三点均应加以认真的注意。

比如，名人、企业家，到公众场合去，其穿着打扮有个游戏规则，叫"男人看表，女人看包"。当然那是大人物、要人的规则。讲究的男人的表是比较有档次的，此即"男人看表"。当然，有的男人也不讲究，为什么他不戴表，你问他"几点"，人家不用看表，一看手机就知道了。"女人看包"则是说，比较讲究的女性，她包里放着什么东西，包是什么色彩的，她都很有讲究。不过我也见过很不讲究的。

那天我跟一位女同志换名片，我说："认识你很高兴，我们换一下名片吧？"她把包拿过来了，挺高档一个包。包一打开，首先拿出一包瓜子。我装没看见，其实看见了，是洽洽的。然后翻出一包话梅，接着冒出一只袜子。最后，她告诉我名片忘带了。该带的没带，不该带的带了。

在公共场合，人们在打量一个人时，讲究"女人看头，男人看腰"。"女人看头"是看什么？首先看发型，其次看化妆。注重个人形象的女性，对发型都比较介意。有社交经验的女人知道，在重要场合是要化妆的，这是基本礼貌。化妆是对交往对象和对别人的尊重。男人看什么？"男人看腰"，我给男同志留一个小问题，请你扪腰自问："男人看腰是看什么？"

"男人看腰"，其实不是看我们的腰粗不粗，也不是看腰带威风不威风。当企业家的人系着高档腰带还说得过去，我是一个大学生，我花爹妈的钱，我系一条登喜路的腰带，两千多块钱，别人肯定认为不合适吧？不是看你衬衫下摆有没有掖到裤腰里去，也不是看你弯腰时会不会露出一截秋裤！看什么呢，看下面这样一个细节：重要的场合，有地位、有身份的男人，比较讲游戏规则的男人，腰带上面挂不挂别的东西？有地位、有身份的男人腰上是不挂任何东西的！有的老兄往我们对面一站，我们就会发现他有点问题，他腰上别着手机一只，打火机一枚，瑞士军刀一柄，另外还有一把钥匙。说句不好听的话，他就是像是全副武装的远征军，很不正规。

综上而言，礼仪的操作实际上就是七个字：有所不为，有所为。什么叫有所不为？有所不为的意思，就是在重要场合、在待人接物时，有些事情不能去做。它规范了我们不能出什么洋相，不能犯什么错误。

比如，招待客人喝饮料，要是训练有素的公关人员、接待人员，你就会知道，绝对不能乱问问题。我经常遇到有人乱问，好心好意地乱问。

那天，我到一个单位去了，负责人没赶回来，女秘书刚赶回来。那位女秘书大概是大学生刚参加工作，经验少。她气喘吁吁跑来了，说："金教授，我们头还在后面呢，我先回来了。头儿交代了，让我伺候好你，要什么就给什么。"

我说："你夸张了，你这不是牺牲吗？你不能这么说。你也别跟我说别的，咱们搞一点喝的吧。"因为我们当时在一个酒店大堂里呢，两人傻站着，不合适。

她很实在地问我："金教授，喝点什么呀？"

有经验的人是不会问这种问题的。喝点什么？吃点什么？你想去什么地方玩？这叫开放式问题。那样去问问题，你会给客人无限大的选择空间！

如果你是当爸爸的，你宠你家孩子，你问他："孩子，今儿礼拜六，到哪儿玩？"美国迪斯尼！你飞得过去吗？当时那位女孩如此问我，我就开玩笑地答道："不客气了，来一杯路易十三吧。"

她当时眼都直了："你还真要？"

我问："为什么不可以？"

她说："那酒一瓶一万多。我没带那么多钱，我的口袋里一共只有三千多。"

我说："我告诉你吧，有经验的人，此时一定要使用封闭式问题。"

什么叫封闭式问题？就是给出所有选择，让对方从中挑选。比如，你招待金教授喝饮料时，你要这么问："金教授喝茶，还是喝矿泉水？"等于告诉老金：不喝茶，就只能喝矿泉水，不要想路易十三了。因此，"有所为，有所不为"的操作性是很强的。什么话能说，什么话不能说；什么事能做，什么事不能做，都是大有讲究的。

比如，穿西装时最不能出的洋相就是袖子上的商标没有拆掉。当然我们现在一般城市里的同志大部分都不至于出现这个问题了。刚开始流行西装的时候，有的同志的确不行。西装左边袖子上那个商标，按照游戏规则，一交钱一刷卡的话，服务生就该给你拆了。现在有的高档西装干脆就没有它了。一开始，有的同志不知道，认为袖子上有一个商标是名牌的标志。经常有人走路时有意做曲臂挺进状，他要露一手，不太好看啊。

有时候，还有一个有所为的要求。其含义是：在人际交往中，我们应该怎么去做。怎么把这个事给弄好点，怎么样展示自己的良好教养和训练有素。比如，你用手跟别人做指示，手最好不要指着别人身体——你、你、你，此举有教训之嫌，有指责之意。万不得已要指的话，手指要并着，掌心向上翻起来比较好看。若是手指指向别人的鼻子，或是向上勾动，则犹如要跟别人决斗。因此，应该怎么做，不应该怎么做，是有讲究的。

如上所言，具体操作礼仪主要有两个要点：

第一，有所不为。不能说的话、不能做的事、不能犯的错误别出现。

第二，有所为。怎样去把它做好一点？像我刚才所讲的穿西装的三色原则、三一定律，都是有所为。

在即将结束本讲之时，我还要强调一下学习礼仪、运用礼仪时，需要注重的三个基本的理念。

第一，**尊重为本**。"礼者，敬人也。"礼仪最重要的要求，就是尊重。尊重上级是一种天职，尊重同事是一种本分，尊重下级是一种美德，尊重客人是一种常识，尊重对手是一种风度，尊重所有人则是一种教养。我们必须强调：运用礼仪、学习礼仪时最最重要的就是尊重。当然，我们所强调的尊重，不仅是针对外人的，它同时也包括自尊。

第二，**善于表达**。和外人打交道时，你一定要恰到好处地把你的尊重和友善表达出来。你不去表达，像我们刚才讲的，打电话你不注意，穿衣服你不注意，和别人说话你不注意，你很可能就会自找麻烦，惹火烧身，影响到有效沟通。你对别人的尊重和自尊，往往可能会被别人误会。所以要善于表达自己的律己与敬人之意。

第三，**形式规范**。运用礼仪之时，你不能乱来。讲不讲规范，是你的个人素质问题；懂不懂得规范，则是你的教养和修养问题。

以上，就是我对交际礼仪所做的一个宏观概述。希望大家通过自己的学习和观察，通过自己的修养与努力，不断地增加自己在礼仪方面的知识，提升自己在待人接物方面的品位，增进自己的人际交往。

第 1 篇

社交礼仪概述

人际交往，是人类最基本的活动。

古希腊最伟大的哲学家亚里士多德在谈到人的本质时指出：人是社会的动物，因此他对于同其他人的交往不可离之须臾。一个人如果不同其他人进行任何形式的交往，那么他如果不是一个神，就只能是一只兽。换句话来说，他肯定不是正常的人。哲人在这里把话说到了极致，但他的这句名言却阐明了一个众所周知的大道理：一个人要生存、要发展，就不可能置身于社交之外。

社交，通常是对人们在社会上所进行的各种交际活动的简称。换言之，它所指的就是在社会上人与人之间的常规的交际往来。人类所以能够繁衍至今，并且生生不息，是因为他们必须履行自己的天职，男婚女嫁，生儿育女。由此而产生的恋爱、婚姻、敬老、爱幼，以至各种各样的待人接物，都与社交存在着直接或间接的关系。每个人进入青年时代，走进社会之后，要想把自己发愤进取的雄心壮志付诸实践，并不断取得事业上的成就，更离不开其良好的人际关系的经营。亲属的支持，师长的教诲，领导的培养，同事的关照，朋友的帮助，客户的合作……这一切在很大程度上都有赖于自己在社交方面的成功。

社交方面的成功，不能借助于虚伪和欺骗；而认定凭着自己的心直口快、朴实无华，就能在人际交往中频频得分，同样也是一种歧见。

这些做法，得逞于一时一事是有可能的，但是绝对不可能在社交中畅行无阻，永远成功。

假定我们承认自己在现实生活中或多或少离不开这种形式或那种形式的社会交际，那么就必须同时承认：成功的社交也是有规可循的。

在这里，我就来和大家探讨一下社交，探讨一下社交礼仪。

君不见：同样是表达一个意思，有的人说得简洁明了，亲切可人；有的人却说得冗长烦琐，让人难以接受。同样是和陌生人打交道，有的人人见人爱，口碑甚好；有的人却出口伤人，几乎没有什么知心朋友。上述情况与当事人的主观愿望关系不大，而主要是与他们对社交规则和惯例的了解、应用联系在一起的。

张韵就是一位在待人接物方面很懂分寸的小姐，在人际交往中，她总能恰到好处地不使他人处于窘境。一天工作之余，张小姐的客户问她："你觉得我穿的这身西装怎么样？"张小姐发现，该客户的西装在款式、剪裁、做工、面料、色彩方面几乎无可挑剔，但却人为地"留下"了一个致命伤：西装上衣的左袖上醒目的商标仍赫然在目。

制造厂商将西装的商标缝在上衣的左袖上，这种做法"问世"的时间并不长。其主要用意，在于方便顾客在购置西装时易于识别品牌。然而与此配套的还有一个规矩，那就是一旦顾客付款购买了一身西装，售货小姐必须首先替顾客拆下袖子上的这个"识别标志"。令人遗憾的是，这个规矩知之者甚少，即使是许多高档的名牌西装专卖店也没有相关的配套服务。久而久之，竟然以讹传讹，使不少男士错误地以为：西装上衣左袖上的那个小玩意儿正是名牌西装特有的标志，不但对它恋恋不舍，而且还刻意将它展示与人，唯恐别人看不到。

张小姐虽然早就知道这个规矩，然而客户的认真询问却依旧使她处于进退两难的境地：嘴尖牙利、直言不讳地告知客户："您真犯傻，不把袖子上的商标拆下来，是不是怕别人不知道您穿着名牌呢？"这样说，可谓是直率、痛快，可是却可能给出丑的客户以被奚落之感。要是明哲保身，对此一言不发，再多恭维客户两句，大家暂时都可以皆大欢喜，但日后客户因此被人非议，不是"损失"更大吗？所以也不能对此"不闻不问"。

接下来两人之间的对话是这样的："您这身西装是今年最流行的款式，而且肯定是名牌。它穿起来高贵、大方，非常适合您。"

"你这位有品味的小姐能这么讲，我就放心了。它可花了我两千多块呢。"

"您这身西装是手缝的，活儿真不错。只是袖子上的那个商标怎么有点皱呀？"

"这活儿没的说。可就是商标缝得不用心，只用两根线'连'着，才穿了两天线就断了。这是我自个儿缝的。"

"其实不缝它也行，那玩意儿可有可无，外国人一般买来西装后都会把它拆掉的。"

"是吗？那我也把它拆了吧。"

听完了张小姐与她的客户的这段对话，再仔细回味一下，你就不能不佩服她确有高明之处。对待客户，她尽职尽责地给予了忠告，但却表达得委婉自然，既没有尖刻地嘲讽，也不见得激烈过火。她的这种得体做法，就是得益于对社交规则的灵活运用。

人们在社交中应当加以遵循的社交规则和惯例，就是我们通常所说的社交礼仪。 我们在日常生活中的会面、问候、迎来、送往、约会、赴宴、馈赠、祝福，以及婚丧嫁娶等仪式，都离不开社交礼仪的规范。

在人际交往的各个侧面，社交礼仪是通过一系列约定俗成、行之有效的规则和惯例体现出来的。这些规则和惯例，通常是人们在其长期的人际交往中所逐步形成的一些习惯做法和先例，并且在社交实践中为越来越多的人所接受，被反复地、广泛地使用。

作为人们在人际交往中所必须遵循的规则和惯例，社交礼仪具有以下四大特征：

其一，它具有相对的稳定性。 它们一旦形成，并为人们所接受，就不会轻易退出历史舞台，更不会因为政局变动和经济问题而直接受到影响，相对而言，它是稳定不变的。

其二，它具有一定范围内的普适性。 虽然不同国家、不同民族、不同文化背景的人在社交中所要遵循的规则和惯例存在一定

的差异，但是由于交通、传媒的发达和国际交往的日益密切，它们中间的一些最基本的原则已普适于天下。

其三，它具有明显的效益性。 早在 15 世纪，西班牙女王伊莎贝拉就说过：遵循社交规则和惯例，"就好比持有一封永久的推荐信"，可以帮助人们更快地走向成功。大概正是因为这个缘故，它们才为越来越多的人所接受。

其四，它具有某种程度上的准强制性。 它虽不具备法律方面的强制约束力，但是道德和舆论的力量却使绝大多数人都不敢公然与之背道而驰。做一名高尚的人、纯粹的人、有道德的人、修养好的人、脱离了低级趣味的人、有益于人民的人，是许多人所追求的做人目标。而这一目标能否实现，在某种程度上是由人们把它和是否遵守社交规则、惯例联系在一起评估的。这就是我们所说的准强制性。

了解了它们的这些特征，将有助于加深我们对社交礼仪具体作用的认识。

社交礼仪的一个重要作用，就是善待他人。 孔子说："礼者，敬人。"孟子曰："尊敬之心，礼也。"他们的高度概括，是对社交礼仪重要作用的最好阐述。我们经常说要以礼待人，其用意不是为了虚伪、矫情，存心要搞形式主义，而是为了借助礼仪规范更好地向交往对象表达我们的敬重。

譬如说，路遇友人，应主动以适当的方式向对方打招呼，或是问候致意。不要自命清高，一心认死理："干嘛我要先讨好他，他有什么了不起的，凭什么不先跟我打招呼？"结果用鼻孔"看"人，或是低头疾走而过，失去了联络友人的一个机会。这种"目中无人"的做法，当属对友人的失敬。

再如，与人谈话，最重要的是要"会听"，以此使讲话者感觉到自己对他的尊敬。有的人偏偏不懂这一点，在他人讲话时，不是闭目养神，就是做一些挖耳屎、修指甲、看报纸之类的小动作，这是对讲话者明显的大不敬。

社交礼仪的另一个重要作用，就是能够融洽我们与他人的关系。在现实生活中，我们的一言一行、一举一动，都会受到种种标准的评判。既然每个人在本质上都有着得到他人尊敬的需要，而以礼待人是为了表达我们对他人的尊敬之心，那么受到我们尊敬的人自然会对我们投桃报李，与我们以诚相见、将心比心。这将对我们双方关系的和睦、融洽大有帮助。

国人所鄙视至极的"过河拆桥"、"无事不登三宝殿"、"嫌穷爱富"等行为，如果站在社交礼仪的角度上来讲，都因为对人失敬而导致了人际关系的不融洽、不和睦。

有的人在人际交往中不分亲疏远近，有什么话想说就说，有什么事想做便做，得罪了别人还不自知。例如，某人把相恋已久的男朋友介绍给好朋友认识，本指望对方说几句中听的话，可是她却"跟着感觉走"，对对方横挑鼻子，竖挑眼，把人家的"偶像"贬得一无是处。

再如，有人特别喜欢通信，更准确地来说是特别喜欢收阅亲朋好友的来信。万一亲友的来信"断档"，他便会行不安、卧不宁、食无味，甚至"打上门去"，指责亲友慢待了自己。但是他自己给别人的回信呢？不是能拖就拖，长期赖账，就是实在"赖"不下去之时以谎言来搪塞。要么无中生有地询问："上月曾去一信，收到了吧？"要么"恶人先告状"："给你的信发出好久了，仍不见回音，你把我忘了吗？"这类谎言总有

"露馅"的时候。可以想见，发觉自己被愚弄的亲友，那时将会对他是怎样的态度。

由此可见，**遵守社交礼仪的第三个作用，就是能够使我们在人际交往中得心应手，更好地展示自己的良好教养，以赢得他人的尊重与信任。**

每一位有知识、有文化、有追求的现代人，都希望自己能够给别人留下美好而深刻的印象。那么什么样的印象才算得上美好而深刻呢？人们对此的回答便多有不同了。有人说是漂亮，有人说是活泼，有人说是文雅，有人说是会来事……可是说来说去，许多观点相左的人却有一个共识，那就是，有教养的人往往口碑最好。

你或许听说过这样一个玩笑：欲令一位自命不凡的小姐对你另眼相看，不必对她曲意奉迎，也不必在她的面前标新立异，你只要轻描淡写地对那位小姐说一声"你真没有教养"，就足够她难过一阵了。因为人家小姐看中的只有这个。

教养，一般指的是人们所具备的文化、品德等方面的修养。它有赖于知识的积累，也是人们阅历的集合。在日常生活之中，它能够通过人们的待人接物体现出来。

在现代社会中，一个人有道德才能高尚，有教养才能文明。一般而言，每一位有教养的人，在人际交往中总是自觉自愿地遵守社交规范和惯例，时时处处克己敬人；没有教养的人，则恰好与此相反，他们往往由于自己的自以为是和为所欲为而四处碰壁，别人的非议与反感总是像影子一样时时与他们相伴。所以，正是在这个意义上，我们完全可以说：礼仪即教养。也就是说，我们在人际交往中只要能够按照社交礼仪办事情，就可以称得上是一

位有教养的人。

为什么说按照社交礼仪办事情的人，就是一位有教养的人呢？礼仪与教养二者之间究竟存在什么样的关系呢？这说起来并不复杂，其实道理简单得很：一个有教养的人，必定是有知识、有文化、品德良好的人。一个有知识、有文化、品德良好的人，在人际交往中通常不单懂得维护自己的形象，还懂得理解别人、尊重别人。

要在人际交往中真正做到"严于律己，宽以待人"，光说不练不成，以交际对象难以接受的方式去做也不行，只有依照公众认可的、在社交中用于克己和敬人的规范与惯例，即社交礼仪去办事，才会"产生共鸣"。

打一个不太恰当的比方，假定一个痴情的男孩在心里默默地爱着一个女孩，即使他爱得如火如荼，一个人悄悄地吟唱："我深深地爱你，深深地爱你，深深地爱着你！"若不以常人所习惯的方式向女孩作出适当的表达，那么也只能毫无结果。你不向人家示爱，人家又怎么会知道呢？

一个人的克己与敬人其实是一样的，只有按照社交礼仪去具体操作，才会被认可。若是不按照社交礼仪这一人们所公认的标准，去另搞一套，那怎么会得到别人的承认呢？说到这里，我们就会发现，在一定意义上，礼仪与教养是可以画等号的。

我们每日每时都会遇到一些自己从未面对过的陌生事物，在许多情况下，我们还必须当机立断，作出抉择。比方说：老同学结婚了，自己该不该"意思"一下？如果需要"意思"一下的话，是应该送礼，还是应该当面道贺，抑或应该两者并举？

在同事家里，被介绍认识了一位异性。该不该同对方寒暄几句？假使理应寒暄，说些什么才好呢？

出席舞会时，遇上一位自己不愿与之共舞的男士热诚相邀，怎样回绝对方才会不伤和气？

友人请自己共进晚餐，而自己对赴宴的讲究知之甚少，此刻如何是好？等等，等等。

处理这些难题，实际上有一个可以一了百了的"高招"，简单地说，就是学习社交礼仪，掌握社交礼仪，应用社交礼仪。唯其如此，才能在人际交往中以不变应万变，做到知难行易。这是因为社交礼仪作为人际交往中的行为规范，是人们公认的活动准则。对于一项社交活动，当事人应当怎么作，不应当怎么作，存在哪些讲究与忌讳，等等，社交礼仪都有详尽的规定。循此行事，会被人们认为有教养，而且能够在社交场合表现得胸有成竹，减少那些不必要的担心。

当然，我们在人际交往中需要具体运用社交礼仪的时候，重点是要在总体上恪守社交礼仪的基本原则，而在具体问题的操作上则应当表现得灵活一些。比方说，我们在较为正式的场合办事，或是与他人初次交往时，必须尽可能多地运用社交礼仪，因为这关系到自己留给别人的初次印象；而且人们一般认为不讲究社交礼仪等于要求别人也不必对他以礼相待，到头来会使人减少对他的尊敬之心。然而当我们置身于非正式场合，或是与天天见面的亲友打交道时，过分拘泥于礼节，非但不会产生良好的效果，而且还会给人以距离感。如果一位太太和自己的丈夫在家人面前还以"某先生"、"某夫人"相称，除了表明他们关系失常之外，就只能给人假模假式的感觉了。

为帮助大家在社交活动中举止得体、彬彬有礼，提高自己的个人教养与品位，构建良好的个人形象，在这里我将要系统地和大家谈一谈"社交中的你"，借以向大家普及社交礼仪的基本常识。在接下来的其他各篇里，我将根据大家的实际需要，以一系列具体专题，从日常应酬、社交活动、人际关系等三个方面介绍社交礼仪的主要内容。除了努力以大量生活中的事例深入浅出地解答大家在生活中经常遇到的难题之外，我还将尝试以简明扼要、过目难忘的浅显文字，归纳出一系列可以被广泛应用的社交礼仪的基本原则。我认为，只要大家熟记这些社交礼仪的基本原则，在人际交往中就不会出现失礼的状况。例如：

在公共场所，我们务必要遵守**"不妨碍他人的原则"**。其含义是指，我们在公共场所，特别是在大庭广众之前，必须检点自己的言行，调低谈笑、降低走动的音量，以免因为自己的不慎而使其他在场者受到影响，或是感到不快。不遵守这一原则，就会被其他人视为缺乏教养，或是有意哗众取宠。

在接待贵宾、宴请客人、合影留念、乘车外出时，不少人常常为搞不清座次的尊卑而苦恼，生怕因此而失敬于他人。其实，这个问题一点也不困难，只要记牢了**"以右为尊原则"**，大体上就可以以不变应万变了。所谓"以右为尊原则"，是在较为正式的场合考虑座次的尊卑顺序时，讲究右尊而左卑，即右侧的位置比左侧的位置尊贵。我们只要主动把右侧的位置让与长辈、老师、贵宾，就能够表达出我们的敬意。在内地乘双排座的轿车外出时，其后排右座是上座；出席音乐会时，应请尊长居右而坐；与老师坐在一张长沙发上叙旧时，需主动坐在左侧；进餐时，应请客人坐在右边，等等，都是"以右为尊原则"的具体体现。

不论我们如何好学上进，但自己的知识和精力是有限的，因此在社交活动中我们也不可能成为事事知晓的"万事通"。对于诸如握手的先后顺序、问候贵宾的敬语、与友人聊天时的话题、赴宴时餐具的具体用法等一连串问题，一般人不可能一清二楚。即便稍有了解，准确地掌握每一个细节也不易办到。那么，我们在社交场合遇到不懂或"吃不准"的难题时，怎样做才既得体，又不失礼呢？说来简单，只要记住**"不为先原则"**就行了。这一原则，要求我们在不明白自己应当怎么做才好的时候，千万不可轻率地抢先。不妨先静观一下他人如何作为，然后加以仿效。只要与大家保持一致，就不会出丑。

有人没吃过法式蜗牛，在盛大的宴会上总不能像吃炒田螺那样对付它吧。其实不必着急，也不必向别人请教，看看周围的人是怎样的吃法，然后跟进不就行了。在音乐厅里欣赏不熟悉的乐曲时，聪明人绝不会抢先鼓掌。要是一个乐章尚未终了，有人却以掌声出来"打岔"，是会招人耻笑的。

对普通朋友的所作所为，若非违法乱纪，或是危及生命安全，通常不宜当面指出不足，或是毫不客气地予以纠正。这就是所谓的**"不得纠正原则"**。这项原则，要求我们在现实生活中不要轻易评论他人举止行为的对错，更不要把我们认为是"对"的东西强加于人。在社交活动中，这是对他人尊重的具体体现。人都有自尊心，当面或当众指出其失误，会让人难以下台，也显得自己过于刻薄了。同海外朋友打交道时，更不能忘记这项基本原则。

即使对关系甚为密切的亲友，说话办事也要讲究分寸，切不可"热情越位"。将自己的热情滥于施舍，而全然不顾他人的感受，其结果只会适得其反。这就是**"关心有度原则"**。它要求我们不要粗暴地干涉亲友的私生活，更不能以此为己任，这是现代人的基本素养。

争取在现实生活中做一名教养最优的现代人，必须知礼仪、学礼仪、讲礼仪、用礼仪。而能否知礼仪、学礼仪、讲礼仪、用礼仪，也恰恰是判定一位现代人有无教养的主要标准之一。我们常常会对在公共场合大声喧哗，在别人家里到处乱蹿，跟别人聊天时总爱揭短，与异性相处无所顾忌的某些人侧目而视，其原因是我们认为这些人没有

教养。而我们认定这些人没有教养的依据，不正是因为他们不遵守社交礼仪吗？

生活在 17 世纪初叶的英国大哲学家弗兰西斯·培根在论及礼仪问题时说过："小小的举动常得大大的称许，因为这些小举动是常有而且常为人所注意的。"他的话讲得非常正确。我们对他人的总体评价，通常就是建立在平时对其言谈话语、举止行为等区区小事的观察的基础之上的。

然而话说回来，遵守社交礼仪与做一名教养最优的现代人，二者之间虽然相辅相成，不可分割，但是对此必须有一个正确的认识：不要将问题过于简单化，甚至将遵守社交礼仪当成标榜自己教养最优的一种道具。需要时便将其披挂上阵，宁肯矫枉过正，在待人接物上表现得比社交礼仪的要求还有过之而无不及；不需要时便刀枪入库，原形毕露。这种"阴阳脸"似的所作所为，说穿了还是对社交礼仪缺乏正确的认识，还是缺乏教养。

不仅如此，我们在遵守社交礼仪时，既要真心诚意，不将其视为显示自己教养最优的一种舞台表演，又要分场合、看对象。一般而言，越是正式的场合，越是关系普通的朋友，我们就越需要应用社交礼仪去规范自己所说、所作的一切。反之，当我们处在非正式的场合，面对家人和挚友，就不必搬用过多的社交礼仪去对付他们了。

如果我们只记得遵守社交礼仪，而不懂得同时还需要分场合、看对象，这样非但不能使社交礼仪发挥其应有的功效，反而还会使人觉得我们书生味太浓，经验不足，尚且有必要继续去提高我们自身的教养。

各位朋友，你是不是觉得以上这些社交礼仪的基本原则有不少的用处呢？

如果我们有志提高自己的教养，单就人际交往这一个方面来说，知礼仪、学礼仪、讲礼仪、用礼仪不失为一个重要的途径。而我们在人际交往中如能真正做到"礼仪在身"，同时注意具体问题具体对待，坚持分场合、看对象地应用社交礼仪，并且自始至终地贯彻克己敬人这一社交礼仪的基本精神，那么"教养最优"的评价就将是我们指日可待的。

　　教养最优的你，是有知识、有文化、有追求的你。

　　教养最优的你，是懂得克己敬人的你。

　　教养最优的你，是遵守社交礼仪的你。

　　教养最优的你，是有"礼"走遍天下的你。

　　教养最优的你，就是今日虚心好学的你！

第 2 篇

问候他人的你

本篇我们来谈谈有关问候别人的礼仪。

熟人相见，自然少不了相互打一个招呼。写信或打电话，怎么也免不了首先向对方问好。在社交场合，陌生人之间的第一次直接接触，往往也是以向对方主动招呼一声作为开场白的。这些就是我们所说的问候。所谓问候，也就是向他人问好。我们问候别人，往往是想以此表示热情与友好。显然，它是人际交往中不可或缺的一个重要环节。

文青刚刚进入一家外企的写字间工作，承蒙顶头上司吴俪小姐的关照，她的一切都非常顺利，因此文青打心底里感激吴小姐。只是她隐隐约约地觉察到，每逢她向吴小姐主动问候之时，对方的反应不仅不热情，反而还有一点儿勉强的意思。她不明白，对自己关心得无微不至的吴小姐，干吗在这儿同自己"过不去"？

问题原来出在文青的问候语上。按照老习惯，每逢她见到吴小姐，总是这样问候对方的："大姐，您忙什么呢？"有时，她还进一步地在问候语中表示出对对方的关心："大姐，您身体怎么样？"然而文青的这种问候方式实在叫吴小姐"承受"不起。

来自香港的吴小姐虽说也是中国人，但自小接受的却是西方式的教育，在年龄上喜少忌老，在个人生活上崇尚尊重隐私权。所以，你完全能够想象到，每当文青以尊敬、亲近的口吻称其为"大姐"时，在吴小姐看来却如同一种嘲讽：你不太年轻了。"您忙什么呢？"这句问候语在内地仅仅是问候语而已，被问候者完全不必当真，更不用"从实招来"，来点儿"所答非所问"，甚至"全盘照搬"用以"回敬"对方，都是许可的。可吴小姐的理解就不同了，她认定：文青品味不高，热情过度，要不为什么想管不归她管的事情呢？

至于"您身体怎么样"这句问候语，在内地体现的是挚友之间的真诚关怀，然而在海外它却万万使不得，因为它不吉利。如此这般去关照一位海外来客，是会让对方非常"难过"的。

以上这一事例表明，要想使自己对他人的问候，恰到好处地传达出真心实意的友好与尊重，还有不少窍门值得推敲。

根据社交礼仪的惯例和规范，要让自己对他人的问候得体而合"礼"，需要注意问候语的选择、问候时的称呼，以及问候时的神态表情等几个方面。

首先，我们需要注意问候语的具体选择。

选择问候语，最重要的是要看场合与对象。任何一声问候，都是在特定的情景、场合中发出的。要想使之发挥功效，就必须与特定的情景、场合相符合。打个最简单的比方，你总不会在洗手间里问候别人："你吃饭了吗"？或者，你也不会在好友新婚大喜之日去问她："你真的感觉幸福吗"？

只有当你的问候语合乎此时此刻具体的、特定的场景之时，才会使你的好意被被问候者理解和接受。

对一个刚刚结束长途旅行的人，或是一个刚考完试的学生，问一声"累坏了吧？"显然合情合理。可是对一个饱食终日、无所用心的人，当然就不能这样去"骂"他。

对一个来去匆匆的上班族，问候一声"您很忙吧？"既表示了对对方的关心和理解，还能够引出适当的话题。
然而同是这么一句话，却让"烈士暮年，
壮心不已"的离退休人员"受用不起"。

对来自海外的人士，在正式场合问
候一声"你好！"或"见到你很高兴"，
是符合国际惯例的。而对于同自己工作在
同一个办公室的同事，则无此必要。对后
者而言，问候语还是"具体"一些为好。
要是对天天照面的同事说"见到你很高
兴"，不是没话找话，就是有意拉开"距离"，
甚至还会显得很滑稽。

选择问候语，还应当视被问候的对象而定，即应根据被问候对象
的不同而有所不同。

问候一个久未谋面而关系普通的朋友，可选择"您一向可好"这
一类泛泛的问候语。

问候一位至交老友或是自己的家人，从对方的身体、工作，到对
方配偶、孩子，几乎不存在任何问候的"禁区"。

问候在校生："学习忙吗？"问候热恋之中的朋友："你朋友好吧？"
问候刚刚生育不久的年轻母亲："孩子乖不乖？"不但做得恰如其分，
还有助于让对方心甘情愿地主动打开话匣子。

问候外国朋友，照样应该具体情况具体对待。问候一位国外的异
性朋友，不要忘了同时问候其配偶或恋人。这是一种礼貌，也是暗示
对方自己别无他意。

在涉外交往中，互致问候的双方可以使用相同的问候语。比如，

被问候"你好"时,可答以"你好!"而对方的问候是"见到你很高兴"时,则可以"见到你也很高兴"作答。

我们对于这类问候通常不必从字面上深究,只要理解其含有吉祥、祝福之意就行了。

需要指出的是,在社交场合,你对所有与自己会面的人都不应该略去问候,不论远近亲疏都是如此。同时在问候他人时宜显得庄重虔诚,不应该打哈哈,或是一见面就乱开玩笑。像"你还认识我吗"、"你能猜出来我叫什么名字吗"等等一类的问候,都是很不礼貌的。

其次,我们需要注意问候他人时的具体称呼。

问候他人之际,少不了要以适当的方式称呼对方。在问候中省掉称呼,或是直接以"哎"来代替称呼,均不大合适。因为我们每个人都有被他人尊重的愿望,而称呼是否得体往往与对他人尊重与否紧紧联系在一起。

有些年轻朋友,为了对他人表示特别亲热,喜欢以"哥们儿"、"姐们儿"之类粗俗的称呼相称。还有人爱给熟人起外号,用"唐老鸭"、"柴禾妞"、"小眼镜"相称。其实,这样做的人,不仅有可能得罪被称呼者,还有可能被他人视为品位不高。

在日常生活中称呼他人,应当坚持因人而异。例如,在一般情况下,对彼此之间较为生疏的人,不论其年龄、性别、职业、地位如何,均可以"同志"相称。与对方稍稍熟悉一点,在"同志"之前加上对方姓氏作为称呼,也是可以的。

在商务往来中,应以"先生"、"小姐"或是被称呼者的职务作为称呼。对于从事宾馆、餐厅、商店、银行、邮局、娱乐场所的工作人员,也应以"先生"或"小姐"相称。

对知识界、教育界人士,如教授、医生、律师、法官、博士等等,可直接以此类头衔相称，也可以在它的前面冠以被称呼者的姓氏。对军界人士，则以称其具体的职务、军衔为宜。

对德高望重的老前辈或是令人钦佩的师长，称其为"先生"，是比较习惯的一种做法。

有时遇到才结识不久的朋友，而且对方年长于己，并学有所长，要是不知道怎样称呼对方才恰当的话，可以"老师"相称。对文艺界人士尤其可以这么做。

同事之间，可在姓氏前面加上"老"、"小"，作为称呼。如对年长于己者称"老陈"，对年幼于己者称"小何"。在平辈之间，有时候也可以沿用此法相称。

关系极好者之间，有时为了表示亲密无间，可以不称其姓，而直呼其名。长辈对晚辈经常这样称呼；但关系普通者，特别是关系普通的异性之间，直呼其名，甚至叫小名，是不合适的。

遇到外宾时，问候中的称呼应合乎礼仪，体现尊重与友好。

在正式场合，称呼外宾可选用其职务，或是对方引以为荣的头衔，如"部长先生"、"尊敬的教授"。在日常生活中，对男子应称"先生"，对未婚女子应称"小姐"，对已婚女子应称"夫人"，以上称呼可以连同姓名一起使用。要是遇上不了解其婚姻状况的女子，应根据外国女士"崇尚年少"的特点，称其为"小姐"。

外国人姓名的构成比较复杂，称呼哪一部分才合乎礼仪，是有不少讲究的。在一般情况下，唯有在十分正式的场合，才称呼其姓名的全称，即连姓带名一起称呼。平常以姓相称，是常规做法。除非得到对方允许，或是与对方是至交或亲属关系，否则不宜直呼其名或爱称。

如同其他许多事物一样，人们在其日常交往时所使用的称呼，也带有明显的时代痕迹。曾经有一段时间，社会上流行以"师傅"称呼所有行业、所有阶层的人士。现在看来，这种称呼亲热有余，文雅不足，已不再广泛使用。

"战友"这一称呼也曾广为流行，现在除了军人之外，用的人也不多了。你要是管不太熟的人叫"战友"，弄不好对方还会怀疑你想"套近乎"了。

过去女士们把自己的配偶叫什么的都有，"外子"、"老头"、"老公"、"掌柜的"、"当家的"、"孩子他爹"等等，不一而足。城里的女士把配偶叫作"爱人"，曾被当作有文化的表现。不过现在"爱人"这种称呼在年轻人中间已不再流行。因为"爱人"一词在海外被理解为"情人"，即"第三者"。现在人们见多识广，跟外宾打交道的机会也不少。谁愿意因为用词不当，而使自己被人误解为"不正派"呢？！现在称配偶为"先生"，在已婚女士中是一种时髦。

在问候语中，特别是在称呼被问候者时，适当地使用一些谦辞和敬语，能够体现出问候者本身的文明修养，因而是必要的。

其一，谦辞。它是向他人表示谦恭和自谦的一种词语，有时也叫作谦语。它的一种最常见的用法，是在他人面前谦称自己以及自己的亲属。例如：可以称自己为"愚"、"在下"、"不才"、"鄙人"，等等。

称辈分或年龄高于自己的亲属时，可在其称呼前加以"家"字，如"家父"、"家婶"、"家兄"、"家姐"，等等。

称辈分或年龄低于自己的亲属时，可在其称呼前冠以"舍"字，如"舍妹"、"舍侄"，等等。

称自己的子女及其配偶时，则可在其称呼前加上"小"字，如"小女"、"小婿"，等等。

其二，敬语。它是用来对他人表示尊敬与礼貌的专用词语，被广泛地运用于公务场合与较为正规的社交场合，特别适用于会晤师长、上司、陌生人或不太熟悉的人之际。

与谦辞书面化程度较高恰好相反，敬语在我们的日常生活中可谓屡见不鲜。例如，我们称赞他人的见解称为"高见"，委托他人代劳称为"拜托"，因故麻烦他人称为"打扰"，感谢他人给予方便称为"劳驾"，初次与人会面寒暄称为"久仰"，等等，都是常用的敬语。

在称呼他人的亲属时，使用敬语也是一种惯常做法。例如，对他人的长辈，宜在其称呼前加以"尊"字，称之为："尊父"、"尊母"，等等。

对他人的平辈或晚辈，应在其称呼前加以"贤"字，称之为"贤弟"、"贤妹"、"贤侄"、"贤侄媳"，等等。

唯有对他人的配偶称呼时，"尊"、"贤"方可通用。对友人的夫人，既可以称之为"尊夫人"，也可以称之为"贤嫂"。

另外，对他人的亲属，还可以不分辈分、长幼，在其称呼前冠以"令"字，称其父为"令尊"，称其母为"令堂"，称其子为"令郎"，称其女为"令爱"，等等。

在问候他人以及日常交谈中，有意识地使用谦辞与敬语，能够更好地表达出我们的自谦与敬人，是一个人文明礼貌的充分写照。然而凡事都有一个限度，过犹不及，使用谦辞与敬语也不可"过分铺张"。假设一个二十出头的年轻人在社交场合刚被引见给他人，马上就献给对方一连串敬语，诸如"久闻大名，如雷贯耳，今日得见，三生有幸。幸会，幸会……"之类，恐怕不大合乎时宜吧？

最后，我们需要注意，在对他人表示问候时自己具体的神态表情。

问候他人时，我们必须尽可能地使之显得真心实意、专心致志，并且充分地向被问候者表达出我们的关怀与敬重之意。

其一，要做到这一点，就要用词简单、准确，而不要罗列词句，过分啰唆。像"你好"、"忙吗"、"最近怎么样"等一类的问候语言简意赅，可以"放之四海而皆准"，它们比用一连串问候语去"砌墙"，肯定要强得多。

其二，要做到这一点，就要在问候他人时一心一意，面带微笑，显得专注认真、和蔼可亲。如果在问候他人时面无表情，勉为其难，或是嘻皮笑脸，左顾右盼，即使使用的问候语无与伦比，恐怕也会令人怀疑其诚意吧？

其三，要做到这一点，还需要在他人向自己表达任何问候时给予热情的回应。只要对方的问候出自善意，就该有所应答，而不可显得事不关己，毫无任何反应。在一般情况之下，与人见面时最好首先问候对方。要是对方率先问候了自己，应立刻问候对方，必要时还应向对方表达自己的谢意，并具体答复一下对方在问候自己时提出的问题。

第 3 篇

作介绍时的你

人与人见面，陌生者之间肯定需要进行介绍。介绍是人际交往必经的桥梁。本篇我们来谈谈有关作介绍的礼仪。

　　有一次杨楚楚去好朋友家里玩，在那里她遇上了几个朋友单位里自己不认识的人。当时朋友正在忙里忙外招呼客人，所以没有顾得上过多地关照杨小姐这位"自己人"。正当性格内向的杨小姐胆怯地坐在客厅一角，不知道自己该不该跟那些陌生人寒暄几句，更不知道自己应该如何启齿时，一位温文尔雅的先生走了过来，主动跟她打招呼说："小姐您好！我叫金东阳。请问您怎么称呼？"缺乏准备的杨小姐有点儿慌乱地随口应道："叫我小杨好了。"

　　其实杨小姐这时打心里感谢那位不熟悉的金先生过来跟她打招呼，使她不至于"孤立无援"，而且她也很想大大方方地同金先生多聊上几句。然而意想不到的是，杨小姐那句"叫我小杨好了"，让金先生的热情顿减，立马儿扭头折了回去。原来，杨小姐的那句自我介绍，用于熟人之间可以缩短彼此之间的距离，而用于同他人的初次交往，就明显带有不愿进一步深谈、拒人千里之外的意思。在金先生听来，它的"话外音"好似：我不想告诉你本小姐的芳名。这怎么会不叫人家"知难而退"呢？

不知道你可曾留意过，作介绍也挺有学问，如果不会作介绍，或者作不好介绍，可能会妨碍自己的人际交往，还有可能令人误解你的本意。

介绍，简单地说就是向有关人士说明有关情况，使双方相互认识。通过符合礼仪的介绍，新的朋友结识了，新的友谊建立了，交际面也就自然而然地扩大了。正确的介绍可以使互不相识的人之间抛弃陌生和畏惧，建立必要的了解与信任。这其中的奥妙不在于介绍本身有何神力，而在于在介绍的过程之中应当循礼行事。

目前，属于社交场合应用的介绍基本上只有两种，一种是自我介绍，另一种是为他人作介绍。二者在具体做法上各有其特点：

首先，谈谈自我介绍。

如果在社交场合打算结识某人，可在不妨碍对方的情况之下，主动趋前将自己介绍给对方，这就是所谓的自我介绍。**在一般情况下，进行自我介绍主要应在场合、时间、内容、态度等几个方面把握好分寸。**

要想使自我介绍取得成功，使自己能够给对方留下深刻的印象，并使其对自己产生好感，首先应当考虑当时的特定场合是否适宜自己进行自我介绍。显然，若是对方正忙于工作，或是正与他人交谈，你的自我介绍有可能打断对方，效果不一定会好。在餐桌上、洗手间里把自己介绍给他人，也有些"文不对题"。此外，若发现对方显得心情欠佳或疲乏不堪时，也不宜上前打搅。如果对方一人独处，或春风得意之时，情况就截然不同了。那时，他对你的自我介绍不仅会洗耳恭听，而且肯定会有良好的反应。

作自我介绍时，一定要把握好时间长度。总的原则，是宜短不宜长。最忌讳的是一张口就打不住，好似"不尽长江滚滚来"，非把对方烦死不成。通常作自我介绍有半分钟时间即可，情况特殊下也不要超过三分钟。自我介绍的时间过长，内容也自然会多。在任何情况下，你都不要为对方的涵养与客气所"迷惑"，更不要高估其耐心与记忆力。

说到自我介绍的内容，在社交场合它大体上由三个要素所构成。

要素之一，是本人姓名的全称。即连姓带名一下报出来，不要像挤牙膏似的，人家问一句答一句。把本人姓名的全称一下报出来，既节省时间，又体现着对他人的尊重与信任。一般都应当这么做。

要素之二，是本人供职的单位。此点往往不能缺少。

要素之三，是本人的职务，或是正在从事的工作。它也是常人最关心之处。

在介绍中，全面使用自我介绍的三要素，不但简明扼要，而且能使他人通过对此的了解从而对你形成初步认识。一般的自我介绍大都需要将这三者一气呵成地报出来。例如："我叫陈永成，在光夏公司做销售工作……"要是三要素无一遗漏，再辅以交换名片，对方恐怕就不会再忘记你了。

在社交场合，身边难免会有不相识的人，碰巧又没有人为你们作介绍，此时此刻，双方总不至于靠大眼瞪小眼或左顾右盼去排遣寂寞吧。要是你主动打破冷场，把自己介绍给对方，无异是一种友善的行为。不过与人初交，特别是作自我介绍时，一定要注意态度，懂得具体情况具体对待。

就拿自我介绍的内容来说，有时三要素并不一定面面俱到，因为对方不一定有多大的兴趣去深入地了解你。在这种情况下，报出自己姓名的全称，为对方提供称呼自己之便，就足够了。而在另外一些情况下，例如自己很想认识对方，或是对方显然也有认识自己的愿望，那么则大可不必仅仅局限于三要素。除此之外，还可以简略地介绍一下自己的籍贯、出生地、母校、专长兴趣以及与某人的关系，等等。

作自我介绍时，内容与表情都要自然大方，切忌矫揉造作。一定不要把自我介绍变成了自我表白，或"自我推销"。在自我介绍时应注意为对方提供一个说话的机会，使对方能够呼应自己，不要演成了"独角戏"。

可以采取主动的自我介绍方式，例如说："你好！我叫李胜，很高兴见到您。"以此引起对方的呼应。也可以采取被动的自我介绍方式，即首先婉转地询问对方："先生您好！请问我该怎么来称呼您呢？"待对方作完自我介绍，并表示想进一步了解你的情况时，再顺水推舟地介绍自己。采用后一种方式，施辞要得体，尽可能用一些适用的谦辞或敬语，不可以用"喂，你是哪儿的？"或者"嗨，哥们儿，你是干什么的？"之类浅薄粗俗的语句。

在作了自我介绍之后，对对方的自我介绍以及随后的交谈要表示出耐心与兴趣，尽量多谈一些对方感兴趣的事情。不要把对方当成一名听众，只顾自己侃侃而谈。

在自我介绍中，要表现出友好、自信和善解人意，还应力戒虚伪与媚俗。假如刚跟人家搭上话，就立即表现出相见恨晚，净给对方戴高帽子，或是立刻发牢骚、诉苦、讲"知心话"，甚至粗话连篇地骂大街，这样只会丑化自己的形象。

进行自我介绍时，说者应严肃认真，听者应专心致志。要是人家走过来站着向你作自我介绍，你却依然坐着一边看电视一边搭话，这种心不在焉的态度是要不得的。要是你作自我介绍时，对方却一言不发，对你不理不睬，或是显得漫不经心的话，不必为"没面子"而大动肝火，为自己的尊严而斗争。以礼待人的态度应当始终如一，百折不挠，这一点非常重要。

其次，谈谈为他人作介绍。

为他人作介绍，就是介绍不相识的人相互认识，或是把一个人引

见给其他人。要把为他人作介绍做得妥帖自然，合情合理，通常应注意介绍人、介绍的先后顺序、介绍人的陈述和介绍时的神态等几方面的问题。

为他人作介绍的介绍人，在不同场合是由不同的人员来担任的。在公务活动中，公关、礼仪人员是最适当的介绍人人选。若是接待贵宾，介绍人则应是本单位职位最高的人士。例如，当一位外国总统前往一所大学参观访问时，将该校师生们介绍给总统先生的，非该校校长莫属。

而在社交场合，例如参加舞会、出席宴会时，介绍不相识的来宾互相认识，是主人义不容辞的责任。在另外一些非正式场合，与被介绍人双方都相识的人，也可以担任介绍人，介绍自己的朋友们相识。此外，如果你想认识一个人，主动要求另外一个与双方都比较熟悉的人来为你们引见一下，根据礼节来讲是允许的。

介绍人在为不相识的人作介绍之前，应充分考虑到被介绍人双方有无相识的必要或愿望，切不可好心好意去办"傻事"。在社交场合，可能的话，介绍人在"挺身而出"为他人作介绍之前，最好先去征询一下双方的意见，以免在为他人作介绍时冷场。

为他人作介绍的先后顺序，即先把谁介绍给谁，颇有一些规矩不可违背。照此行事，才是正确的选择。

在社交活动中，为他人作介绍的先后顺序大体上有以下六种。

其一，把男士介绍给女士，即把男士引见给女士而不是相反。这是"女士优先"精神的具体体现，也是最常见的一种方式。唯有在女士面对尊贵人物之际，才允许有例外。

其二，把晚辈介绍给长辈，即优先考虑被介绍人双方的年龄差异，通常适用于同性之间。

其三，把客人介绍给主人，它适用于来宾众多的场合，尤其是主人未必与客人个个相识的时候。

其四，把未婚者介绍给已婚者，它仅仅适用于介绍人对被介绍人非常知根知底的前提下。要是拿不准，还是不要冒昧行事。

其五，把职位低者介绍给职位高者，它适用于比较正式的场合，特别适用于职业相同的人士之间。

其六，把个人介绍给团体。当你新加入一个团体，例如记者联谊会或高尔夫俱乐部，初次与该团体的其他成员见面时，负责人要是介绍你与众人一一相识太费时间，此刻他往往会采取这种方式来避免麻烦。至于你想认识每个成员的话，那么留待适当的时间由你们相互去作自我介绍。

以上六种方式，基本精神和共同特点是**"尊者居后"**，即应把身份、地位较低的一方介绍给相对而言身份、地位较为尊贵的一方，以表示对尊者的敬重之意。**也就是说，地位高的人，拥有优先的知情权。**

在社交场合，究竟应当采用哪种方式为宜，还是需要介绍人自己动一动脑筋，去具体问题具体分析。比方说，当你面对一位年近80岁、尚未结婚的男士和一位年方30岁的已婚女士时，就不能呆板地去照搬"把男士介绍给女士"或"把未婚者介绍给已婚者"。在这种情况下，得体的做法，应是依照"把晚辈介绍给长辈"这一条去行事。

又如，有时你可能会遇到一些难以按常规处理的情况，如需要介绍两位地位不相上下的经理先生或是经理夫人相识。对前者，你不能比照"把职位低者介绍给职位高者"的惯例行事，因为两位经理先生"职位"的高低是难分伯仲的。对后者，恐怕也不能依照"把晚辈介绍给长辈"的规矩去做，因为女士的年龄属于个人秘密，更何况没有一位女士愿意承认自己"显得老"了。在这种职位难分高下、年龄大小不便明说的情况下，只有采取"先温后火"或"先亲后疏"的办法，才能"过关"。"先温后火"意即把脾气好的一方介绍给脾气欠佳的一方；"先亲后疏"意即把与自己关系密切的一方介绍给自己较为生疏的一方。一般而言，脾气好的人，自己的熟人，总归好说话。而脾气欠佳的人，自己较为生疏的人，却喜欢挑"礼"，是不好得罪的。

还有一些时候，需要把一个人介绍给其他众多的在场者。此刻最好按照一定的次序，如顺时针方向或逆时针方向，自右至左或自左至右，依次进行。若没有地位非常尊贵的人士在场，就不该破例，挑三拣四地"跳跃式"进行。那样做的话，弄不好是会伤人的。

介绍人的陈述，就是介绍人在为他人作介绍时应当说的话。**介绍人陈述的时间宜短不宜长，内容宜简不宜繁。通常的做法是，连姓带名加上尊称、敬语。**

较为正式的话，可以说："尊敬的威廉·史密斯先生，请允许我把周杰先生介绍给你。"

比较随便一些的话，可以略去敬语与被介绍人的名子，如："韩小姐，让我来给你们介绍一下，这位是袁先生。"或是以手势辅助介绍，先指向一方，说"王先生"，再指向另一方，说"鲍小姐"。只有对于儿童，才可以称其名，而略去其姓。

为他人作介绍时，要避免给其中任何一方厚此薄彼的感觉。不可以对一方介绍得面面俱到，而对另一方介绍得简略至极。也不可以对被介绍的一方冠以"这是我的好朋友"，而不给另一方"同等待遇"。在介绍自己的家人与他人相识时，一般不加头衔，但应当说明他与自己的关系，如"这是我表兄冯毅"。只有对"出嫁女"才需要加上"太太"、"夫人"之类的称呼，以免他人发生误会。

要是介绍人感到时间宽裕、气氛融洽，在为被介绍人作介绍时，在说明双方姓甚名谁之外，还可以简单介绍一些被介绍人能令他人感兴趣的有关情况，诸如工作单位、现任职务、专长兴趣、个人学历、原籍与出生地，等等。

介绍时的神态，主要涉及介绍人在作介绍时的动作表情与被介绍人届时的所作所为等两个方面的问题。

作为介绍人，在为他人作介绍时，态度要热情友好，语气要认认真真，不要给人以敷衍了事或油腔滑调的感觉。作介绍时，介绍人应起立，行至被介绍人之间。在介绍一方时，应微笑着用自己的视线把另一方的注意力引导过来。手的正确姿态应是手指并拢，掌心向上，胳膊略向外伸，指向被介绍者。但绝对不要在此时此刻，用手指对被介绍者指指点点，或是舞动手臂晃动不已。

被介绍者，在被介绍给他人时，应表现出自己希望结识对方的诚意。一旦介绍人张嘴说话，除贵宾与长者之外，被介绍者应一律起立，并以正面面向对方，目光柔和但又专心致志地看着对方的眼睛。

当介绍人为双方介绍完毕后，被介绍人应向对方点头致意，或握

手为礼，并以"您好！""很高兴认识您"等态度友善的语句问候对方。像"久仰久仰！"，"久闻大名，如雷贯耳，今日得见，幸甚幸甚"之类干巴巴的客套话，最好还是免了。

如果在会谈或宴会的进行中被介绍给他人，可不必起立，但仍然应面向对方，微笑着点点头，或者欠身致意。

无论从哪一个角度来讲，在作介绍时，你的所作所为都直接关系到留在他人心目中的第一印象的好坏。对此应加以慎重对待。讲礼貌，守规矩，只会有益无害。

第 4 篇

行见面礼的你

人们在社交场合见面，往往需要互行见面礼。本篇我们来谈谈有关行见面礼的礼仪。

张芳刚刚被选中担任奥运会礼仪小姐那阵儿，可没有而今那种"五岳归来不看山，黄山归来不看岳"的潇洒。当时，她私下里最担心的问题是：自己为之献花的外国运动员要是一高兴，冷不丁要吻自己，该如何是好？不接受吧，电视或许正在向许多国家和地区实况转播，推辞躲藏岂不丢国家的人？接受吧，自己不习惯，再说正值妙龄的自己怎么能把初吻让给一个外国人呢？

后来张小姐实在拿不出"对策"，只好红着脸悄悄去向为礼仪小姐们做指导、培训工作的老师讨教。老师一听笑了，他跟张小姐才谈了几分钟，张小姐也"扑哧"一声腼腆地笑了。礼仪老师的短短数语何以使张小姐的愁眉苦脸为之一扫呢？说来倒有趣儿，他只不过告诉了张小姐：什么是亲吻礼。

他说：亲吻礼是外国人在社交活动中会见亲朋故旧或与家人会面时的一种以相互亲吻表示亲密、友善的见面礼。亲吻不等于接吻，因行礼者相互关系有所不同，所以相互亲吻时"接触"的具体部位亦各不相同:长辈与晚辈亲吻时,长辈吻晚辈的额头,晚辈则吻长辈的下颌。平辈人之间行亲吻礼,则只能够相互轻吻一下或轻轻贴一下对方的面颊。接吻,即国人所说的亲嘴仅是属于夫妻或情侣们的"专利",其他关系者大多不接吻。

他还说:亲吻礼在西方比较流行,然而即便夫妻或情侣往往也不会在大庭广众之前接吻。在有的阿拉伯国家,人们也以亲吻为礼,不过仅限于同性之间使用。所以不管从哪一个方面来说,张小姐都犯不上为此"多虑"。

所谓见面礼,其实指的就是人们会面时以其具体的、规范的动作,向自己的交往对象表达善意的约定俗成的做法。

如果说,我们了解一些国外的见面礼大半是为了有备无患的话,那么通晓我们在日常生活中使用的常用见面礼,则是存在着极大的实际需要的。

首先,我来谈谈握手礼。

在国内外,目前它是我们最常使用的一种见面礼。其正确的做法是,人们在介绍之后,或互致问候之时,双方各自伸出自己的右手,彼此之间保持一步左右的距离,手掌略向前下方伸直,与对方相握后呈垂直状态,然后五指并用,用两公斤左右的力度稍许一握,时间不宜超过三秒钟。

握手时,还应特别注意上身稍往前倾,头略低一些,和颜悦色地看着对方的眼睛,以示毕恭毕敬。

虽说握手礼无人不会,无人不用,可握手为礼时的十种忌讳却为许多人所不知。"握手十忌"具体如下:

其一，忌不讲先后顺序。 在社交场合，握手时伸手的先后顺序颇多讲究，一般而言讲究"尊者决定"，即由身份尊贵的人决定双方有无握手的必要。正确的顺序应是待女士、长辈、已婚者、职位高者伸出手来之后，男士、晚辈、未婚者、职位低者方可伸出手去呼应。若后者"先下手为强"，抢先伸出手去，却得不到前者的良好反应，会令人很难堪。

如同时要与许多人握手，也应当以此类推，讲究"先来后到"。应当先同性后异性，先长辈后晚辈，先已婚者后未婚者，先职位高者后职位低者。

其二，忌心不在焉。 与任何人握手，都要在握手问好时以双目正视对方的眼睛。这是充满自信的表示，也意味着对对方以礼相待。若是在与人握手的短暂时间里显得三心二意，或是目中无人，或是忙着招呼其他人，都是对与自己握手者的失敬。

伸出一只手与人相握时，另一只手应当空着，并贴着大腿外侧自然下垂。用它拎着提包，插在口袋里，或是对其他地方指指点点，都显得用心不专。

其三，忌不摘手套。 手套的主要功能是御寒和保护手部，因其左摸右碰必定不干净，所以与人握手时还是摘下它为好。女士虽被允许在社交场合戴着手套与人握手，但摘下它未必有失身份，与长辈、佳宾握手时更是如此。

伸出去与人相握的那只手不要带有手汗。如果它使与之相握的人感到湿乎乎的，只能说明你过度紧张。因此当你摘下手套准备与人握手时，应趁人不注意，偷偷地揩干手掌。

其四，忌掌心向下压。 与人握手时，通常应大大方方地把手伸过去。

67

若是要刻意表示对他人的尊重，伸出手与之相握时，应当掌心向上。

在平时，千万不要掌心向下压着去握别人的手。与掌心向上的谦恭之意截然相反，掌心向下与人握手会给人以居高临下、目中无人的感觉。

其五，忌用力过重或过轻。有人为表示待人热情，握手时用力过重，以致疼得对方龇牙咧嘴。有人为维护自尊，握手时只用指尖与对方接触，或是干脆在他人握住自己的手时一动不动，不作任何反应。前者的做法显得粗鲁无礼，后者的做法则显得妄自尊大或敷衍了事。

正确的做法应当是不轻不重地用手掌和手指全部握住对方的手，然后微微上下晃一下。自己的手被人握住时，也应微微晃一晃，以示有所回应。

其六，忌不断点头哈腰。一般在与人握手时，应与对方相互问候致意。若环境不许可，也可以用点头致意来代替。同令人尊敬的长辈、上司握手时，主动欠身以示恭敬，未尝不可。但绝对不要跟任何人握起手来，都又点头又哈腰，而且没完没了。那样做，未免让人觉得客套得过分，甚至有表演之嫌。

其七，忌长时间握手。同别人握手，特别是同异性握手，时间不宜过久。它通常持续三秒钟左右足矣。

有的人话多，不管跟谁见面，都喜欢拉着手便"开侃"，而且话不

说完不会松手。这实际上是热情过了头。握手之后，大家再问长问短，有什么不好呢？

其八，忌滥用双手握手。重逢故友至交，或是慰问他人时，以双手与之相握是合情合理的。面对长辈、上司或佳宾，伸出双手去捧接对方伸过来的手更是谦恭备至。

然而不宜随处用双手与人相握，尤其忌讳随便伸出双手去握住关系一般的异性朋友的一只手。若以两只手像制作"三明治"一样"夹"着他人的一只手，而且久久不放，不是使人尴尬，就是会令人误解。

其九，忌用左手握手。接触外国友人时，慎用左手与之相握。印度人认为，左手仅适用于为自己洗浴，或是去洗手间方便，右手才负有高雅的使命。若用左手与之相握，或握手时双手并用，他们都会感到是有意的侮辱。西方人同样也不习惯用左手与人相握。

其十，忌交叉握手。在公共场合，如果需要与之握手的人士较多，可按照握手的礼仪顺序，或由近而远地依次与人握手。西俗忌讳交叉握手，即两人握手时，另外两个相握的手不能有意或无意地与之交叉，否则就会构成西方人认为最不吉利的十字架图案。因此在涉外场合跟较多的西方人打交道时，握手务必依次而行，争先恐后是没有必要的。

接下来，我们再谈谈国内其他常见的见面礼。

除握手礼外，目前在国内的社交场合人们所使用的见面礼还包括致意、举手、点头、微笑、欠身，等等。它们主要适用于已经相识的友人在大庭广众之下相互致意。

其一，致意。它的基本规则是：男士应先向女士致意，晚辈应先向长辈致意，未婚者应先向已婚者致意，学生应先向老师致意，职位低者应先向职位高者致意。一般而言，作为女士，唯有遇到长辈、老师、上司以及自己特别敬佩的人的时候，才需要首先向对方致意。遇到别人首先向自己致意，不管自己心情怎样、感觉如何，都必须马上用对方所采用的致意方式"投桃报李"，回敬对方。绝不可视若不见，置之不理。

由于致意主要是在不宜多谈时以动作去表达对他人的问候，所以致意的动作不能马马虎虎，表情也不能过分呆板，或显得委靡不振。

致意乃是一种不出声的问候，故向他人致意时一定要使对方看到、看清，才会使自己的友善之意"此时无声胜有声"。致意时不要同对方相距太远，比如站在几十米开外，也不要站在对方的侧面或背后。假如对方由于看不到或看不清楚而对你的致意毫无反应，是令人难堪的。

其二，举手。它的具体做法，是向朋友们打招呼致意，通常不必作声。只要将自己的右臂抬起，向前方伸直，轻轻摆摆手即可，不需要反复地摇动。以举手致意作为见面礼，适用于与自己距离较远的熟人相逢之际。

其三，点头。用点头作为见面礼，大多适用于自己与对方不宜交谈的场合，例如，会议或会谈正在进行，行进在人声嘈杂的街道上，或是置身于影剧院或歌舞厅之中。与仅有一面之交者在社交场合相逢，或是与相识者在同一场合中多次见面，点头也可以大派用场。

在国外，某些宗教的女士按照其教规规定，不能与男士握手，但对对方点头为礼则往往尚可。美国人虽然大都不拘小节，但其初次与人见面时，点头礼用得也不少。

点头为礼的正规做法，应是用头部向下稍许晃动一两下，并同时目视被致意者。不必把头高高扬起，用鼻孔"看"人，或是头部晃动的幅度过大，点头不止。

业已指出，点头礼多用于不宜高谈阔论的场合。但如果双方距离很近，并且有可能交谈，则不妨调低音量谈几句话，否则便不近人情。

其四，微笑。所谓微笑，一般指面含笑容，是不显著、不出声、不露齿的笑。在社交活动中，它可以替代其他见面礼，向友人"打招呼"致意。具体而言，它可以用于同不相识者初次会面之时，也可以用于向在同一场合反复见面的老朋友"打招呼"之际。

微笑的要旨，是要求真诚、自然、朴实无华。笑得夸张变形，或是在待人接物时一面强作笑颜，一面满脸晦气，都会有悖与人为善的初衷。

其五，欠身。它的具体做法是：全身或身体的上半部分在目视被致意者的同时，微微向前倾斜一下。它意在表示对他人的恭敬，适用的范围比较广泛，可以向一个人欠身致意，也可以向几个人同时欠身致意；可以站着向他人欠身致意，也可以坐着向他人欠身致意。

欠身为礼时，双手应当保持"空置"状态。不应拿着东西，或插在口袋里。

此外，在一些场合，男士往往会向女士脱帽行见面礼。

脱帽礼具体做法如下：戴着礼帽或其他种类有檐帽的男士，遇到友人特别是女士时，应微微欠身，用距对方较远的那只手摘下帽子，并将其置于与肩膀平行的位置。这样做显得姿势优雅，同时也便于同对方交流目光。唯有离开对方时，脱帽者才可使帽子"复位"。

若是在室外行走中与友人相遇，可以其他见面礼向对方致意，也可以一言不发行脱帽礼。此刻行脱帽礼不用真的摘下帽子，只要用距对方较远的那只手轻轻把帽子向上掀掀，就可以了。遇到男士行此礼，女士应当以适当的方式向对方致意，但女士是不行脱帽礼的。

上述各种见面礼的具体使用，在同一时间里面对同一个人的时候，通常只选用其中的某一种，也可以数种并用。例如，致意、点头、欠身、微笑等等，都是可以一气呵成的。关键要看对方是谁，以及你想将自己对对方的友善之意表达到何种地步。

亲友之间相见，特别是在春节团拜、登门拜访、致以祝贺、开会发言时，还可以行拱手礼。拱手礼的具体操作方法是，行礼者首先立正，两手合抱前伸，然后弯身，并将合抱的双手上下稍作晃动。行礼时，可向受礼者致以祝福或祈求，如："恭喜发财"、"请多关照"，等等。

最后，我们还要谈一谈目前国外常用的见面礼。

当你参与涉外活动时，或许也会像前面提到的张芳小姐一样，碰到一些自己闻所未闻、不知以何相对的"洋"见面礼,其中比较著名的,除亲吻礼之外,还有拥抱礼、吻手礼、鞠躬礼、合十礼、跪拜礼、吻足礼、碰鼻礼,等等。为了方便你今后参加社交活动,下面对这些国外常用的见面礼也简略地介绍一下。

其一,拥抱礼。在欧美各国,人们在见面或告别之时,经常使用拥抱礼。拥抱礼的标准做法是:双方正面站立,各自抬起右臂,将右手搭放在对方左肩之后。左臂下垂,左手扶住对方的右后腰。双方各自首先向左侧拥抱对方,然后向右侧拥抱,最后再次向左侧拥抱。

这种做法过于正规,在普通场合大可不必如此讲究,重要的是要将自己的热情友好之意表达出来。西方人在商务往来中并不使用拥抱礼。阿拉伯人是使用此礼的,但仅限于同性之间使用。

其二,吻手礼。它实际上是欧美男士在较为正规的社交场合,以亲吻女士手背或手指的方式,表示敬意的一种隆重的见面礼。它的具体做法是:男士行至女士面前,首先立正欠身致敬,然后以右手或双手轻轻抬起女士的右手,同时俯首弯腰以自己的双唇靠近它,最后用微闭的嘴唇象征性地轻轻触及一下女士的手背或手指。

行吻手礼仅限于室内,在街道上或是车站、商店等公共场合均不适用。对未婚少女是不行此礼的,它主要被男士用于向自己敬爱的已婚妇女表示崇高的敬意。

吻手礼的吻只是一种象征,故要求干净利索,不发声响,不留"遗迹"。若在行礼时大吻特吻,甚至咂咂作响,或把唾液留在对方手上,都十分无礼。行此礼的特定部位应是女士的手背或手指,绝不允许"超国界行动"去吻女士手腕以上的部分。

在波兰、法国和拉美的一些国家里，向已婚女士行吻手礼，是男士有教养的一种标志。在一般情况下，中方女士遇到外方男士在社交场合向自己行吻手礼，是可以接受的。若推搡奔逃，或是面红耳赤地不知所措，会使对方感到丢面子。

其三，鞠躬礼。在朝鲜、韩国，特别是在日本，人们以鞠躬作为见面礼。鞠躬，意即弯身行礼，是对他人郑重其事地表示尊重与敬佩的一种方式。以日本为例，虽然人们见面时都行鞠躬礼，但不同的弯身程度表示的尊敬程度并不相同。

对同事或平辈行鞠躬礼时，应立正站好，背部挺直，双手分别贴放在双腿两侧，随后弯身低头。对他人表示敬意，或是对长辈或上司行鞠躬礼时，弯身的幅度要更大一些，行礼者的双手应放在双腿正面，随着弯身将手指尖下垂到大腿中部为止。向名人、贵宾或有恩于己的人士表示特别的敬意或感激时，行鞠躬礼者弯身的幅度最大，其双手的指尖应直至双膝为止。

行鞠躬礼时必须脱帽，口中不能含有香烟或食物。此外，礼毕直起腰时，双眼应有礼貌地注视一下对方，以示一心不二。

其四，合十礼。它一般又叫合掌礼，在东南亚和南亚信仰佛教的国家里十分流行。它的做法是：手掌在胸前对合，五指并拢向上，手掌向外侧稍许有些倾斜，然后欠身低头，并口诵："佛祖保佑！"

通常行合十礼的双手举得越高，表示对对方的尊敬程度就越高。向一般人行合十礼，合十的掌尖与胸部持平即可。若是掌尖高至鼻尖，那就意味着行礼者给予了对方特别的礼遇。唯有面对尊长时，行礼者的掌尖才允许高至前额。

在以合十礼为见面礼的国家里，人们认为合十礼比握手礼高雅，而且要卫生得多。因此当有人向你行合十礼时，还是用同样的方法回敬对方为好。

其五，跪拜礼。日本、朝鲜、韩国以及东南亚各国曾流行过跪拜礼，而今在缅甸等国它依旧是人们常用的见面礼。缅甸人见到长辈、老师、学者、上司，不管与对方熟悉的程度如何，只要他是坐在地板上，就要对他行跪拜礼。

缅甸人行跪拜礼的最高档次是：行礼时，必须五体投地，即行礼者的双手、双肘、双膝、双脚和额头等五个部位同时触地。它适用于对父母、师长、僧侣行礼之时。

其六，吻足礼。在尼泊尔、斯里兰卡、也门以及波利尼西亚，吻足礼十分盛行。晚辈拜见长辈、子女见到久别的父母、庶民晋见王族成员时，亲吻对方的脚面，这就是所谓的吻足礼。

近年来，在这些国家的年轻人之中时兴以象征性的吻足礼来取代正宗的吻足礼。它简单易行，行礼者只要跪下来用右手摸一下地，再摸一下自己的额头，就不必"亲近"别人的脚面了。

其七，碰鼻礼。所谓碰鼻礼，目前主要盛行于西亚与北非的沙漠地区，新西兰的毛利人也喜欢用它作见面礼。碰鼻礼的程序无多，行礼时双方只须先互碰一下额头，再轻轻接触一下鼻尖，就等于互致问候了。

在此需要强调的是：别看见面礼多种多样，而且其各自的具体讲究也不尽相同，但最重要的是，行礼者要做到心中有底，动作规范，真诚热情，用心专一。你说对吗？

第 5 篇

使用名片的你

本篇我们来谈谈有关使用名片的礼仪规范。

宾主相见，互换名片，早已成为人们在现代社会中互作介绍并建立联系的一个重要的环节。在社交活动中，新结识的朋友彼此之间交换名片，更是当今的一种时尚。可是令人多少有些遗憾的是，不少人，包括一些名片的持有者，对名片的礼仪规范知之甚少。他们觉得名片没有什么特别的讲究，它充其量不过是一种可以抬高自己身份的道具，或是"印在纸上的电话号码"；见谁给谁，或者谁要给谁都行。

其实，作为现代社会中通用的自我介绍信和社交的联谊卡，名片的"门道"颇多。在制作分类、实际用途、交换方法和收藏存放等各个方面，它都是大有学问的。

首先，我们来谈一谈名片的制作。

从制作方面来讲，虽然名片能够用多种质地和多种色彩的纸张印制，出于使用方面的考虑和维护自我形象的需要，印制名片的纸张还是应当柔韧耐磨，白板纸、布纹纸、香片纸均可以选择使用。

名片的色彩讲究淡雅端庄，白色、黄色、乳白色、浅蓝色等等，都符合此项要求。要是把名片的色彩搞得过于鲜艳、花俏，会令人感到其主人轻浮有余，稳重不足。

名片的基本规格是 9 厘米长，5.5 厘米宽，呈长方形。市场上销售的名片盒、名片夹都是比照这个尺寸生产的。要知道，并非名片规格越大，越显得其主人气魄大，有面子。所以若无特殊需要，制作名片时在尺寸上就不必别出心裁，还是遵守基本规格为好。

有些经常出入社交场合的夫人习惯使用专门的夫人名片，或是使用夫妇二人共用的名片。夫妇二人共用的名片大小与基本规格相仿，只不过上面印着两个人的姓名。夫人名片在"内容"上与普通的私用名片并无二致，但它的尺寸要比基本规格小一些。

名片可以自己用毛笔、钢笔手书自制，也可以请名片社排版印制。名片的款式大体上有两种：一种是横排的，另一种是竖排的。现在人们使用的名片基本上都是横排的。

如自己的名片只在内地使用，那么把全部内容印在一面就够了。有的人对外交往较多，他的名片就可以"双面印"。即一面印中文，另一面则印英文。

人们在日常生活中使用的名片通常可以分为私用名片、商务名片和单位名片等三种类型。它们之间的区别在于各自的"内容"有所不同。

其一，私用名片。它一般又称个人名片，它主要是个人在社交活动中用以辅助自我介绍时用的。私用名片的主要"内容"是：本人的姓名、籍贯、字号和自己引以为荣的头衔，通常还包括学位、荣誉称号以及在学术团体、公益性组织中担任的职务，等等。除了以上两大"内容"之外，有些"老派"人士，尤其是港、澳、台同胞和海外华人，还喜欢在私用名片上加上本人的字号和籍贯等两项内容。

严格地讲，私用名片上是没有"联络方式"这项内容的。有些私用名片上的"联络方式"也至多是指家庭住址和住宅电话。在私用名片上有意识地略去此项"内容"，是为了避免外界过多的干扰。如果你对此不介意，或为了自己的交际方便，在本人的私用名片上添上"联络方式"也未必不可以。

其二,商务名片。它主要是在商务往来中使用的。同私用名片相比,商用名片的"容量"要大得多。它的"内容"包括本人的姓名、供职的单位、任职的部门、办公的地址和"联络的方式"。商务名片上的"联络方式",往往也比私用名片上的"联络方式"内容丰富得多。电话号码、电子信箱号码、传真号码、邮政编码、手机号码等等,应有尽有,不嫌其多。

其三,单位名片。在企业往来中,它往往扮演着"公关人员"的角色。它可以广为散发,也可以任人自取,只要有助于提高本单位的知名度,怎样散发出去都是许可的。

单位名片上的"内容"最为简单,仅单位全称和所在地址这两项。必要的话,也可以在"联络方式"上使之"充实"一下。

名片的实际用途难以计数,在社交场合,它至少可以在以下八个方面发挥作用。

第一,它可以用于自我介绍。这是名片的一项最基本的功能。口头上对陌生人进行自我介绍,少不了需要字斟句酌,考虑时间的长短,留意对方的表情,然而即使做得再好,也不一定能够促使对方清楚记忆。可要是在作了简短的自我介绍后把自己的名片递过去,情况就大不相同了。因为名片上的"内容"既简明扼要,又一目了然。万一对方在你作自我介绍时听得不准确,或是因口音问题产生误差,也可以借助于你递过去的名片予以"纠正"。

第二,它可以用于保持联络。由于名片具有"联络图"的作用,所以在各类不同的名片上都或多或少地印有名片主人的工作单位、住宅与单位地址、手机与座机的号码、邮政编码,等等。这些资料,都是日后人们与新结识的朋友深化友情、保持联络的必不可缺的要素，因此把这些资料提供给对方这件事情本身，就证明了你对对方充满信任，并抱有与之进一步交往的欲望。也正是因为如此，名片不宜广为散发，见谁给谁，谁要给谁。若是因此使无聊之人或无聊之事纠缠上你，那就只能怪你自己了。

第三，它可以用于通知变更。现代社会的一大特征，就是人员流动频繁。你今天在这个单位，明天或许就摇身一变不知道"跳"到哪里去了。如果因为种种变更，而使你同友人失去联络，这绝对算是一大损失。为了防患于未然，当你一旦调动工作、变动住所或是更换手机、座机号码时，千万不要忘记送给或寄给朋友们一枚记述了上述情况变更的新名片。这样做，如同给他们打了一个招呼："我这里发生了一些变更，请注意。"

第四，它可以用于替代便函。在人际交往中，有时必须对友人作出礼节性的表示，例如向其祝贺新年、恭喜新婚、庆祝升职、表示感谢或是慰问病人，等等；然而由于当时公务繁忙，没有时间写长信或是当面致意，此时此刻，在自己名片的左下角写上祝福或问候，然后寄给对方，一样可以表达自己浓浓的情意。在名片上写祝福或问候，宜短不宜长，可以是一个词，也可以是一个短语。在涉外活动中以名片替代便函，一般应按国际惯例用铅笔在其左下方写上表示特定含义

的法文缩写。常用的有：

p.r. 表示谨谢；

p.f. 表示谨贺；

p.f.n.a. 表示贺年；

p.p.c. 表示辞行；

n.b. 表示请注意，意即提醒对方注意名片附言。

第五，它可以用于替代礼单。人们以往向他人赠送礼品时，常附以写有送礼人姓名的大红纸作为礼单。其实在送礼时，也可以把自己的名片装入未封闭的信封，然后将其置于礼品的外包装上方，一并交给友人。这时，名片便扮演着礼单的角色。即便托人转交礼品，因有自己的名片"到场"，也等于自己亲自前往一样。在国外，人们大都这样为送出去的礼品"署名"。

第六，它可以用于为他人作介绍。欲介绍某甲去见某乙，可自己又因故不能同去，那么取出一枚自己的名片，在它的上面写几句相关的话语，或是用铅笔写上法文缩写"p.p."（意为"谨介绍"），把它放在某甲的名片上面，用曲别针别上，然后将二者一同装入信封，交由某甲面呈某乙，就好比当面把某甲介绍给某乙一样。这时，名片发挥着"介绍信"的作用。

第七，它可以用于通报和留言。拜访名人、长辈、职位高者或是其他地位高，但不熟悉的人时，为了避免被拒见的难堪场面，可先请人代为递上一枚自己的名片，作为通报和自我介绍，让对方考虑一下是否可以会见自己，再作决断。这样为双方都留下了余地，大家都不伤和气。访友不遇，留下一枚名片打个招呼，也比留张纸条或托人转告显得正规。请他人替自己去见某人，同样可以请其带去一枚自己的名片，作为"通行证"。

第八，它可以用于业务宣传。鉴于有的名片上印有本人的单位与职务，名片在日常交往中便具有了某种类似业务广告的作用。通过它，可以使他人对自己从事的工作有更为深入的了解，为自己寻觅知音和合作伙伴。在西方，已婚妇女往往在社交中使用夫妇合二为一的名片，或是在交换名片时不忘同时递上一枚自己丈夫的名片。其主要用意，就是为了对丈夫的事业进行"广而告之"式的业务宣传。

周先生才"下海"不久，就开始作市场营销工作。"初来乍到"的周先生虽说虚心好学，但终究因为经验不足，时不时犯上一点"错误"。一天，在友人家中，他被引见给一位"潜在的"大客户，这对他来讲，当然求之不得。当周先生接过对方递来的名片后，为了跟对方多谈上几句，给人家留下一个好印象，他对名片看也未看，随手朝衣兜里一塞便罢。可是想不到对方看到周先生的这种做法后，居然不高兴起来。

这倒不是对方吹毛求疵，而的确是周先生在接受对方名片时表现得很不礼貌。

既然名片用途颇多，那么我们在与人交换名片时自然也有规可循。

交换名片，宜在与人初识时作自我介绍之后或经他人介绍之后进行。如果感到同对方并无深交的必要，或是介绍人仅仅是出于礼貌而给双方作了简单的介绍，那么双方点头微笑或握手为礼均可，不一定非交换名片不可。如果双方经常见面，或彼此早已熟悉，也不需要交换名片。

我们在公务活动和商务往来中，主动把自己的名片递给他人，是为了工作需要，理当许可。但是在社交场合，却需要谨慎行事。在宴会、舞会上与人交换名片，最好给在场的每个人一人一枚，力争面面俱到。不要给了张三，不给李四，而使李四有被你故意冷落之感。如果是已婚女士与一位男士交换名片，最好同时递过去一枚自己配偶的名片。独自一人去他人家中拜访，若想留下自己的名片，应给每位在场的成年人一枚，但不宜把名片主动留给异性；尤其不允许只给异性而不给同性。

同国人交换名片，应双手恭恭敬敬地把自己的名片递过去，双手恭恭敬敬地把他人的名片接过来。同外宾交换名片时，可先留意一下对方用几只手把名片递过来，随后再跟进模仿。西方人、阿拉伯人和印度人惯于用一只手与人交换名片；日本人则喜欢在一只手接过他人名片的同时，用另一只手递上自己的名片。

接过他人递过来的名片，一般不仅要双手捧接，而且还应当轻声道一声"谢谢"。更加重要的是，接过他人的名片之后，宁肯什么都不说不做，也必须立刻当着对方的面，用 30 秒钟以上的时间，仔仔细细地从头到尾把对方的名片"学习"一遍。有时还可以有意识地重复一下名片上所列对方的职务、学位以及其他尊贵的头衔，以示景仰。有看不懂或理解不清的地方，可当即向对方讨教。这样绝非有意做作，而是以一定的形式使对方感受到对他的尊重。前面那位周先生所欠缺的，不正是以一定的形式来表现敬意这一点吗？

如果接过他人名片后一眼不看，或是漫不经心地随手把它一扔，甚至掖进裤袋或裙兜里，是对人失敬的表现。万一需要暂时把他人刚递过来的名片放在桌子上，那么记住不要在名片上面乱放东西。

倘若一下子要与许多人交换名片，最好不要匆忙过度。应依一定的顺序，如座次等等，来互换名片，这能够记牢对方的姓名和其他特征，也不大容易把一大堆换过来的名片弄得"张冠李戴"。

在公共场合欲索取他人的名片，并想留下"退路"时，就不要直言相告，而应以婉转的口气相机行事。

对长辈、嘉宾或地位、声望高于自己的人，可以说："以后怎样才能向您请教？"

对平辈和身份、地位相仿的人，则可以问："今后怎么和您保持联系？"这两种说法都带有"请留下一枚名片"之意，即使对方依然拒绝，双方也都好下台。

通常不论他人以何种方式向你索要名片都不宜拒绝，不过要是真的不想给对方，也有比较体面的特殊"说法"。可以说："不好意思，我忘了带名片。"或是说："非常抱歉，我的名片用完了。"它们都比直言相告"不给"，或盘问对方"要我的名片干什么"文雅得多。

参加的社交多了，接触的人也多了，收到的名片想来不会少。有人收到他人名片后，惯于随处乱塞，口袋里、坤包里、钱包里到处都有，抽屉里、玻璃板下面也不少。这么做，要是让人看到了不够礼貌，而且需要使用时查找起来也很不方便。若本来作用极大的联络资料发挥不了应有的作用，实在很遗憾。

如果我们动一下脑筋，对于名片的收藏存放下一番功夫，不但能够使自己显得很有教养，而且能够使整理得井井有条的名片使用起来非常方便。

首先，接过他人名片并稍事应酬后，应当着对方的面认认真真地将其名片放入专门随身携带的名片盒或名片夹里，以免弄脏、弄皱。回到办公室或寓所后，应抽时间将其取出，再放入专门用来存放名片的名片簿中，就不会使之丢失了。

其次，对收藏的他人的名片，应分类存放。分类的方法基本有四种：一是按汉语拼音字母的先后顺序排列；二是按汉字笔画的多寡排列；三是按所在地区排列；四是按工作部门或专业排列。以上四种分类方法可以交叉使用。例如，可以先按工作部门分类，然后在同一工作部门中再按姓氏笔画的多少分先后排列。分类之后，如感到所收藏的名片委实太多，可再编一个索引，那么用起来就更方便了。

最后，应经常在收藏的名片上记下相关的变动情况。收藏存放他人的名片不是为了使其充当摆设，而是为了自己社交的便利。鉴于外界事态变化多端，因而有必要随时动手在自己存放的他人名片上记下最新变动。

许先生是一家大公司的人事部长。在一次社交聚会上，他遇到了以前结识的一位客商。他当时不假思索，便根据自己以前收到的对方的名片称之为"叶总经理"。想不到对方的秘书却当面予以更正："这是我们的董事长。"如果不能迅速掌握交往对象具体情况的变化，不但对自己的工作不利，对交往对象也不够礼貌。

在他人名片上，可以记述如下情况备忘。其一，收到名片的时间与地点，是否本人亲自递交。国外有一种做法，将他人名片的左上角向下折，然后再使之复位，即是表示此名片系本人递交。其二，名片主人的个人情况。如籍贯、学历、专业、兴趣，等等。其三，显著的变动。如升降调职、职业变化、住址或电话的改变，等等。

如果在以上各个方面加以注意，就会使名片得其所用。

第 6 篇

谈话的你

在社交活动中，谈话是人与人最基本的沟通形式。本篇我们来谈谈有关谈话的礼仪。

熟悉田大中的人都知道，他并不是一个善于辞令的人，可什么人都和他谈得来，而且大家都喜欢他。如果深究起来，田大中的所长就是他在同别人谈话时，非常善于倾听。他总是面含微笑，神情专注地聆听着他人的一言一语，时不时只说一两句话，就能使对方在他的面前"感触颇多"，知无不言，言无不尽。

田大中的好朋友孟伟的口才要好得多，但是不论是老朋友还是一面之交的人都与孟伟"话不投机半句多"。这是因为孟伟跟别人谈话时爱用一句"口头禅"："真的？我怎么没有听说过？"正是这短短的一句话大大地伤害了他人的自尊心，遂使没有多少熟人爱同孟伟在一块儿聊天。

这两位先生的一长一短，从正反两个方面告诉我们，在人际交往之中学习和应用一些谈话的艺术，并非无足轻重。

人们常说"言为心声"。在人际交往中，谈话既是人与人之间交流感情、增进了解的最重要的手段，又是讲究"听其言，观其行"的国人考察他人人品的标准之一。

从社交礼仪的角度来讲，如欲在谈话中获得成功，即充分表达自己的真实思想，又给谈话中的另一方留下美好的印象，就必须"以己之心，度人之腹"，始终如一地把克己敬人放在第一位。

在现实生活中，不可否认有许多人在人际交往中是以谈吐取人的，对待一面之交的人尤其是这样。要想使自己的谈吐显得高贵动人，即作为"说的一方"在谈话中取得成功，应努力做到声音美、语言美和态度美。

第一，声音美。

一位诗人曾经写过：在人世之间，没有比悦耳动听的声音更中听的东西，也没有比尖锐刺耳的声音更难听的东西。他的话充分说明了声音美在谈话中的重要意义。

要做到声音美，主要有以下几点需要注意。

首先，要尽可能地在谈话时调低音量。原则上，能够使交谈的另一方听清自己的意思即为适度，这样做会比粗声大气高嗓门说话显得悦耳得多。

其次，音调要尽可能地柔美自然。虽说一个人音调的优劣出自天赋，然而却也离不开后天的影响。声音嘶哑乏力或是尖锐刺耳，都与自我"放纵"有关。若经过科学训练，并注意随时调整，做到音调柔美并不太难。声音单调呆板当然不美，但拿腔拿调、过分追求所谓的抑扬顿挫，也会给人以华而不美的"作戏"的感觉。自然的音调才是美妙动听的，这一点必须认识到。

再次，发音要清晰易懂。发音不清晰，使人感到含糊难懂，就是我们通常所说的口齿不清。口齿不清的成因主要是说话人口吃、咬舌或是鼻音太重。口吃、咬舌者只要在讲话时不急不躁，长句短说，能慢则慢，就不会影响到发音的清晰度，而鼻音过重者存在的发音混浊的毛病也是可以自我治疗的。说话时鼻音过重，是因为用鼻腔说话。只要说话时克服紧张情绪，放松下腭，慢慢地张口说话，声音就会从鼻腔中改道而出了。

最后，发音的速度要不快不慢。发音速度过快，好像机枪扫射一样，会令人应接不暇，跟不上反应。发音速度过慢，如挤牙膏似的"嗯、嗯"、"啊、啊"，也会使人着急，甚至丧失谈下去的兴趣。因此，在谈话时，唯有使自己发音的速度适中，每分钟讲 120 个字左右，才最适宜。

第二，语言美。

人道是"语为人镜"，意即通过一个人谈话中所使用的语言这面"镜子"，就可以了解其阅历、教养和志趣。

在人际交往中所使用的谈话用语应以亲切、自然为第一要旨。所谓亲切，是要求说话时遣词造句及其表述方式应处处使人感到诚实、坦率、平等、和谐、轻松、愉快。这种朴实无华、推心置腹的作风，有利于人与人之间的沟通，而且易于广结善缘。所谓自然，是要求在谈话时应尽量多使用一些明白晓畅的口语白话。这样做，既合乎人们

的习惯，易于被理解、接受，还不会给人以卖弄做作之感。有人不明白这一点，或是有意要显得与众不同，喜欢将自己钟情的书面语言移花接木，生搬硬套到现实生活中，张口"不但，……而且……"，闭口"如果，……那么……"，只会使人生厌。

在与两个或两个以上的人一同交谈时，应有意识地避免使用其中某些人听不懂的外文和方言土语。个别学生腔十足的小姐往往不分时间地点，动不动就甩出几句外文；老乡见老乡，虽不至于"两眼泪汪汪"，在一起"温习"几句家乡话，对不少人也是一种享受。而在社交场合，则最好不要这么作，除非在场的其他人对你使用的语言能够完全听得懂，否则就会使人产生被你有意疏远的感受，有时甚至还会因为语言隔阂而产生误解与抵触情绪。

比方说，近几年上海人喜欢用否定来表示肯定，正话反说。他们说的"不要太潇洒"，实际上的意思是"好潇洒、好潇洒呀！"可这话不少外地人就听不懂，弄不好面对上海人用这句话进行的夸奖还会产生反感："不让我太潇洒，难道只许你们上海人潇洒不成？！"

要使自己交谈时所用的语言亲切、自然，绝不是要求我们为了单方面追求"生动"，而降格以求，大量地使用脏字、粗话、俚语和黑话。有人片面地认为，只要多使用一点儿上述各种不洁的语言，就能神奇地缩短和其他人的距离，而且还会显得自己"见多识广"。他们把10元、100元、1000元、10000元分别叫作"一张"、"一棵"、"一吨"、"一方"。或者以"盘儿亮"、"条儿挺"自诩，从不忌谈"哥儿们找姐儿们套磁"、"小蜜傍大款"之类。如此种种，这不过只能证明自己的格调不高。

受多种因素的制约，我们每个人在谈话时免不了会不自觉地带出一两句自己的"口头禅"。有的"口头禅"不伤大雅，听多了充其量不过使人有点别扭罢了。可有的"口头禅"却会说者无心，听者有意，使自己的谈话对象产生错觉，或者被自己的语言所伤害。

例如，下述"口头禅"都是应当自觉地弃而不用的。

"知道不？""你懂吗？你！"它们教训人的口气十分明显，而且还会令人觉得暗含轻视的意思。

"没什么了不起。"对谁都这么说的人是不是有点儿目空一切？

"是吗？"这是典型的"怀疑一切"的态度，会使谈话对象的自尊心深受伤害。

要做到语言美，除了谈话时的语言要亲切、自然之外，还应随时随地有意识地使用礼貌用语，这是文明人应具备的基本素养，也是以敬人之心赢得尊重的基本方式。

感谢他人时，要认真地说一声"非常感谢！麻烦你了"，或是"你的帮助对我十分重要，我一定不会忘记"。

万不得已，需暂时离去或打断对方时，应当首先说明："对不起，我去取一些饮料，马上回来。"或是"抱歉得很，我可不可以暂时打断您一下。"不要显得若无其事。

拒绝别人赠送的礼品或敬上的香烟、酒水时，不宜直言相告："我不喜欢！""我最讨厌这玩意了。"而应以"不，谢谢了。"作答。

有很多的时候，"请"字最能体现我们对他人的敬意。在交谈中，万不得已使用祈使句时，加上一个"请"，像"请稍候"、"请您再说一下"、"请用茶"等等，命令的口气就轻得多了，而且不会让人感到生硬刺耳。

要想谈话得以继续，并且产生较好的效果，适度地选用一些幽默

风趣的语言，无疑会受益匪浅。幽默是一种文化素养，它是知识与阅历的集合。幽默的语言，既有趣可笑，又寓意深长。如能在谈话中适当地加以使用，不仅能够活跃气氛，而且能够启人心智，吸引听众，更好地与他人沟通和交流。

然而凡事都要有个限度，都要因人而宜。即使幽默的语言在谈话中更容易为人们所接受，并产生共鸣，但也不可以无限量地以之"狂轰滥炸"。古人云：文武之道，一张一弛。谈话也是如此，该严肃则要严肃，该轻松则要轻松，不能无原则地把它当作相声、小品大赛的赛场，一味地指望"幽他一默"。

幽默也有高下之别。犯贫、逗闷、拿人开涮之类绝非幽默之正宗。把一个跛脚的人称作"金鸡独立"，将一个胖子说成"浑身上下都是抛物线"，见到一个牙黄的人便问人家"是不是买不起牙膏"，可能也会博得某些人的庸俗一笑。但此种揭短的幽默伤人太深，只会使自己无意之间得罪了朋友。

第三，态度美。

态度美，在谈话之中也是一个很重要的问题。其含义是指在谈话之中语气、语态、神色、动作、表情都要专心致志，聚精会神，合乎规范，一心敬人。

谈话有赖于参与者的积极配合。有的人自恃口才出众，好为人师，一旦他到场，就把自己视为独一无二的主角，而把自己谈话的对象一律视为听众。这种人说起话来滔滔不绝，断然容不得别人开口。有些时候，为了显示自己的伶牙俐齿和见多识广，总爱用夸张和教训人的语气说话，甚至不惜危言耸听，不顾他人的喜怒哀乐。这种处处以自己为中心的人的如此作派，给人的只是傲慢、自私、放肆的印象。别看他们到了哪儿都讲得最多，倒还不如一言不发。他们的过错，是不懂得在谈话中尊重别人。

任何有经验、有教养的人，只要张口与人交谈，都不会忽略应当引起谈话对象的谈话兴趣。称道对方，关怀对方，对对方所说的一切洗耳恭听，表示出浓厚的兴致，都可以提高对方的谈话兴趣。这就是所谓的双向沟通的具体体现：你敬我一尺，我敬你一丈；你爱听我所说的一切，我还会不把你当成知音吗？

在谈话之中，以适当的动作来加重语气是允许的，但也不是从头到尾一直手舞足蹈，使"舞台化"的倾向过于明显。尤其需要注意的是，在谈话的自始至终，都不允许做出某些明显的不尊重谈话对象的动作。揉眼睛、打哈欠、伸懒腰、搔头发、掏耳朵、修指甲、看钟表、玩弄手帕、整理服饰、活动腰身、翘起二郎腿后抱着膝盖儿直晃悠，等等，这些动作都会使人感到自己心不在焉，傲慢无理。

与男士相比，女士与人谈天说地的兴趣更大一些，而且也更容易向人倾诉自己的委屈、不幸和痛苦。跟知心朋友交流交流自己心中的小秘密，好似大哭一场或是拼命记日记、写信一样，都是宣泄感情的一种手段，有利于自己的心理平衡。可是也不能不分对象，逢人诉苦，见人抱怨，一个主题不讲上一百遍誓不罢休，甚至整日愁眉苦脸，提不起情绪。与人交谈时，"但见蹙蛾眉，不知心恨谁？"不问则已，一问则痛哭失声，恩恩怨怨，悲悲戚戚。这种林黛玉式的人物写进《红楼梦》或是琼瑶的小说或许人见人爱，但在现实生活中是肯定不受欢迎的。因为在一般情况下，人们谈话是为了使自己的生活更充实、更美好，而不是为了让别人的痛若与忧伤破坏了自己的心情。孔夫子有一句名言："君子坦荡荡，小人常戚戚。"各位朋友，为了自己的形象和自己的朋友，让我们尽量在与人谈话时克制一下自己的情绪吧！

有的人在谈话中得理不让人，没理也是有理，天生喜欢和别人抬杠。你说这件羊毛衫是花 189 元买的，他却说："谁说的？明明是 188 元 5 角嘛。"你说李安所执导的《卧虎藏龙》令人赏心悦目，值得一看，他又会说："我一见那女主角就烦，就凭她那样，《卧虎藏龙》就好不到什么地方去。"个别时候，这些人为了捍卫所谓"真理"与"尊严"，不惜与人争得面红耳赤，大伤和气。

还有的人不长眼色，不管什么事情都专好打破沙锅问到底，没有什么是他不敢谈、不敢问的。不论是他人随口说出的一句话，还是个人隐私，他都敢于究根刨底，甚至"明知山有虎，偏向虎山行"，不怕揭开别人的伤疤。

这两种人待人的态度可谓殊途同归：既不知道尊重别人，也不知道尊重自己。有他们在场，谈话往往会不欢而散。

谈话的长度也可以体现一个人的修养，它即指自己每次"发言"所用的时间的长短。**从总体上讲，谈话宜短不宜长**。通常自己讲一两分钟之后，就应相机把"讲坛"主动让于他人。要是碰上个别人"发言"过久，或是意欲发表个人的见解，应耐心静候他人讲话结束，千万不要挺身而出，打断别人的讲话。

听人家讲话，就要让人家把话讲完，这是做人的一种基本教养。除非有紧急事件发生，否则就不能在别人讲的正起劲的时候，突然打断他。假如打算对他的话加以补充，或与之探讨一番，首先要看看有无必要，其次要等到对方讲完话之后。无论如何不要抢着替人道出"结局"。

当谈话者超过三人，即多人交谈时，应不时地同其他的谈话对象都聊上几句，不要搞"酒逢知己千杯少，话不投机半句多"，论远近亲疏，凭衣帽或印象取人，对有的人一见如故，谈个不休；而对另外一些人则无言以对，不闻不问。这样的话，会使后者感到冷落，也会让其他的人觉得自己没有教养。不让任何人变成"局外人"，这很重要。

许多人一起聊天，难免有亲有疏，故此更应注意将其视为较为正式的场合，讲究以礼待人。不要在他人，特别是原来不太熟悉的人对某一问题谈兴正浓，意犹未尽之时，表现出自己感到对方肤浅、庸俗，或是转而谈起自己感兴趣的问题，并有意引经据典，言必称子曰诗云，令人见笑，甚至让人感到"难受"。

参与多人交谈，一定要对其他人的"脸面"留有余地。尽可能地不要就无关紧要的"小是小非"问题抢白、挑剔别人，也没有必要为此与别人争得脸红脖子粗。作为一名有教养的人，此刻务必要保持风度，不要无理狡辩，出言不逊，恶语伤人；或是极尽讽刺谩骂之能事，为了细枝末节而与人纠缠不休。试问，在这种状态下即便占了上风，是得大还是失大呢？

自己在参与多人交谈时，应表现出对他人的谈话内容很感兴趣，而不必介意其他无关大局的地方，没有必要对他人浓重的乡音、读错的某字、记错的日期等等当面指正。不要在某人侃侃而谈之时，突然转身与他人窃窃私语，或是偷偷地凑到别人耳边小声说话。为了"风度"而摇头甩发，莫名其妙地暗笑，更是不当的行为，因为它们都有可能使说话的人产生误会。如果确有必要提醒某位谈话对象留意其松开的裙扣、下滑的袜口或是嘴角的饭粒，应待其讲完话而无他人在场之时，不然就有有意使人难堪的嫌疑。

遇到自己的熟人正在一起交谈，如欲加入，应先征得同意，问一下："我能够有幸参加吗？"或"不打搅吧？"得到许可后，方可加入。加入之后，应甘当配角，不可自己一到，马上就要唱主角，而影响原交谈者的兴致。要是发现自己加入后，原交谈者提不起精神，说话吞吞吐吐，应及时退出，不要赖着不走，或偷偷"旁听"。

碰到有人希望加入自己的交谈，通常应来者不拒，对老熟人更应如此。要是确有私事，不宜由外人介入，应在"闯入者"介入时就婉言相告："对不起，我们有点儿私事，想单独谈谈，我们一会儿再谈好吗？"

若同意他人加入了自己的谈话，就不要有意冷场，或是使用隐语、暗示，只说"半句话"。在谈话中长久地不言不语，不大可能被视为不善言辞，而是被当作对他人的谈话毫无兴趣，或是向在场的某人宣告其不受欢迎。这一态度理应避免。

一般来说，社交场合的谈话都属于自由交谈，而自由交谈的内容基本上是不受任何限制的。不过谈话的内容事关谈话的成功，而且体现着交谈者的品位与格调，故不可以选择不合适的谈话内容，绝对不可以信口开河。

选择谈话的具体内容时，通常需要注重以下三个问题：

其一，要多谈一些谈话对象感兴趣的问题。跟一位大字不识一个的老大妈讨论"飞碟"存在与否，还不如谈谈她的子女或小孙子；女孩子关心美容、时装；男孩子爱好运动、兵器，关心国家大事；就其感兴趣的问题谈下去，定会让谈话对象非常开心，主动合作。

其二，要多谈一些轻松愉快的问题。把快乐与人分享，把苦恼留给自己，这一做人的常识亦应在选择谈话内容时得到体现。要是总把自己的苦恼、不平挂在嘴边，把每次交谈都变成了"诉苦会"，有多少人真正爱听呢？

其三，要主动回避格调不高的问题。个别女士一扎堆，就爱对不在场的人说三道四：什么家长里短、人际纠葛、上司的好恶、同事的美丑、路人的衣饰、影星的绯闻、名人的功过，莫不敢言。这样关注别人的短长，是典型的缺乏教养和不务正业。此外，衰老、疾病、死亡、惨案、丑闻和色情故事谈起来既令人扫兴，也不吉利，同样应当回避。

不论自己在谈话时以什么问题"切入"，都应当气量大一些。如自己所谈的问题过专、过深、过偏，不被谈话对象所接受，没有产生良好的反响；或是"我"字用得太多，把自己的宠物阿猫、阿狗当成了谈话的中心，而使谈话对象面露厌倦或不快之意时；应马上就此"打住"，不要依旧"继续"。察言观色，注意反应，适可而止，才最聪明。

有人出面插话，或反驳自己时，应心平气和地与之讨论问题，摆事实，讲道理，不要恼羞成怒，恶语相加。发现个别人成心寻衅滋事，应以静制动，不与理睬。别人给你起了一个难听的"外号"，他头一次当面叫你，你若毫无反应，他可能会觉得自讨没趣，下不为例了。而你若用另一个更难听的"外号"回敬对方，没准此后你的这个"外号"就会跟你形影不离了。

在谈话之中，任何人都不可能总是处于"说"的位置上。要使交谈的双方双向交流畅通无阻，就必须善于倾听他人的谈话。从某种意义上来说，在社交圈中受大家欢迎的人，人人都爱与之交谈的人，并不仅仅在于他能说会道，而重要的是他会"听"。善于聆听的人，懂得"三人行，则必有我师"的道理，能够利用一切机会博采众长，丰富自己，而且能够留给别人讲礼貌的良好印象。

我们在交谈之中要想真正做到洗耳恭听，仅仅对人抱有尊敬之心还不够，还必须把它落实在行动上，才不会南辕北辙。

在他人讲话时，我们应尽可能地以柔和的目光注视着对方，以便与对方进行心灵上的交流与沟通。所有有社会经验的人都知道，眼神是一种最丰富的，可以包罗万象的神情，其重要性绝不亚于声音。在他人说话时，给予亲切慈祥或全神贯注的眼神，会使对方感受到无声的鼓励或赞许，因而可以自然而然地赢得其好感。而要是目光闪烁不定，或是可劲儿地东张西望，只会使说话者感受到侮辱和蔑视。

善于聆听的人，只会运用眼神关注谈话对象还远远不够，他还必须学会用动作和声音来呼应、配合正在"发言"的人。此时此刻，没有比"听众"的积极反馈更能使其"受宠若惊"的东西了。

在说话者谈到要点，或是其观点需要得到理解和支持时，应适时、适量地点一点头，或是简洁地表明一下自己的态度。比如说，可以在点头的同时发出一个"嗯"字，或者说一声："对，是这样。""没错！""还真是这么一回事儿。""我也有这种感觉。"

但是，这样做切忌过分。要是把头点得像磕头虫磕头似的，会令人无所适从。而要急欲表态，一张嘴却又止不住，也会打断人家的思路。如自己的表态可能短不了，不妨待说话者说完再讲，届时只要有意识地在自己的"发言"中加上一句"正像你刚才所说的一样"，或是以肯定的语气引用、重复一下对方说话的要点，效果也不错。

最高明的"听众"，永远都是善于向别人请教的人。凡人都有"好为人师"的愿望，如与人交谈时，能向其请教一两个他擅长且不避讳的问题，一定会使其自尊心得到莫大的满足。向宇航专家请教一下外层空间的开发利用问题，同国际问题专家讨论一下中美关系问题，对他们而言是不费吹灰之力的。可是向人请教绝不能避实就虚，强人所难。要是强求一位电脑专家发表对《哈里波特》这部小说的见解，与硬逼一名作家介绍人造地球卫星的轨道计算一样，可能会是赶鸭子上架，令人骑虎难下。

总之，在谈话之中没有必要刻意追求"语不惊人死不休"的轰动效应，也不应只图自个儿痛快而出口伤人。

总之，我们作为"说的一方"时，需要善解人意；作为"听的一方"时，应当毋忘敬人之心。这些问题，都是最重要的。

第 7 篇

写信的你

本篇我们来谈谈有关写信的礼仪规范。

圣诞节快要来到了，刚从中国人民大学毕业不久的王卫想起了自己的英国同窗珍妮，便特意上街为她购买了一枚圣诞卡，附上一封热情洋溢的书信，一同寄往英国。谁知这封情浓意厚的书信不但没有得到任何"回应"，就连他们之间的书信往来也就此中断了。

一年之后，王先生因公出访英国。在一个偶然的机会，他竟然遇上了珍妮。对珍妮"挥刀断袍"的行为百思不得其解的王先生，在"忍无可忍"之下，终于主动走上前去，向有意躲避自己的珍妮打招呼，并语无遮拦地相问："何以断交？"

听完惊诧莫名的珍妮的解释之后，无话可讲的却是王先生自己。

原来珍妮告诉他：正是他自己首先在那封圣诞节的贺信中，以暗示提议"断交"的。这个暗示，就是王先生在写信和填写贺卡时使用的红色墨水。平时惯用纯蓝墨水写信的王先生所以要改弦易辙，用红色墨水给珍妮写信、填贺卡，本来是要给对方讨一个"开门见红"的大吉大利，想不到却"正打歪着"，让珍妮很不高兴。因为在不少西方国家里，人们在写信时不轻易使用彩色墨水，而使用彩色墨水是有特殊寓意的：红的表示绝交，绿的则表示求爱……。因使用墨水的色彩不当而险些危及几年才培养起来的同窗之谊，这个后果真让王先生始料不及。

在人际交往中，通信与拜访、交谈以及参加其他各种形式的社交活动一样，都是联络感情、发展关系的一种重要渠道。在与他人的书信往来中，我们切不可信马由缰，草率地敷衍了事。只有讲究礼仪，遵循惯例和规范，才会使自己寄发的每一封信件向收信人充分地表达出自己的敬意或友谊。不然的话，就有可能"成事不足，败事有余"。

会写信的你，首先必须谨记最基本的通信礼仪，即"得信必复，早复为佳"。在一般情况下不宜有意拖延复信，或是干脆"有来无回"。

收到来信后，应尽快拆阅，并尽可能地当即复信。要是将他人的来信"原装"不动地搁置良久，不仅可能误事，而且还有可能给其他旁观者以将"客人"拒之门外的感觉。

在复信里，我们首先应当明言对方的来信系何时收到的。对转请他人带交的信件，尤其需要这样"处置"。但这个时间是不可随意编造或有意延后的。不要用"我这些天非常忙，故此复信一拖再拖"之类的话去欺诳对方。谁都不是傻瓜，真要看重对方，宁肯从自己吃饭、睡觉的时间中挤出一点儿来回一封信，人们也会在所不惜。把忙当作拖延复信的借口，说白了还不是目中无人，而且还低估了对方的智商。

复信给同自己经常有书信往来的人，不要忘了提一句自己刚刚收阅的是对方几月几日的来信，以免对方担心有些信件中途丢失。

遇上有人通过书信求助于自己，应早日给予对方明确的答复。暂时帮不上忙，也应先写信通知对方一下，以免其惦念。对极个别不宜回复的信件，如求爱信、崇拜信，以及所谓"幸运环"的来信，可以置之不理，但也不宜将其内容有意张扬、曝光。

写信时选择的书写工具也很重要。私人之间往来的信件可以手写，也可以打印。不过后者往往会给收信人公事公办，不知道一下会复印多少份的感觉，所以私人信件应尽可能地手写，对感谢信、祝贺信、吊唁信则务必要亲笔书写。

手写信件之时，不宜采用字迹不清、不能长期保存字迹的铅笔和圆珠笔。写信时，使用钢笔与毛笔都可以，只是要"量力而行"。

写信时，我们所采用的墨水与信纸也多有讲究。国人之间使用彩色墨水，不大可能使人产生"断交"或"示爱"的错觉，但至少会使人感到孩子气太重，还不够成熟，故还是使用纯蓝、纯黑、蓝黑墨水为好。书写私人信件的话，不要使用公用信笺，也不要随便弄一张纸应付差事。使用以白色为底色、专门印制的信纸，才是对的。

书写正式的信件，应在动笔之前考虑好谋篇造句，打好草稿或腹稿，然后以工整、清晰的字迹，按行就格、标点准确地在信纸上写好。不要字迹潦草、层次不清、辞不达意，寄人以一纸天书，让对方去"猜字谜"玩。也不要在信中写"此信写成于理论学习的时间"或是"时间来不及了，我不得不上班走人了。字迹若不清楚，希望鉴谅"，这些话可都不是什么能够让人心悦诚服地接受的理由。

不论收信者与自己是一种什么样的关系，寄给他的信件上都不要

乱涂乱改。发现自己写错了字，应涂之以涂改液，或是剪纸覆盖于其上，然后加以改正。不会写的字应去查字典，或向他人请教，不要注上拼音或者用错别字代替。不了解其准确含义的外文、成语和典故切勿滥用，以免授人以话柄。

自己意欲向收信人表达的意思，应认认真真地写在信纸上，并且一以贯之。不要想一句写一句，在信中丢三落四；或是信纸都用完了，才发现还有一件要事未写。特别需要强调的是，在一般情况下，不应在信纸上的"天地之间"，即信纸四边的空白处，操练文笔。也不要信尾已经落了款，又要加上一句可有可无的附言或"又及"。见到这类情况，收信人通常只会感到写信者不够认真，书写这种通篇欠考虑的信件，不过只是为了交差应景而已。

在信件的正文当中，称呼、问候与祝辞、署名都是至关重要的大事，它们直接关系到收信人展信而阅后的第一印象，而且间接影响到信件收寄者之间的双边关系，这早已是不争的事实。

其一，称呼。

信上所写的第一句话，是对收信人的称呼。对它而言，一是要在信纸上的第一行顶格而写；二是注意称谓的准确与得体。对于长辈，有亲属关系的，应以"爷爷"、"姑姑"等相称；没有亲属关系的，可称其为"某先生"、"某经理"、"某某老"，关系较为密切者亦可称其为"叔叔"、"阿姨"。对于平辈人，可称其为"某先生"、"某小姐"，也可以"某同志"相称。对待晚辈，直称其名，或是在其名字前冠以"小"字，都是可以的。

除非收信人是自己的至爱或家人，一般不允许称呼其小名，或是直呼其昵称。如果要想更好地向收信人适当表示一下自己的亲切与敬

110

重之意，可视自己与收信人的不同关系，在其称呼之前加一个准确的形容词。在至亲至爱的称呼前面，可冠以"亲爱的"，使收信人沉浸在亲切温暖之中；在其他令自己敬佩的长者或平辈人的称呼前，则可以加上"敬爱的"或"尊敬的"等语，以暗示收信人在自己心目中的位置崇高无比。

与外宾通信，要按国际惯例行事，应称其姓氏。唯有关系极为密切者，才可直呼其名。在外宾的称呼之前，通常还应加上"亲爱的"，或"我的亲爱的"等字眼，合成"亲爱的某先生"或"亲爱的某小姐"。

有时不清楚收信者为何许人也，则可以用"敬启者"或"尊敬的先生"作为对收信人的称呼。

其二，问候。

拜读一封来信，好比在社交场合会晤一位老朋友，如能得到一声问候，无疑会非常高兴。一般来说，问一声"你好"，或是同时再问候一下收信人的长辈、配偶、恋人及其家人，就可以了。有些问候，如"最近身体好吗？""您正忙什么呢？""工作顺利吧？"不大适合用来问候与自己关系一般的收信人。

其三，祝辞。

信写到最后，该向收信人说一声"再见"了。用在信末的祝词，就是写信人用来祝福收信人的道别语。祝词根据习惯应分为两行书写，第一行前面要空上两格，第二行则必须顶格而书。

祝词的内容应以吉祥如意的词句为主，例如："祝新年愉快！""祝君阖家欢乐！""顺颂春祺！""恭祝夏安！""此致敬礼！""恭叩慈安"等等，都是人们常用的祝词。

其四，署名。

一般而言，私人信件都要署名，无缘无故地发出匿名信是不礼貌的行为。署名通常写在祝词下一行的右侧。收信人若系长辈、亲属，不必写上自己的姓氏。收信人若是关系一般的朋友，特别是异性的时候，则务必要署以自己的全称，即连姓带名一道写出来。

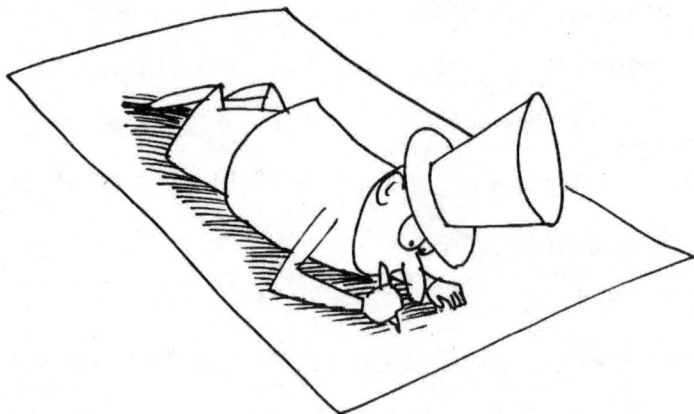

为了更好地向收信人表达敬意，在署名的前后还可以加上一些适当的连带语。对长辈，可以写"侄女某某谨叩"、"后生某某谨上"。对平辈，可以写"你的朋友某某"、"某某书"。对晚辈，可以写"某某字"、"某某示"，等等。在一般情况下，不宜在自己的署名前加上"你的同志"、"战友"、"友"等词语。

写给外宾的信件，应在自己的署名前加上"你的真诚的"、"你最诚挚的"、"诚恳的"等词语，它们绝不是可有可无的。

私人信件的内容不必拘谨，你完全可以在信中充分地表达自己的思想和感情，使之具有自己的鲜明个性。然而每一个有教养的人都不应当在信中只谈论自己，而对收信人的情况漠不关心。不论从哪个角度来讲，在信中适当地表示出自己对收信人的关心都是必要的。

通常，私人信件的内容应当尽可能地"报喜不报忧"。多向亲友谈谈自己工作顺利、身体健康、生活如意，使之为自己高兴，总比把信件写成了"诉苦信"，让收信人替自己分忧，更受欢迎一些。

在信中，不宜涉及国家机密、他人的是非以及一切庸俗、低级、下流、无聊的内容。

写给亲友的信件可长可短，在信件内容的"长度"方面并无特殊的规定。不过有可能的话，写得长一些，总比写得太短了要强。若因某种原因不欲多写，亦无不可。但是千万不要在信中搞"此地无银三百两"，写上一句"今天太忙了，只能就此搁笔"，或"实在抱歉，我得开会去了，那么再见吧"，这样自欺欺人，反而显得自己不诚实。

鉴于私人信件的内容或多或少地涉及到个人隐私，因此任何人都不能私藏、私拆、偷看别人的信件。私自扣压别人的信件逗闷子，是一件很没有意思的事情。

我国的宪法明文规定：公民的通信自由受到保护。即使是不经允许拆看亲友、家人或子女的信件，也是违法的行为。

收到他人的信件后，应妥善地加以保存。不要乱扔乱塞，或是用来垫碗、包东西。要是友人向自己倾诉心声的信件被家里不懂事的孩子偷出去叠飞机玩，或是当众宣读。对寄信人是很不礼貌的。

若收到的信件没有什么保存的价值，应亲自予以销毁；有价值的话，未经寄信人的许可，也不能随随便便将其广为传阅，或是公开发表。

私人信件通常应当秘不示人，这是一条非常重要的社交礼仪的原则。

在日常生活中，我们所收发出的信件大致上有平信、挂号信、航空信、特快专递、明信片等几种。

平信的内容最自由，但其速度较慢，且不允许在信笺之内夹放钱币、票证等贵重物品。

寄发重要文件时，以挂号信最为安全。

要是想使信件尽早到达收信人手中，可以寄航空信或特快专递，其中尤其以特快专递的速度最快。

明信片又有普通明信片、风景明信片、贺年明信片之分。前一种不宜用以表白个人隐私，而后两种则只适用于问安和致贺。其共性是书写与邮寄比较方便，特别适合于长话短说。

凡此种种，可由写信人根据各种信件的特点来作出自己的选择。

信写好后，若非明信片，需经折叠，方可放入信封。折叠信笺，最忌字迹朝外地反折。正常规格的信笺，均可一分为三、自下而上地折叠。这样收信人在取出信笺展阅时，首先看到的就是对他的称呼。信笺过大，可以先横后竖地折叠。信笺过小，对折也是可以的。但是，折叠好的信笺装入信封后应在信封两端留有余地。要是信笺把信封顶得满满的，收信人拆封时，就可能会损毁信笺。

不要把信笺折叠得花样倍出。因为在这方面有着不少特殊的讲究。折叠的式样越复杂，就越有点神秘兮兮的意味了。

在信封上，除了邮政编码、收信人与寄信人的地址、姓名之外，一般不适宜书写其他内容。唯有以下几种情况属于例外。

一是寄往收信人工作单位的信件，可注以"私人信件"，以免被其他人当作公函拆阅。要是把信寄到收信人家里，则无此必要。不然就会给收信人的其他家庭成员以不受信任的感觉。

二是在托人转交的信封上，应写上"烦交"。

三是把信件寄往收信人下榻的宾馆、旅社、招待所时，可写上"请留交"。

四是朋友业已搬迁，而给他的信件仍寄往原地址时，应写上"如地址变动，请代转"或"若代转困难，烦请退信"，以防自己的信"泥牛入海无消息"。

收信人的地址应书写清楚，越详尽越好，免得自己寄出的信件不能及时到达收信人的手中。

在收信人姓名之后，可以一字不写，也可以写上"先生"、"同志"的字样或其职称。但切勿写上什么"奶奶"、"爸爸"、"阿弟"等亲属称谓，因为它主要是给邮递员看的，没有必要让人家邮递员与收信人"过分亲近"。

在收信人姓名之后，还可以写上"亲启"等字样。"安启"用于直系尊长，"钧启"用于其他长辈，"大启"用于平辈，"手启"用于晚辈。"台启"可以广为使用。对自己的子女，则以使用"收"或"手拆"为宜。在此处什么都不写，也是可以的。

在一般情况下，寄信人的地址、姓名不应予以省略。有人爱用"内

详"来替代，孰不知这样写有些故弄玄虚之嫌。

信封上寄信人的姓名应写上全称。一旦需要退信，便不会遗失。

在寄信人姓名之后，有时可写一个"缄"字，以表示"封闭信封"。在"缄"字后面再加上一个"寄"字，也可以。寄给尊长的信件，应写上"谨缄"，以示恭敬。由于明信片不使用信封，故此不能在明信片上写"启"与"缄"字，而应代之以"收"与"寄"。

张贴邮票时，应将其端端正正地贴在信封上指定的位置——信封正面的右上角。不要把邮票贴在信封反面的封口处，或是在信封正面贴得歪歪斜斜的。且不说邮票的贴法也有不少的寓意，单是能否使其"按部就班"这一点，就关系到自己是否尊重邮政职工，会不会给他们增添不必要的麻烦的问题。

第 8 篇

上网的你

本篇我们将重点谈谈有关上网的礼仪规范。

目前，上网已经是现代人工作、学习生活的主要手段之一。不仅互联网已在全国普及，而且互联网的具体活动形式也可谓日新月异。所谓网络礼仪，在此是指人们在其网上活动时所必须遵守的行为规范。

在上网时，我们主要有以下几点需要注意：

首先，坚持原则。

无论何时何地，为人处世都应该遵循基本的法律和道德规范，进行网络活动时自然也不能有所例外。

第一，遵守法律。法治不仅是国家稳定、繁荣的前提，不仅是社会和谐发展的保障，而且也是网络活动有序、有趣开展的必要条件。遵守法律，是每一名网民最基本的要求。

要遵守法律，就要求人们做到自觉抵制不良内容。互联网上往往鱼龙混杂，网民难免会遇到一些虚假或失实的消息，甚至是色情、暴力、反动的内容。遇到此类情况时，网民应保持清醒的头脑，增强辨识能力，远离这些不良内容——既不能做不良内容的受害者，也不能做不良内容的传播者。

要遵守法律，就要求人们自觉保护知识产权。需要从网上转载、复制那些有版权的文字或图片时，应首先征得版权人的同意。下载、使用、传播应用软件、电影音乐等网络资源时，则一定要付费，以免发生纠纷。

要遵守法律，还要求决不侵害他人的利益。网络是全世界网民的共同财富，每一名网民都有义务维护它。传播电脑病毒，必然会给广大网民造成极大的不便和致命的损失，其具体情节严重者将受到法律的制裁。以网络为媒介，从事伤害他人身体、诈骗他人财务、窃取他人隐私的行为，会给受害者造成物质和精神上的双重伤害，自然也是法律所不允许的。

第二，自尊敬人。网络是一个开放的空间，网民可以在网络中畅所欲言、自得其乐，却不能目无他人、肆无忌惮。尊重自己和尊重他人，是网民的基本行为规范，亦是网络礼仪的基本要求。

具体来说，上网时自尊敬人，主要有以下几点要求：

其一，文明交流。在网上与人交流时，应确保用语的规范和文明，不得使用攻击性、侮辱性、谩骂性的语言。此外，网络沟通拥有一整套自身独特的语言符号系统，人们应当对其加以了解，并谨慎使用，以免因对方不解进而导致交流受阻。与此同时还应对此熟练掌握，以便能够理解他人所言。

其二，言语有度。为维护自身形象和所属单位的形象，网络使用者切不可以用单位或部门名义在网上任意发表个人对新闻时事的看法，尤其不能发布假消息或泄露国家机密。此外，不得在网上从事不法生意并招揽客户；不要任意链接他人站点的内容；不要随便散发不属于自己的信息。

其次，分清虚实。

众所周知，网络是一个虚拟的世界。身为网民，不得不面对虚拟与现实的选择与转换。这就要求广大网民在网络活动中注意以下几点：

第一，明确虚实。上网时，网民应该清楚地认识到网络虚拟世界与现实生活的区别，并时时刻刻以此提醒自己，以免沉溺其中不能自拔。

明确虚实的一项要求是：一定要做到"限时上网"。不分昼夜、不限时间地上网，不仅损害个人的身体健康，而且还会对精神状态造成不良影响。限定上网的时间和频率，则可以帮助网民养成良好的上网习惯，形成合理的生物钟，避免沉溺于虚拟世界而荒废了现实生活。

明确虚实的另一项要求则是：在上网时要做到"慎选内容"。网络上的色情、暴力、反动等不良内容，往往利用网民的猎奇心理来吸引注意。网民在面对此类内容时，应当保持冷静和理智，自觉地抵制网络上的不良内容，以免害人害己。

各类网络小说、网络游戏、网络电影等，通常以其引人入胜的情节和感官刺激博得点击率。这些让人"欲罢不能"的网络资源，无形中成为网民自制力的试金石。对此类内容适度地涉及而不过度地沉迷，才是健康的生活方式。

第二，避实就虚。在强调明确虚实的前提下，网民应当充分利用网络的虚拟优势，达到获取信息、开阔视野、促进工作、便利生活、休闲娱乐等目的。如果在网络上过分拘谨，则有矫揉造作之嫌。如果将网络完全等同于现实生活，则就失掉了网络的意义。

第三，虚实相生。如果把网民比作在海边等待日出的游客，那么他不仅仅应该看到地平线，分清哪一片是蓝天，哪一片是碧海，而且还要懂得欣赏天空那种真实而不可触及的美。最重要的是，他要在太阳尚未升起，光辉却已映透的时刻，静静地体味那种天海相融的境界。这也是"掌握虚实"对网民的最高要求。

通俗地讲，"虚实相生"就是在虚拟世界与现实生活中寻找一种平

衡与和谐，使网络真正"为我所用"。

再次，合理利用。

网络刚刚兴起的阶段，我国就曾展开有关网络利弊的讨论，其核心在于如何对网络进行合理的利用。

第一，学习、工作方面的利用。对现代人学习、工作而言，网络是一座内容丰富的资源库，如能对其进行合理利用，将对我们大大有益。

其一，电子商务。电子商务，通常是指信息技术的商业化应用。目前，它也是互联网络的重要用途之一。电子商务与传统商务在方式上迥然相异，但其本质却基本相同。因此，在电子商务活动中，网民所应遵守的礼仪规范与进行传统商务活动时所应遵守的礼仪规范大体相同。它主要包括：平等交易、公平竞争、诚实守信，等等。

其二，电子政务。电子政务是信息技术在政府政务活动中的应用。它是互联网络的新兴功能，目前仍处于不断完善的探索阶段。电子政务活动的本质与传统政务活动无异，但它们所采用的具体方式和利用的工具则完全不同。基于电子政务的此种特点，网民在从事电子政务活动中所应当遵守的礼仪规范，不仅包括从事传统政务活动的基本礼仪规范，而且也包括因网络作为其工具而带来的以下一些特殊要求：

一是忠于祖国。电子政务的礼仪规范，要求其实施者热爱祖国，任何时候都不得发表分裂祖国、非议政府的言论。

二是集思广益。网络为人们提供了一个畅所欲言的平台，它可以使群众的声音更快、更清晰地传到决策者的耳中。网民们充分发挥自己的聪明才智，对现状提出批评、意见和建议，无疑将成为提高政府效能的催化剂。

王建强老师在中学任教已经三十多年，几年前办公室刚配备电脑那会儿，王老师可是当真瞧不上这种机器。他每堂课都要自己工工整整地把板书写在黑板上。后来办公室来了一名年轻的小李老师，她可是个电脑迷。她不仅把自己的教案做成了演示文稿，还利用网络给同学们补充了许多课外资料。她每每打趣王老师说："电脑操作可是21世纪的必备技能呢，您老可不能落伍啊！"后来，王老师抱着试一试的态度学会了打字，再后来又学会了上网。这下可就一发不可收拾了，此后他的办公室的电脑更新换代了好几茬，王老师现在可是网络老手了。现在他已经是学校所开办的网校里的一位名师，就连他和学生家长的日常联系都早已采用"伊妹儿"了。

王建强老师的个人经历，正好反映了网络在学习、工作中的重要影响。

第二，生活方面的利用。互联网作为获取信息的工具，以及交流、沟通的重要媒介，在很大程度上便利了网民的生活。这主要体现在以下几个方面：

其一，实时资讯。毋庸置疑，互联网是当今最便捷、最丰富的资讯来源。网民们在从互联网上获取各类资讯时，也应遵守相应的礼仪规范：

一是谨慎甄别。它要求网民提高自己的辨别能力，以免被虚假资讯误导和欺骗。

二是合法利用。对于网络上的资源，应在明确其版权的前提下，合法、合理地利用。

其二，电子邮件。目前，电子邮件是应用最广泛的网络功能。作为交流沟通的便捷手段，电子邮件已经在很多领域代替了传统信函，因此，使用电子邮件的礼仪规范更应引起重视。以下几点必须加以注意：

一是格式规范。电子邮件即电子化的信函，因此它仍然具有最原始的信函传递信息的功能。在撰写正式的电子邮件时，应当按照通行的格式来组织其具体的内容。亲人、朋友之间发送电子邮件时，则可不拘一格，可视具体情况而定。

二是简洁明了。一般来说，电子邮件的篇幅不宜过长，以便收信人阅读。发送较大邮件前，需要先对其进行必要的压缩，以免给他人接收带来不便。

三是文明礼貌。电子邮件的具体用语一定要礼貌而规范，以示对对方的尊重。撰写英文邮件时，不可全部采用大写字母，否则就像是发件人对收件人盛气凌人地高声叫喊一样。

四是专函专用。不可随便发送无聊、无用的邮件，或以广告为内容的邮件，那样做，不仅会给收件人造成困扰和不便，还会损害自身形象。

五是定期查阅。最好每天都查看一下自己有无新的电子邮件，以免造成遗漏或耽误重要邮件的阅读与回复。

六是及时回复。凡公务邮件，一般应在收件当天予以回复，以确保信息的及时交流和工作的顺利开展。若涉及较难处理的问题，则可先以电话告知发件人业已收到邮件，再择时另发邮件予以具体回复。

七是尊重隐私。在任何时候，都不要擅自转发别人的私人邮件。

其三，网上购物。网上购物是目前流行的一种购物方式，因其不受时空局限、商品种类繁多、还价空间较大，颇受广大网民的青睐。网上购物时，应遵守以下基本的礼仪规范：

一是公平交易。网上购物是电子商务的一个分支，是广大网民以个人而非公司的形式参与电子商务活动的主要形式，因此理应进行公平交易。

二是谨慎选购。此项要求，主要是针对网上购物中的买方而言。由于开通网上业务的商家众多，其所提供的商品亦无所不包、千差万别，因而形成了网络商品资源良莠不齐的局面。在这种情况下，消费者应当提高警惕、货比三家，多积累经验，以便能买到物超所值的商品。

三是诚实信用。诚实信用，此处主要针对网上购物中的卖方而言。网上购物的特殊方式，使购物者一般无法亲眼目睹、亲身体验欲购买的商品。因此，卖方应竭尽所能为消费者提供全面、详细、真实的商品信息，帮助消费者进行知情选择，而不应当利用网络以次充好，欺骗消费者。

第三，休闲、娱乐方面的利用。在休闲娱乐方面，网络也可以发挥重要的作用。当前，对绝大部分网民来说，网络不只是日常生活中的便捷工具，更是其休闲娱乐的必备手段。在以下方面合理、充分地利用网络，可以为人们的生活平添许多乐趣。

其一，网上聊天。网上聊天是结识新朋友、联络老朋友、减缓压力、改善心情的有效手段，其方式包括虚拟社区、网络聊天室、网络论坛、聊天工具软件，等等。网上聊天是人们进行沟通的一种具体形式，同时也有其特定的礼仪规范。

一是尊敬他人。虽然网络的世界是虚拟的，但聊天的对象肯定是真实的。进行网络聊天时，网民面对的虽然是冰冷的机器，沟通的则是温暖的心灵。因此，在网络聊天中，应当尊敬他人。使用文明用语，就是尊敬他人的基本要求。满口脏话、讽刺挖苦，不仅是自己不尊重自己的表现，而且也会引起他人的反感。

二是真诚交流。在保护隐私的前提下，网民应在聊天中真诚地进行交流。如果说话拐弯抹角、满口谎话或怪话，网上聊天就失去其应有的意义了。

其二，博客与播客。博客和播客都是网民私人的网络空间，通常可以根据自己的意愿选择是否将它们向其他网民开放。其中，博客通常以网络日志为主要内容，而播客则以视频、音频为亮点。各种多媒体手段并用的博客、播客往往更受网民的欢迎。使用博客、播客时，遵循相应的礼仪规范，可以使自己更受欢迎、更被欣赏。

一是内容文明。按照基本的网络礼仪规范，使用博客、播客时，不但不应当传播色情、暴力或者反动的内容，而且也不应当侵害他人的知识产权。

二是定时管理。开通博客、播客后，主人应当定时对其进行管理，及时更新其具体内容，不应将其任意荒废。

三是积极沟通。一般的博客、播客，往往都开通了评论、留言等功能,为主人和访问者提供了沟通的渠道。网民应当充分利用这一渠道,及时进行文明、有效、有益的沟通。

其三,网络游戏。目前,网络游戏依靠自身多样的内容、变化的形式、逼真的场景、震撼的音效吸引了众多网民。网民在虚拟世界中游戏时,不应忘记必要的礼仪规范。

一是回归现实。在闲暇时,不妨做一条游弋于网络海洋中的鱼,用新鲜刺激、趣味十足的网络游戏放松自己的身心。但是,网民既不应忘记自己的真实身份而沉溺于虚幻的游戏世界中,同时也不应将游戏中过分渲染的色情、暴力带到现实生活中来,否则将害人害己。

二是量力而行。网络游戏,尤其是竞技类游戏,往往需要投入大量的时间和金钱。玩家应考虑自身情况进行理性的选择,不要因为网络游戏而损害身体健康或花费过多的金钱。

三是体谅他人。网络游戏通常需要众多玩家合作完成。在合作过程中,玩家应当相互理解、相互体谅、相互帮助,共同完成目标。即使遇到不如意的情况,玩家也应当坦然面对,不可以互相埋怨、恶语相向。

最后,自我保护。

应该承认,网络世界里充满太多的未知因素,它在为想象和创造提供广阔空间的同时,也给各种邪恶留下了可乘之机。因此,网民在网络生活中应当时刻保持高度警惕,保护好自己的人身、财产和隐私的安全。这其中,以下几点要特别注意。

第一,保护人身安全。要保护好自己的人身安全,网民就应该提高甄别力和判断力。

其一,抵制虚假资讯。网民应当理性判断,谨慎甄别,抵制各种虚假的资讯，以免在其误导下发生危险。

其二，谨慎选择网友。在选择网友时应当三思而后行，以免因一时疏忽而被"损友"所伤害。

第二，保护财产安全。在网上活动时，有必要自觉地维护个人的财产安全。

其一，防范"黑客"。网民应及时安装网络防火墙等保护软件，以防止"黑客"入侵。日常使用计算机时，将重要的文件进行加密，对关键的资料进行备份等，是减少受"黑客"侵扰后的损失的最有效办法。

其二，勿贪便宜。平时，网民应当注意辨别网络资讯的真假，作出理智的判断，绝对不能贪小便宜。对从陌生人处得来的资讯，则更是不应当轻信。

其三，多重保护。网民在参与网上购物等活动时，应当采取多重保护措施以保护自己的财产安全。

一是要注重交易对象的信用度和好评度，综合考虑其各方面的具体因素。

二是要尽量在个人专用的电脑上进行网上支付。

三是要使用专门的银行卡进行网上支付。

四是要依照个人需要设定网上每日支付的最高限额。

五是要使用第三方信用保障，以提高交易成功系数，如"支付宝"等。

六是要开通银行卡交易的"手机短信通知"功能，当卡中具体金额发生变化时，可以及时收到银行的手机短信通知，以便监督银行卡的使用情况。

七是要有效利用对账单，经常核对交易记录，发现问题及时解决。

第三，保护隐私安全。在网络生活中保护自己的隐私，是自我保护的命题中的应有之义。它的基本要求是：

其一，树立"隐私意识"。上网时，网民应当从思想上注重个人隐私，树立"隐私意识"，时时刻刻注意保护个人隐私。

其二，保护个人密码。个人密码是保护个人隐私的钥匙，因此应当对其妥善保管。平时，个人密码保护可以采取以下几种措施：

一是要设置安全性高的个人密码，以防止密码被破译软件窃取。

二是要使用安全方式登录，以防止恶意软件的盗用。

三是要使用软键盘键入重要信息，以防止密码泄露。

四是要将个人密码准确记录并保存在安全的地方，以免忘记或记错。

五是要做到不轻易将个人密码告知他人，尤其不能把它告知仅仅通过网络有过接触而彼此并不熟悉的网友。

其三，重视个人信息保护。网民不应轻易向他人提供个人信息，家庭住址、手机号码等信息尤其应当注意保密。

第四，网吧注意事项。在工作之余，有不少人都喜欢去网吧"网上冲浪"。到网吧进行娱乐时，对以下四条礼仪规范均应自觉遵守。

其一，时间有限。在网吧里娱乐，不论玩游戏、查信息、发邮件，还是参加网上讨论或是网上交友，均应适可而止。一定要对自己在网吧里的娱乐时间有所限制，而不要让自己沉溺其中、难以自拔，尤其是不要因此而妨碍自己的正常工作与生活。

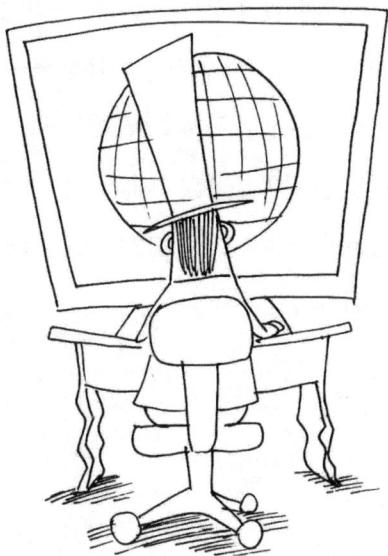

其二，活动有方。前往网吧娱乐，对下列一些基本的活动规则务必要有所了解。

一是非法网吧不宜前往。假如网吧自身不合法，那么消费者的权益与人身安全往往难以得到保障。

二是非法网站不宜访问。凡散布反动、不健康信息的非法网站，均不宜擅自进行访问。

三是非法活动不宜从事。在网上活动时，凡涉及危害国家安全、有碍社会稳定、破坏民族团结、诋毁企业形象、损害他人名誉、侵犯他人隐私等内容，均应主动回避。

其三，交友有规。结交网友，是不少人上网活动的初衷之一，也是时下社会上的一大时尚。一般而言，对此应注意下列三点：

一是两相情愿。结交任何网友，都需要当事者双方同意。在任何时候，都不应当勉强对方或对其软磨硬泡。那样做，难免会使对方厌烦自己。

二是重在沟通。大家都清楚，所谓网络世界其实是虚拟的。所以，结交网友重在网上沟通，而不应当随便将现实生活中的觅友甚至择偶的希望寄托在虚拟的网络世界里。对此点，一定要保持清醒的认识。

三是经常联系。结交网友，讲究的是宜精不宜滥。与他人结为网友后，应经常与对方进行联系。收到对方的信息后，宜在 24 小时内回复。出门远行前，应给对方留言相告，而不应当不告而别。

第 9 篇

打电话的你

本篇我们来谈谈有关打电话的礼仪。

林姝最近被一家香港公司的驻沪办事处招聘为秘书，能够进入这样一种从各方面来说条件都很不错的环境中去锻炼、发展自己，她自然无比高兴。然而让她不曾料到的是，上班的头一天，就挨了顶头上司一顿"克"："小姐，你应该先去学一学怎样打电话。"林姝当时气得不得了，她心里想："你真是小瞧我了。我家十年前就装上了电话，平日我最爱打电话了，几乎天天都打。难道打了十年电话的我还不会打电话吗？"

可是林小姐并不知道，经常打电话的人未必就"会"打电话。准确地说，很有一些人是不知道如何正确地使用电话的。他们不知道，自己在打电话和接电话这同一件事情的两个侧面上所作的一切，都直接关系到自己在通电话时的交际对象对自己印象的好坏。

就拿林小姐来说吧，她之所以挨"克"是事出有因的：那天林小姐刚刚走进写字间，她的上司吩咐了一些事情让她办，然后就外出了。一刻钟之后，外面打进来一个电话，找的正是这位碰巧不在的上司。林小姐听了之后，便问对方："您是哪一位？您怎么称呼？"待对方自报了家门，她又告诉对方："很抱歉，我的上司外出了。我已记下了您的姓名。您还有什么事情需要我转告吗？"

从表面上看，林小姐的"应对"没有什么破绽，她的语言也没有明显的失礼之处。然而从电话礼仪的角度来看，她的回答绝对不会使通话的另一方"痛快"。关键在于，她告诉对方自己的上司不在，说的虽是真话，可是在她的"应对"之中，说话的先后顺序却极不恰当。她先问人家："您是哪一位？"随后才告之："我的上司外出了。"这很有可能会让对方产生这样的误解：林小姐的上司对待朋友是"看人下菜碟"，有亲有疏，存心不想亲自接电话，才让林小姐出来作"挡箭牌"的。这样的话，后果可想而知。

　　如果林小姐懂得一些接电话的技巧，把上面这两句话的先后顺序调换一下，先以"我的上司外出了"相告，再问"您是哪一位"或"您有什么事情"，就显得合情合理，不会伤害对方的自尊心了。

　　好在那个电话是林小姐上司自己打进来的，他是为了"暗访"一下林小姐的"服务质量"，所以才没有惹来什么麻烦。上司事后将事情的原委告诉了林小姐，林小姐才感到心悦诚服："没想到，打电话还这么有学问呀！"

　　其实林小姐的感触一点儿也没错。在日常生活中，电话乃是人们使用最多的通讯工具之一。能够正常地使用电话，做到既"完成任务"，同时又使自己的通话对象领会自己的善意与敬意，于公、于私都是至关重要的。

　　我们平日打电话时，有时充任的纯粹是打电话的角色，即拨打电话找人；有时则充任的是接电话的角色，即被动地接听他人打进来的电话。但在日常生活中，我们往往是一身二任的，所以不论是打电话还是接电话，都应当按照电话礼仪去做。

首先，我们来谈谈打电话的礼仪规范。

我们在打电话时，一般需要特别注意的具体细节主要有以下四点：

第一，要选择好通话的时间。不管跟谁打电话，或是为了什么事情打电话，我们通常都要首先考虑一下，在什么时候打电话最恰当。

除非有要事相告或相商，我们在每天早上 7 点以前、晚上 22 点以后和一日三餐的常规用餐时间内，都不该给别人打电话，免得影响别人的休息，妨碍别人的用餐。

在节假日，人们都希望好好放松一下，或与家人欢聚，或独自休息。因此我们应当尽量不在节假日里跟亲友们打一些本来可打可不打、打了却又会"麻烦"人家的电话。

对于有午休习惯的人或每日必看中央电视台新闻联播节目的人，应尊重其生活习惯，不要偏偏选择人家午休或看电视的时候打电话。

给国外的亲友打电话，要特别注意一下亲友所在地与国内的具体时差。千万不要只图自己白天打电话方便，却把人家从睡梦中吵醒。此外，还应知道在许多国家里，人们的作息时间与我们大不相同。比如，欧美人一般习惯于过夜生活，所以常常晚睡晚起，不到上午 9 点钟，他们是不会"起立"的。

打电话时如不选择受话人方便的时间，可能会影响对方的生活安排，进而在一定程度上破坏通话的效果。

在平时，我们还应注意尽量不要把公务电话打到别人家里去。若有要事需要通报，而在不适当的时间里打了电话，那么一定要在通话开始时就向受话人说一声："抱歉"或"打扰了"，而且通话所用的时间越短越好。同样，私人电话也不要打到别人单位去。

第二，通话内容务必简单明了。在一定程度上讲，每次正式通话的效果，都必然与通话的内容存在着因果关系。撇开其他因素不谈，每次通话内容的组合又与通话的时间的长短密切相关。而这些方面的成败得失基本取决于打电话的人，因为首先拿起电话的是他，首先放下电话的也是他。在每次通话中，主角都由他扮演。在电话中该说些什么，一次电话该打多久，主要都是由他来"引导"和掌握的。受话人一般不会喧宾夺主。

通常，打电话的总的时间宜短不宜长，每次通话一般不应超过三分钟。这就要求我们注意长话短说，力求简明扼要。

将有关需要记录的事项，如单位、姓名、电话号码等等，告之受话人时，可逐一予以重复。但普通的事情就没有必要来来回回地"循环"。打电话不是上辅导课，是不能把受话人当成小学生看待的。

电话一旦拨通后，就应首先把本人的情况告之受话人，而不必等待对方的发问。如与受话人十分熟悉，报出本人姓名即可。如："您好！我是刘凤玲。我找黄宁先生。"

若同受话人交往不多，则应在报出本人姓名的同时，报出自己的单位与职衔，以供对方"识别"。如："你好！我是河海集团的马英，我想请连山先生听电话。"这样做，可以节省时间，直奔"主题"，而且与人方便，自己也方便。

有个别人一接通电话，马上就会给对方来上一句："你猜我是谁呀"。接下来，"你猜我在干什么"之类，便"蜂拥而上"。他们可能觉得这样很有趣，然而这样做实在令人不敢恭维。要记住，打电话是为了迅速传递信息。它毕竟不同于小孩子玩捉迷藏的游戏。

还有一些人非常喜欢"煲电话粥"。他们但凡有时间，就不分白天黑夜，不管受话人感受如何，抓起电话来就找人家进行"电话聊天"，直说到自己兴尽方休。且不说这样做很"放肆"，浪费了自己多少金钱，单就无条件地强迫受话人"出让"宝贵的时间这一点来说，就是很不应该的。

第三，要维护好自己的"电话形象"。与别人通电话时，对方声音的高低、语气的缓急、态度的好坏，都直接影响到人们在通话时的情绪。由此可见，虽然人们在通电话时相互之间"只闻其声，不见其影"，但实际上也会在无形之中给对方留下深刻的印象。这就是所谓的"电话形象"。

要想维护好自己的"电话形象"，就绝对不能在电话中大喊大叫。那种做法，会令受话人被你制造的噪音折磨得痛苦不堪。由于现代科技的高度发达，当今电话的传声效果已经非常之好，所以没有必要在电话接通后提高嗓门，只要像我们平常那样说话就可以了。

应当注意的是，当你拿起电话听筒，将其贴近自己耳朵时，千万不要把话筒同时贴近自己的嘴唇。那样做不但不卫生，而且可能"扩大"你说话时发出的音量。**当我们需要在电话上说话时，话筒与我们的口**

部之间以保持 3 厘米左右的距离为宜。以此种距离说话，比"吻"着话筒说话听起来要舒服得多。

有礼貌的受话人总会把"终止"电话交谈的权力让给我们，而不会率先摔下自己的听筒，使我们感受到他的不耐烦。因此，当我们放下电话时，务必要双手轻放。千万不要说着说着，在尚未告之受话人"再见"的情况下，便猛然"砰"地一声挂断电话，令受话人震耳欲聋。

在通话过程中，如果想要节省时间，把话说得稍微快一点没有错。可是也要替受话人着想一下，至少要让人家能够听清楚，并且反应得过来。同时，也要给受话人一个说话的时机，不要自以为自己一吐为快就可以挂电话了。

第四，要表现得文明而有教养。拨电话号码时，动作要干净、利落。认真地将每个号码都拨到底、按到位，然后慢慢地让其自归其位，就不大可能拨错号码了。

有人明明自己拨错了号码，非但不向被无端打扰的受话人表示歉意，反而像人家对不起自己似的，一言不发地就把电话挂上了。这是很不文明的举动。

万一电话拨通后，感到可能不大对劲儿，可先有礼貌地询问一下受话人的电话号码。如果错了，应说一声"对不起"，然后再轻轻挂断电话。

拨号以后，如没有人来接，应至少耐心等待一分钟左右，给受话

人留下一个从餐桌上或卧室里走到电话机旁的充裕时间。不要沉不住气，一旦没人接电话，就骂骂咧咧，摔打电话机或反复拨号。要是受话人刚刚跑过来拿起听筒，你这边却又放下了，岂不是在"操练"人家，吊人家的胃口。

当受话人认真地陈述某一问题时，尽量不要打断。要是电话串线或出现其他故障，不要轻易挂断电话。要是电话在通话之中突然中断，不论是何原因，都应当立即再拨打一次，并向受话人说明刚才电话中断不是自己"不讲理"。

如需总机接转电话，应在报完要接转的电话号码后，对接线员说一声"谢谢"。若接线员首先向自己问好，应同样问候对方，不要有来无往。

在使用公用电话时，要讲究先来后到，互谅互让，适可而止。不要一张嘴就把不住门了。明明人家等在旁边犯急，可是却认为人家是对自己所说的一切感兴趣，甚至于"表现欲"大增，在众人面前娇声娇气，装腔作势，咂巴嘴、打飞吻、乱做手势。这种浅薄的人，是很让人反感的。自己打的电话拨不通，可优先别人，不要占着电话机誓不相让。如欲使用私人电话，事先需经主人同意。

其次，我们来谈谈接电话的礼仪规范。

作为受话人，我们在接电话时并不是只要一切"顺从"打电话的人就可以一劳永逸了。要作一个合格的受话人，在接电话时一般需要作好以下四个方面：

第一，应作好通话前的准备。与社交中的其他活动一样，打电话也是"有来有往"的。有时是我们把电话打出去，有时则需要我们把别人打的电话接过来。要接好别人打进来的电话，就有必要作好准备工作，以确保外来电话的畅通无阻。

家里的电话机最好放在容易听到铃声和能够迅速到达的地方。有可能的话，应把电话机单独放在一处，周围不要放暖瓶、花瓶、墨水瓶、鱼缸等容易在匆忙之中碰倒生事的物品。不要把它放在不懂事的孩子伸手可及的地方。平时，应经常注意检查电话机插头有无问题，并保持其清洁。

在电话机附近，应预备好必须"常备不懈"的以下几件物品：电话号码簿、电话记录本和记录用笔。不要总是在需要记下别人打来电话的重要之点时，千篇一律地告之以："请稍候，我得去找一支笔来"，从而耽误了别人的时间。

你如果是一位都市白领，有可能应酬很多，平日在家的时间很少，要想避免亲友们打来的电话"扑空"，那么最好在电话机上装一套回话录音装置。在自己外出时将它打开，打进来的电话就可以录下音来了。只是在录制自己的留言时务请注意语气和施辞，不要给人以自己有意"避而不见"的感觉。

第二，应检点自己的一言一行。听到电话铃声响起，即应尽快放下手中所做的事情，赶紧去接。若当时自己正有客人，应先征得其首肯，再去接电话。如发觉打进来的电话不宜为外人所知，可告诉对方："我身边有客人，一会儿我再给您回话。"不要"见异思迁"地立刻抛下客人，与他人在电话中神神秘秘地谈个没完。这样典型的厚此薄彼的行为，一定会让自己身边的客人有一种被轻视的感觉。

然而，当然也没有必要从一个极端走到另一个极端：在客人面前故意不接任何电话，或是有意让电话铃声响上几分钟之后，才慢腾腾地起身去接，客人没准儿见此情景会产生联想："这人真不讲礼貌。前几天我打进来的电话'没人'接，是不是不愿意接呀？"

无论在哪里接电话，都要动作干练，仪态文雅、庄重。把电话机移向自己身边时，应双手轻拿、轻放，不要一伸手就猛地拉过来。不要像影视片中的某些大亨那样，一边坐在圈椅里、把两腿伸到桌面上或抽斗里去，一边拿腔拿调地听电话。不要坐在桌角上接电话，或是抱着电话"开聊"。

以上种种举动，是不堪入目且有损于自我形象的。

接电话时，应首先使用双手轻轻地拿起听筒，然后改用左手来握住听筒。这样做是为了把右手空出来，以便记录。有人认为，用下巴把听筒夹在脖子上的动作很潇洒，殊不知它既累人，又难以持久坚持。

在整个接电话的过程中，我们不论或坐或立，都应有意识地挺直上身，减少动作，目不斜视。在旁观者看来，这一姿态非常精神，而且显得一心不二。

自己的食欲再好，也不要在听电话的同时继续进食。即便自己在接到电话时正在用餐，也要将口中的食物先处理掉。要是自己的咀嚼吞咽之声通过电话传送出去，会让对方感到我们失敬于他。

在听电话时，不要与身边的亲友打招呼，或是小声讨论某些问题。否则会给对方留下被轻视、被非议的感觉，因为你当时跟旁人说的话，对方不一定听得清楚。

第三，应处处使对方感受到自己的尊敬与友好。接到别人打来的电话，我们所说的头一句话应当是亲切地问候对方"你好"，接下来按照惯例应当说出自己的姓名。如果是在工作单位接电话，还有必要同时报出自己的工作单位。出于帮助对方确认电话号码拨要的是否准确无误，声明一声是很有必要的。例如："这里是天马股份有限公司，我是田甜"。抄起电话便问："你找谁"、"谁呀"，则极为不妥。

接到别人错打进来的电话，不要因为对方打扰了自己而大发脾气。一言不发地挂上电话，或是对着话筒大喊一声"下次长长眼神，你打错了，讨厌"，这都是没有涵养的表现。

此刻，正确的做法应是：先请对方再次确认一下所拨的号码或要找的受话人，然后告诉他这个电话确实打错了。有可能的话，还可以为对方提供一些相关的线索，或是为对方查阅一下他所需要的电话号码。 待对方道谢时，应答以："不必客气"，而不要说什么"谁让我倒霉了"，以免做了好事反而得罪了人。此时通常应待对方挂断电话后，再放下听筒。

在通话中，为了使对方知道自己一直在倾听，或是表示理解与同意，应不时地轻轻"嗯"上一两声，或说上一句"是"、"对"之类的短语。以这种积极的态度呼应对方，是十分礼貌的。

在一般情况下，不要请自己的亲友、子女或秘书代替自己接电话。只有亲自聆听别人打来的电话，才是尊重对方。

倘若获知有人来电话找过自己，不管对方是否要求给他回话，都应尽早这么做，绝不要置若罔闻。间隔的时间如果太久，在给对方打电话时最好表示一下自己的歉意，并解释一下自己当时未能亲自接电话的具体原因。

临近通话结束，应主动向来电话的

142

人说一声"麻烦您了"，或是道一声"再见！"若对方是专门为了自己的事情而打电话来的，切记要向对方真诚地再说一次："多谢了！"人家为了你的事情，又花了钱（在哪里打电话都要花钱），又浪费了时间，表示一下感谢，是理所应当的。

第四，应认真而热情地代替别人接电话。遇上家人或同事不在场，而有人打电话来找他们，代替家人或同事接一下电话，乃人之常情。但替他人接电话，需要有以下两个前提条件：其一，来电话所要找的人不在现场。其二，来电话所要找的人虽然在现场，但却因故不能分身；是他授意自己出面代替他接电话的。

如自己在亲友家里或办公室里作客，在未得到主人亲自授权的情况下，不要主动替人家接电话。明明主人就在旁边，自己却抢先一步操起电话听筒来了，不是热情得过了头，又会是什么呢？

遇上来电话要找的人不在，应首先以实相告。不要先问上一大堆问题，比如："你找他有什么事情"、"公事还是私事"、"你跟她是什么关系"、"我怎么没有听说过你"，等等，然后才告诉对方要找的人不在。如此"贫嘴"的后果往往极为恶劣，它会使对方感到自己要找的人就在电话旁边，只不过装作不在而已。

比较得体的做法，应当是首先在告诉对方他所要找的人不在之后，再客气地告诉对方自己与前者是何关系，以及自己叫什么名字。随后问一声："您需不需要我帮忙？"若对方说："我是某某人的朋友，以后再打电话来吧"，说明人家不想"露底"，此刻就没有必要让人家留下姓名和电话号码了。若对方表示有要事相告，则应取过纸笔当场记下来，随后复述一下自己记录的要点，以检验有无差错。待来电话要找的人回来后，应立即转交记录，不要误人大事。

若来电话要找的人就在不远处，应先对来电话的人说一声："请稍候，我去替你叫一下。"但是，此时不要放声大喊要找的人的姓名，搞得人人皆知；也不要先训上来电话的人一声："急什么呀，等着吧"，然后把电话一放了之，过了好大一会儿，才煞有介事地骗人说："没有找到。"

　　奉上司指示拦截电话，或替病休在家的长辈"挡驾"时，在电话上也要表现得委婉谦和。

　　"薛云正在开会，我能为您做些什么"，"赵先生不在家，他回来以后我叫他给你回电话好吗"，"老武现在正在休息，你需要我替你带个话吗"，等等，都是此时标准的应对语言。采用这些委婉的说法来"抵挡"打进来的电话，总比大说怪话或斥责人家要中听得多。

第 10 篇

发请柬的你

本篇我们来谈谈有关发请柬的礼仪规范。

请柬，俗称请帖，它是主人用以邀请客人前来赴约的礼仪性的书面通知。在社交活动中，它被经常用于邀请客人出席宴会、舞会、婚礼以及其他交际性的聚会。在涉外活动中，它的使用则更加普遍。

由于在社交活动中使用请柬邀约客人显得正式、真挚和难以遗忘，所以与使用口头邀请、电话邀请、书信邀请、托人转告等邀请客人的常用方式相比，使用请柬邀请客人的方式档次是最高的。可是对于这一点并不是每个人都非常清楚。

这不，许林华就属于对请柬"少见多怪"者中的一个。一天，许小姐在朋友家中遇上了多日不见的好朋友武红。像几年前上大学时一样，两个人到了一起就有说不完的知心话。临别，武红对意犹未尽的许小姐讲："下周六我和我先生在家里请几位朋友来一起聚聚，你也来玩玩吧。"当时，许小姐不假任何思索便爽快地答应了，而且她还认真地问清了武红新居的地址和聚会的时间。由此可见，她是真心实意地准备去赴约的。

然而到了约定的那一天，在武红家里举行的家庭聚会上，许小姐的身影一直没有出现。为什么呢？因为同武红告别两天之后，许小姐又接到了武红寄来的一份请柬。拆开一看，聚会的时间、地点都没有变，

"哪还有什么必要再寄一份请柬，她不是都当面告诉过我了吗？是不是想在老同学面前摆摆谱？"最让许小姐感到不快的是，请柬正文的左下方还注有"备忘"二字，"这不是讽刺我这人记性不好又是什么？"于是许小姐决定爽约，以免"成全"了武红。

明眼人一看，便会断定其实失礼的正是许小姐本人，武红并没有任何"过失"。口头邀请之后，再寄上一份请柬，本是为了表明主人希望许小姐务必赴约。至于注有"备忘"二字，则是为了遵循一种礼仪惯例，其本身毫无讽刺的意味。

从社交礼仪规范的角度来讲，要想使请柬在人际交往中不辱使命，不论发出请柬的人还是接受请柬的人，都唯有依礼而行，方为上策。

首先，我们来谈一谈发出请柬的礼仪问题。

这一个大问题，具体又分为下列几个方面的小问题。

其一，在哪些情况下需要发请柬。一般而言，鉴于发请柬是档次最高、最为正式的邀请方式，因此它自然而然地适用于邀约客人参加较为正式的社交活动，诸如邀请客人出席家宴、舞会、婚礼、生日晚会、同学聚会、节日联欢会，等等。

若是邀请他人参加普通的社交活动，例如，邀请他人来自己家中做客、一道外出踏青、去看一场外国电影或是一起上街去逛商店等等，则无专门发出请柬的必要，否则就有一些小题大做了。邀请他人参加普通的社交活动，适合采用口头邀请、电话邀请、电子邮件邀请等与此相适应的非正式邀请方式。

其二，需要给哪些人发出请柬。即使是邀请他人出席由自己主办的较为正式的社交活动，也没有必要滥发请柬。哪些人需要发请柬，

哪些人不需要发请柬，是主人应当事先仔细斟酌的。

通常邀请亲朋好友参加社交聚会，人数宜少不宜多。人数众多，固然可以显得热热闹闹，烘托出一种热烈的气氛，但同时也存在"众口难调"，主人难以照顾周全的问题。

自己的父母、公婆、子女、配偶、恋人，以及在一起居住的其他家庭成员，如参加自己主办的社交聚会，理所当然地要被列入主人的行列之中。对他们是没有必要当作"外人"看待，再发一份请柬的。除此之外，欲邀其参加聚会的一切亲友，包括平日亲密无间的同学、同事或成家另过的兄弟姐妹，都应分别发出请柬。这是给予他人的一种很高的礼遇。

按照惯例，在一般的家庭聚会中，请柬只限于使用女主人的名义发出。当然，为了避免某些不必要的麻烦，或是为了显示自己家庭关系的和睦、温馨，夫妇一同以主人的身份发出请柬也是可行的。

其三，应当如何发出请柬。将请柬交付邮局邮寄，是发请柬时人们最常用的做法。为了确保客人提前接到请柬，并且早作安排，按照常规邮寄请柬应越早越好。提前半个月至一个月的时间将请柬交付邮寄，是比较规范的时间上的"提前量"。不管怎样，都要力争使请柬尽可能地提前一周到达客人的手中。

除了将请柬付寄之外，亲自递交请柬、委托他人转交请柬的做法，在社交礼仪上也是行得通的。

亲自将请柬递交给被邀请人，应起身站立，双手呈上，并认真地向对方说一声："欢迎大驾光临！"或"请您赏光！"如委托他人代为转交请柬，最好委托与自己关系至为密切的人出面，如可以请自己的配偶、恋人、兄妹、子女或秘书代劳，但不宜随便请其他人转交。**不管是亲自递交请柬，还是委托他人转交请柬，都要确保请柬提早到达被邀请人手中。**

有时，主人已用口头邀请、电话邀请、电子邮件邀请的方式邀约了客人，然而如有可能，应再补发一份请柬，以此来表示这位客人在自己心目中非常重要，不可或缺。想要避免客人以为主人怀疑其记忆力欠佳的话，可特意在请柬正文的左下方注上"备忘"二字，以英文书写的请柬则应在相同之处注明"To remind"，二者的含义都是告之客人：之所以向其补发请柬，只不过说明主人非常希望他能够按时出席，"务请光临"。

其四，请柬应当发给何人。按照一般人的想象，这个问题与第二个问题并无二致，恐怕是无中生有吧。在他们看来，或许每一位应邀前来赴约的客人都将各自持有一份主人发出的请柬。然而事实并非如此。

这个问题更为确切地讲，应当是请柬需要发到何人的手中。它与第二个问题，即应当以请柬邀约哪些人，并不是完全相同的。因为被主人以请柬相邀的客人，不一定人人都要亲自收到一份请柬。

根据社交礼仪的规范，解决这一问题应首先考虑被邀请者的性别、年龄与婚姻状况。

除用来邀请客人参加交谊舞会的请柬之外，用来邀请一对夫妇参加社交聚会的请柬，按照常理是应由女主人以适当的途径发至女客人即对方的夫人手中的。发给一对恋人的请柬亦应照此办理。倘若对一对夫妇和一对恋人依旧讲究"男女有别"和"人格独立",是没有必要,也是不够礼貌的。

邀请他人参加交谊舞会,为了保证舞伴性别比例的大体均衡,一般应将请柬发至男士手中,而不论其婚否。不过每位接到出席舞会的请柬的男士都有一个不可推卸的任务,就是他必须请一位女士与自己同时出席舞会。

发给单身客人的请柬,理当发至其本人手中。为了表示对其本人的尊重,有必要在请柬的行文中予以"照顾",例如,不使用"欢迎携眷光临"等语句,并在对其的称呼中加上"小姐"、"先生"等字样。

倘若邀请亲友全家人一起到场,将一份请柬发给其家庭主妇即可。对于老人和孩子,也是没有必要人手一份地发给请柬的。

其五,请柬的正文与封套应如何书写。这是一个礼仪性极强的问题,容不得任何人自以为是。

请柬分为正文与封套两个部分,可以去商店购买,也可以自制。

请柬的正文一般印制或书写在带有装饰性花纹的卡片纸上,它通常是对折成长方形的,正面居中标有"请柬"二字,折内即是请柬的正文。

若自制请柬,使用稍厚一些的纸即可,但切忌使用黄色或黑色的纸张。书写正文时,最好使用毛笔或钢笔,一笔一画地把每个字都写清楚。不要随便使用彩色墨水来书写请柬。

自制请柬时,应尽量将其款式设计得庄重精美,行文既要规范合理,又应力求简洁。

一份标准式样的请柬,必须包括活动的形式、活动的时间、活动的地点、活动的要求、联络的方式以及活动的召集人等内容。

在这里，我们对活动的形式、活动的时间、活动的地点无需再作诠释。**所谓活动的要求，在此是指对出席者在着装、化妆、携带眷属和是否需要在收到请柬后作出答复等方面有无特殊规定**。例如，我们在邀请亲友参加宴会或舞会时，往往需要在请柬上对被邀请者提出着装方面的特殊要求。

再如，为了便于掌握大型聚会中的出席人数，可在请柬正文的左下方注上"盼赐惠复"的字样，在外文请柬上这句话则大多以法文缩写"R.S.V.P."来代替。其含义都是要求被邀请者不论是否出席，均应告之主人。

有时，为了便利客人，可在请柬上相同的地方写上"因故不能出席请答复"（英文即为"Regrets only"），意即如能出席就不必相告了。在请柬中附上一份回复卡，在上面分两行写上"接受邀请"与"难于接受"，由客人选填后回寄给主人，也是一种善解人意的惯用做法，在国外极为流行。

假设非常盼望某位客人届时能够应邀而至，可在请柬的左下方写上"届时毋忘"一语（法文缩写为"P.M."），这样的话客人一般就不好推辞了。只是"届时毋忘"、"备忘"等语不可与"盼赐惠复"一语同时使用，不然就好比画蛇添足了。

所谓联络的方式，这里主要是指主人用以同客人保持联络的电话号码、手机号码、电子邮箱等。它应被写在请柬正文的左下方"盼赐惠复"或"因故不能出席请答复"的下面。

所谓活动的召集人，即社交聚会的主人。若主人已婚，则夫妇二人都应属于活动的召集人，可在请柬正文的右下方共同署名，但也可以不落款。在用外文书写请柬时，则没有落款。

使用中文书写的请柬，一般有以下四个地方需要我们特别注意：

一是被邀请者的姓名不应在正文中出现；

二是行文中应使用第三人称；

三是标点符号不应出现在行文之中；

四是正文中提及的人名、地点、单位和节庆目的名称均应采用全称。

在使用英文书写请柬时，第一行顶格"露面"的就是被邀请者的姓名，至于标点符号也是可以使用的。

发给客人们的请柬，必须有考究的封套与之配套。在封套上，应认真写好被邀请者的姓名。鉴于国人的姓名在正文中多不出现，因此寄给国人的请柬更有这方面的必要。带有喜庆色彩的请柬，最好装入红色封套之内。

如在发出请柬时，已将被邀请者在宴会、联欢会等较大规模的活动中的座次排好，可依照国际惯例，在请柬封套正面的左下角注明属于被邀请者的桌次或位次。

接下来，我们来谈一谈接受请柬的礼仪。

作为接受请柬的被邀请者，在收到请柬之后，应当遵照社交礼仪的规范，尽早作出适当的反应。不要将他人的善待视若儿戏，不理不睬；或是置诸脑后，忘了就忘了。

其一，从速答复他人的邀请。由于请柬是邀约的最正规的形式，故此在接到请柬后，我们务必要尽早以同样正规的形式，作出答复。通常正规的答复形式指的是用信函的方式答复邀请者。用于答复的信函应使用第三人称行文，并应在信中尽量详尽地提及各位主人的全名、活动的形式、活动的时间、活动的地点以及自己是否接受邀请的明确态度。至于标点符号，用与不用皆可。

如果有时被邀请者与邀请者关系至为密切，为了尽早告知邀请者自己是否出席——请柬中附有回复卡或是注有"盼赐惠复"、"因故不能出席请答复"等字样，采用非正式的形式予以答复，即打电话或寄回回复卡，同样是可以的。

其二，答复切不可过于笼统和含糊。许多人崇尚中庸之道，在任何事情上都不愿意驳别人的面子。譬如，收到了别人的请柬，他便立刻打电话向邀请者道谢。可一谈到自己能否出席这一实质问题时，他却又模棱两可起来，说什么"到时候再说"，或是"尽可能争取吧"。须知这种态度其实是很不礼貌的。

对待他人的盛情邀请，能接受就接受，不能接受就该当即立断说一声"不"。在这件事情上扭扭捏捏的，反倒使邀请者觉得我们虚情假意。对待讲究坦诚、直率的外国友人而言，我们尤其要这样作。

从另一个方面来讲，每个筹办聚会的女主人总想早点知道有多少人能够应邀而至。要是把人家"吊"了很久，最终却未能露面，肯定会让主人大不高兴。

其三，拒绝要做得恰到好处。如果因故不能出席亲友主办的社交聚会，在接到请柬后，最好应在答复的信函中具体说明一下自己拒绝的理由，如有约在先、因公出差、卧病在床，等等，并应同时在感谢对方的好意之后，祝愿这次聚会圆满成功。

倘若自己已经复函邀请者，表示接受邀请，然而事到临头，却因为某些突发性事件，如孩子生病、家里来了不速之客、突然身感不适等等，而不能践约，应马上打电话告之主人，并表示自己的歉意。千万不可将错就错，索性什么招呼也不向主人打了。

有时假若自己突然"临阵而退"的原因难于解释，可以权且将"患了流感"作为失约的理由告之主人。这是一个大家都容易接受的理由。

其四，接受邀请之后，就应依照请柬上的要求行事。主人之所以不厌其烦地在请柬上要求被邀请者"盼赐惠复"或是穿着正式的礼服到场，自然有他的考虑。因此我们在接受了邀请这个大前提之下，就必须以做一名合格的客人来要求自己，处处自觉地照顾和体谅主人，争取为主人分忧解难。要是偏偏与请柬上的要求唱反调，不是存心跟主人过不去，就是说明自己少调失教，没有教养。

有个别人往往对制作精美的请柬或具有特殊纪念意义的请柬爱不释手，喜欢将它们压在自家的玻璃底下，展示与人。需要指出的是，这是一种非常不得当的做法。一方面，它有向旁人故意炫耀自己"见多识广"的意味；另一方面，它还有可能伤害其他人的自尊心。要是一位客人通过欣赏你所展示的请柬发现，一位你们双方共同的朋友所主办的一次聚会"有你无他"，定会闷闷不乐。

如果你有收藏请柬的爱好，那倒无可非议。只要你对自己的藏品存放得当，并且轻易不以之展示与人，便是无可挑剔的了。

以下，附请柬正文与答复函的范文各一则，仅供参考。

其一，请柬正文的范文：

> 张卫国先生与朱瑛小姐的婚礼谨订于 2013 年 2 月 18 日上午 10 时在本市淮海路 3 号紫光婚庆宫玫瑰厅举行敬请光临。
>
> 备忘

其二，答复函的范文：

> 沈思先生非常高兴地接受理查德·布朗先生和夫人的盛情邀请将于 2013 年 3 月 1 日 19 时准时出席在其家中举行的酒会届时再会顺致谢忱。

第 11 篇

道贺的你

在本篇里，我们将来谈谈有关道贺的礼仪。

道贺，又叫道喜。它是人们向自己的亲朋好友祝贺喜庆之事的一种社交活动。在日常交往中，道贺是我们向他人主动表示友好、关怀的一种最常用的方式。适时而得体的道贺，无疑能够联络人们的感情，促进人与人之间的友谊。

艾晓红刚从云南来到北京上大学。当性格内向的她只身一人在北京度过自己的第一个生日时，特别怀念远方的亲人。因为她发现一连好几天了，同班同学们总好像有什么事情"躲着"她似的，莫非他们看不起自己吗？

于是艾小姐决定孤身一人躲在宿舍里，用向自己的日记"倾诉"寂寞忧伤的情怀的方式，静悄悄地"走向"自己的 19 岁。然而她的计划未能"得逞"。正在她酝酿情绪，眼睛里面快要掉"金豆儿"的时候，宿舍门被敲响了。她不情愿地打开房门，想不到居然是全班同学一涌而入。同学们把艾小姐紧紧围在当中，放歌一曲《祝你生日快乐》，并纷纷送上自己的"贺礼"：蝴蝶结、布娃娃、钥匙扣、挂历包、日记本、畅销书……这些戋戋微仪此刻却在艾小姐的眼中大放光芒。它们使艾小姐真正体味到了什么是集体的温暖，什么是同学之谊，人世间大约没有什么东西比它们更宝贵了。

与艾晓红一样，陈刚受到的道贺也使他久久难忘，而且见到每位同事都要让人家与他一同分享喜悦。陈刚是位精明能干的高级工程师，年近60之时，为了开拓、进取，他和妻子自哈尔滨南下深圳，开办了一间高科技公司。尽管事业有成，陈刚依旧"心有千千结"，因为他始终惦念着留在东北的一对儿女，舍不得离开他们。

人道是："知子莫如父"，其实对于孝顺父母的儿女而言，又何尝不是"知父莫如子"呢？这不，陈刚在周末接到的一个长途电话，就使他心中的"千千结"为之一扫。电话是陈刚4岁的孙子和3岁的外孙女打过来的。两个小家伙在电话中争先恐后、奶声奶气地向他们报告："姥爷，电话是在我家打的……""奶奶，我爸爸、妈妈和姑姑、姑夫都在边上了。""妈妈说今天是你和姥姥的结婚纪念日，我们就一起来打电话。""奶奶，亲一下我，成不？"……

以上，艾晓红和陈刚所接到的都是他人的道贺。虽然他们接到的道贺一个来自同学们，一个来自"隔代亲"，但它们事实上都在一定程度上影响到了二人的情绪变化。由此可见，道贺在社交中具有相当重要的作用。

向他人道贺，最需要注意两大问题。其一，应当选择何种道贺的方式；其二，应当在何时向他人道贺。 换一个角度来说，二者实质上是同一个问题，即应当在何时以何种方式向他人道贺。

首先，我们来谈谈道贺的具体方式。

目前，我们一般常用的道贺方式大体上分为以下九种：

第一种，口头道贺。 它是指遇到被道贺者时，在适当的时机郑重地以规范的语言，如"祝贺您！""你做得非常出色！""你真棒！""过

年好！"等等，口头上向对方表示祝贺。

第二种，电话道贺。它是指获知被道贺者有可庆可贺之事，而又不便立即会见对方当面致贺之时，特意打电话祝贺对方。与口头道贺相比，电话道贺不必等待适当的时机，可以不受时间限制，随时实施，更能够体现出道贺者的特别的关怀，而不会给人以逢场作戏之感。

第三种，书信道贺。它是指因故不能面晤被道贺者之时，专函向其表示祝贺。它虽不及电话道贺反应迅速，但是在"容量"上可以不受任何限制，更适宜表达自己的思想感情。书信道贺，可以手写，也可以打字。不过按照惯例来说，手写的道贺信档次更高，因为它不像打字的道贺信可以重复使用，而是独一无二的。若时间不充裕，打印了道贺信，至少要亲笔签名，以示此乃己意。

第四种，邮件道贺。所谓邮件道贺，即使用电子邮件向他人表示祝贺。其具体做法，与书信基本相同。

第五种，贺卡道贺。所谓贺卡，即自制或买来的一种专门用于表示祝贺的卡片。在它的上面，往往绘有精美的画面，并伴以画龙点睛的动人词句。从广义上说，以贺卡向他人道贺，本属于书信道贺的一种形式。但是由于贺卡言简意赅、寓意深远，而且可以作为小型艺术品展示和保存，故此以之向他人道贺，已经成为人们最常用的一种比较正式的道贺方式。

第六种，**贺电道贺**。它是指为了尽快向被道贺者表达自己的祝贺之意，专程前往邮电局，向其拍发以祝贺为主要内容的礼仪电文。这种以祝贺为主要内容的礼仪电报，就是人们通常所说的贺电。它的优点是传播信息的速度较快，易于率先向被道贺者表明自己的态度，而且显得非常郑重其事。与书信道贺、贺卡道贺相比，它还有着能够及时送达被道贺者手中，不至于因"迟到"而误事的长处。

第七种，**送礼道贺**。它是指道贺者为了向被道贺者表明自己的心意，特意精心选购或制作一些便于长期保存、具有纪念意义的日常生活用品，赠送给对方，借物抒怀，以示祝贺。这种道贺的方式现阶段为民间所广为采用。

第八种，**贺幛道贺**。贺幛，是指题有以祝贺为内容的整幅的红色绸布。向人祝贺新婚，可题以"百年好合"；给长辈贺寿，可题以"万寿无疆"；庆贺友人的乔迁之喜，可题以"喜气满堂"；等等。贺幛道贺，即以贺幛作为礼物，送予被道贺者，以示祝贺。与此相类似的还有送匾道贺、作画道贺、撰联道贺，等等。不过这些道贺的方式，特别是其中的贺幛道贺和送匾道贺，因其成本高、制作难、不实用等原因，已不大受到年轻人的欣赏。

第九种，**设宴道贺**。它是指由个人或团体出资、出力，专门设宴向被道贺者致以热烈的祝贺；或是与家人、同事一起欢度节日，互致节日的祝贺。这种方式也较为常用，这是与中国人喜欢亲朋好友团聚一堂、共同分享喜庆与快乐的传统分不开的。不过，目前人们安排此类宴请，已经在规模上日益呈现出小型化的特点。

以上九种道贺的具体方式，我们在现实生活中有此需要时，可以选择其一，也可以数种并用。究意怎样做才好，关键要看自己所遇到的具体情况和具体对象。

其次，我们来谈谈道贺的具体时机。

向他人道贺，是不能一相情愿和随心所欲的，要想充分表达自己对他人的友好与关怀，就务必要选择好时机。一般而言，遇上以下情况，都可以作为向他人道贺的极好时机。

其一，新婚。结婚乃是人生最大的喜事。如系关系密切的亲友完婚，应不邀自至，主动道贺。若完婚者与自己的关系一般，则宜在得到对方通知后再采取行动。不然的话，就有可能违背对方的意愿。

其二，结婚的周年纪念日。天长地久，可以说是每对相亲相爱、相濡以沫的夫妇的最大心愿。庆祝过的结婚纪念日越多，从某一侧面来看，可以视为一对夫妇爱情牢固的标志。因此，当父母、师长、挚友庆祝结婚周年纪念日时，应主动向其道贺。

其三，生子添孙。亲友生子添孙，意味着"革命自有后来人"，堪称人生的另一件大喜之事。这也是向其表示祝贺的一个难逢的良机。然而考虑到亲友生子添孙之后较为忙碌，产妇与婴儿的健康亦不应忽视，因此遇到这种情况，通常不宜亲往其家中当面道贺。写信、寄贺卡、拍贺电、送礼品等方式，都可以一试。

其四，度过生日。同事或好友过生日、长辈做寿，亲友的后代满月、过百天、过周岁，等等，都是纪念诞辰的一种形式。此时向其道贺，是人之常情，顺理成章，不嫌做作，不觉庸俗。

其五，升学毕业。亲友及其子女升学毕业，特别是升入大学或大学毕业，往往标志着其跃上了一个新的台阶，开始了生命中一个新的起点，此亦可贺。遇上这种情况，口头道贺、电话道贺、书信道贺、贺卡道贺、送礼道贺等方式，均可以考虑。

其六，参加工作。亲友本人或其子女正式参加工作，对其本人来说是踌躇满志之时，对关心其成长的人来说也令人欣慰。遇上这种情况，有必要以自己认为适当的方式向其本人或父母道贺。

其七，晋升职级。晋职、晋级，证明当事人工作努力，恪尽职守，而且在某一个方面确有专长。借此机会，向其道贺，既可以与之一同分享喜悦，也有助于赢得对方的好感与信任。

其八，出国深造。在当今改革开放的形势之下，出国深造，实质上是一种从长计议的"蓄能工程"。亲友有此志向，而且获得了成功，理当道贺。然而考虑到国人自古以来就有一种"独在异乡为异客，每逢佳节倍思亲"的离愁别恨，因此在向出国深造者道贺时，不妨以送礼道贺为主要方式。

送给出国深造者的礼品，应不以金钱为标尺，而要浸满关怀与友爱。一张旧日的合影、一盒送别晚会上拍摄的录像带、一双经久耐用的跑鞋、一只热水袋，等等，都会使受赠者有朝一日睹物思人，永志不忘友人的情谊。

其九，事业成功。出版专著、开办公司、评为先进、取得荣誉称号、创造发明得到社会的承认、在大型比赛中获得名次，等等，都是"人生得意须尽欢"的美好时刻。在亲友取得了这类事业上的成功的时刻，不妨以书信道贺、贺卡道贺、贺电道贺的方式，或以贺幛、贺匾、书画、对联作为道贺的礼物，向其表示由衷的祝贺，因为这些方式隆重正式，当使被道贺者幸福倍增，并有助于促使其"百尺竿头，更进一步"。

其十，乔迁新居。新居落成或是迁入新居，对于一贯强调安居才能乐业的中国人来说，是一件不小的喜事，也是借以感激亲友关心帮助的一个难得的机会。如得知亲友、同事乔迁新居时，一般应尽快向其道贺。

除以上十种情况之外，在度过我国或外国传统的节庆之日时，往往也需要向亲朋好友表示祝贺。它们主要有以下几类：

第一类，我国的民间节日。

理应向亲友道贺的我国的民间节日，目前主要有以下几个：

一是春节，即农历正月初一。此日应在走访亲友时赠以年货，并以吉祥的词句祝贺节日。

二是元宵节，即农历正月十五。此日应向亲友赠送元宵，并向其家中的儿童赠送花灯。

三是端午节，即农历五月初五。此日应向亲友赠送自制的粽子，有可能的话，还应邀其一起外出观赏划龙船等传统娱乐活动。

四是中秋节，即农历八月十五。此日应以月饼馈赠亲友，并邀集家人共进晚餐，同赏明月。

五是重阳节，即农历九月初九。这一天是我国传统的"老人节"，故此应登门向自己的师、长道贺。如与父母居住在一起，应尽量全家一起吃一顿重阳糕，并陪老人外出登高或赏菊。

第二类，我国法定的公历节庆日。

一般来说，应向亲友道贺的我国的法定公历节庆日主要有：

一是元旦，即 1 月 1 日。在此之前，应邮寄贺卡；在此日，应以口头道贺的方式，向亲友道一声："新年愉快！"

二是国际劳动妇女节，即 3 月 8 日。此日应向自己熟悉的每一位成年妇女，致以节日的祝贺。

三是国际劳动节，即 5 月 1 日。在这一天，应向度过自己节日的工人阶级道以祝贺。

四是中国青年节，即 5 月 4 日。应在这天向各位青年朋友祝贺节日愉快。

五是国际护士节，即 5 月 12 日。这天是白衣天使们的节日，应向她们致以祝贺。

六是国际儿童节，即 6 月 1 日。应在这一天向少年儿童致以祝贺，祝他们"好好学习，天天向上"。

七是中国人民解放军建军节，即 8 月 1 日。此日应向解放军将士祝贺节日。

八是中国教师节，即 9 月 10 日。尊师重教是我们中国人的好传统。大家不妨借此机会，向自己的师长表示一下心意。

九是中华人民共和国国庆节，即 10 月 1 日。这一天是全中国普天同庆的光辉节日。身为中华儿女子孙，大家自然应当互相道贺，共祝祖国母亲更加繁荣富强。

第三类，外国的一些节日。

在对外交往中，应向外国友人道贺的节日有很多，以下仅举几个例子：

一是圣诞节，即 12 月 25 日。它本是基督教用来纪念耶稣基督诞辰的一个宗教节日，现已在西方各国被当作新年来加以庆祝。在圣诞节降临之前，西方人习惯互寄贺卡道贺。在节日当天，他们还要互赠节日礼品。其中父母送给孩子们的礼品，通常是以传说中的圣诞老人的名义赠送的，而且大多装入袜子中。

二是复活节，即每年春分月圆后的第一个星期日。它又称主复活节，是基督教用以纪念耶稣基督复活的另一个重要的宗教节日。目前，在西方它也被世俗化了。在当天，人们要互赠涂有各种颜色的复活节彩蛋，还要送做成兔子形状的糖果给孩子们吃。

三是情人节，即 2 月 14 日。在欧美各国，这是一个最有人情味的民间节日，最适于青年人向自己的意中人表白感情。赠送心形的巧克力或饰物，献上一束红玫瑰或郁金香，寄去一枚不署名的情人卡，都是适宜的。

四是愚人节，即 4 月 1 日。此日向亲友道贺的方式别具一格：用谎言和欺骗去愚弄对方，越能让对方信以为真才越受欢迎。

五是母亲节，即 5 月的第二个星期日。这一节日是美国首先规定的，在许多国家也很流行。在这一天，子女向母亲赠送的最佳礼品有：鲜花、贺卡、糖果等。

六是父亲节，即 6 月的第三个星期日。它也是美国的全国性节日。子女用以向父亲道贺的传统礼品有：贺卡、烟斗、好酒以及他所喜欢的其他物品。

此外，向他人道贺，还须考虑具体对象，因人而宜，因人设事。这是因为不同民族、不同性别、不同年龄、不同文化背景的人喜好不同，对同一问题的看法也不一样。

例如，同是过生日，少年儿童喜欢别人赠送的玩具等文娱性礼品；妙龄少女喜欢恋人赠送的鲜花、贺卡和其他亲友温馨浪漫的祝贺；老年人则喜欢与子女团聚，以及其他亲友能够充分表达尊重、敬意的一切道贺方式。

接受了他人的道贺，应当及时、适度地向道贺者表达自己的谢意。比方说，接到他人的口头道贺和电话道贺时，应答以："谢谢！"或"多谢您的好意！"不要口是心非，虚言以对，说什么："少来这一套。""真的假的？""别玩虚的。"或是"用不着这么客气，我是瞎混的。"

接到他人较为正规的道贺，如书信道贺、贺卡道贺、贺电道贺、送礼道贺、贺幛道贺、设宴道贺以后，应在几日之内尽早写一封表示感谢的信件，寄给道贺者。要是当时忙不胜忙，实在抽不出时间写信，也应向道贺者打一个致谢的电话；忙过之后，还可以再补寄道谢信。

第 12 篇

做客的你

本篇我们来谈谈有关做客的礼仪规范。

前往亲友居所拜访做客，是平时我们在人际交往中所不可缺少的应酬。然而多少有些让人遗憾的是，在现实生活中有不少人却不大懂得做客之道，因而他们对亲友所进行的访问，不仅未能增进彼此之间的亲情和友谊，反倒既妨碍了亲友，又损害了自己的名声。

在社交活动中，因拜访做客有助于宾主双方的交流、理解和信任，所以它一直受到人们的重视，并且成为社交的一种主要形式。**但是，对于做客要在宾主双方都方便的情况下进行这一点，许多人是不知道的。**

所谓做客要在宾主双方都方便的情况下进行，主要是指当我们前往亲友居所拜访做客时，一定要努力做到有约在先，并选择好宾主双方都感到比较合适的会面地点和会面时间。一句话，就是不要只凭自己的一相情愿冒昧行事，而应当把主人方便与否放在第一位来优先考虑。实际上，这一问题是与做客的效果直接联系在一起的。

如欲拜访他人，务必有约在先。这是做客之道的首要原则。在竞争激烈的现代社会中，每个人的时间表通常都会安排得满满的，并且忙不胜忙。如果不经事先约定，随随便便地顺便去看一看人家，或是为了聊聊天，或是为了歇歇脚，或是为了讨口水喝、"蹭"顿饭吃……在你也许觉得彼此之间交情很深，所以完全不必过于拘束；而对主人来说，则可能由于你的不约而至而完全打乱了自己的日程安排，对工作和生活造成了诸多的不便。

在对外交往中，我们更应当注意不要随便去外宾居所充当不速之客。在外国人看来，此举可谓失礼之至，而且也是绝对不受欢迎的。

对拜访者本人来讲，事先未曾约定的访问也有可能劳而无功。因为你事先没有通知被拜访者，人家不一定会老老实实地待在家中，恭候你的大驾光临，所以你在其居所扑空、徒劳往返的概率还是很高的。

要做一个合格的客人，并确保自己此次拜访的成功，就一定要在拜访做客之前与被拜访者取得联系。一般而言，当你决定有必要前去拜访某位人士的时候，应提前口头告知对方，写信或打电话与对方事先相商也是可以的。自己主动提出拜访他人的请求时，千万不要措词强硬，逼着对方同意，而应当多使用一些商量的口气来提出问题，并有意识地把决定权让给被拜访者。

例如，对自己打算拜访的人士说："我想在您方便的时候去看看您，不知道是否合适"，就比说："明天你别出门，我要去你家里坐坐"悦耳得多。

若被拜访者首先表达了非常正式地欢迎我们前去做客的愿望，我们通常不宜拒绝。万一需要拒绝，也要摆出拒绝邀请的充分理由，使对方能够接受。

在某些特殊的情况之下，顺访他人，即未经预约而前往亲友居所充当不速之客，是在所难免的。当我们万不得已顺访他人时，应见机行事。要是被拜访者打开房门之后，只是站在门口跟我们说话，而没有把我们往屋里头让，那就说明我们来的可能不是时候。这时我们绝不能大大咧咧地硬往屋里闯，让主人心烦；而应当多长一点眼色，三言两语将要说的话说完,随即告辞。若被拜访者家中已有其他客人在座,我们也应知趣地尽早告退,不要轻易介入他人的交谈,当"电灯泡",令别人讨厌。

顺访时,如与被拜访者关系一般,则一见面就应当开门见山地把顺访的原因直接相告,不要东拉西扯,久久不入正题。倘若察觉被拜访者正要休息或将要出门,应立即将话头打住,马上作别,并为打搅对方而向其表示歉意。

拜访做客时,在具体地点的问题上一定要客随主便,不要随意由自己来指定地点。一般来说,被拜访者乐于在自己的家中接待关系较为密切的亲友,以示双方的亲情或友谊非比寻常。但这往往需要一个前提,那就是被拜访者的家里比较宽敞,至少能给拜访者以充分的"立足之地"。

在国家机关、企事业单位里工作的人员,因受劳动纪律和有关规定的限制,往往不允许在上班期间接待来访的私交。若非有意为难他人,就不应当因为个人私事而前往对方的办公地点。

住宿于宾馆、饭店里的人,或是借宿于他人家中的人,为了免于招惹是非,大都不愿意在自己临时下榻之处会见异性客人。我们对此应表示理解。

有些外国朋友有时会主动提议,与我们在酒吧、咖啡屋等处会面,而不是邀请我们前往其家中做客。他们这样做,主要是因为不习惯在家中或单位里接待客人,并没有其他特别的意思。

当我们与被拜访者一道共同商定拜访做客的具体问题时,少不了要同时约好具体的拜访时间。**作为拜访者,在这个问题上我们应以被拜访者感到方便的时间,为我们首选的拜访时间。**

如果被拜访者非常客气地请我们提出适宜的拜访时间，那么可以首先考虑被拜访者用完晚餐之后。由于节假日对于我们每个上班族而言，是难得的"轻松一刻"，有时候还可能会安排上街购物、观看影剧、郊外游览、家人团聚、处理家务等"活动项目"，故此不宜主动提出来占用被拜访者的这段宝贵时光。然而要是被拜访者真诚地表示这一时间是可用以接待我们的话，则可以选择在下午或晚上登门造访。

一天三餐的时间、午休时间、凌晨与深夜，都是不适宜拜访他人的时间。一些上了年纪的人多有早睡早起的生活习惯；某些年轻人则喜欢晚睡晚起；还有一些人上班的时间通常是"三班倒"，不得不"混淆黑白"，白天睡觉，夜间上班；对于这些情况，我们在考虑拜访时间时都要加以考虑。

我们在他人居所拜访做客之时，若无要事相商，则停留的时间不要过长，大体上待一刻钟至半个小时，就可以"点到为止"了。要知道，时间就是生命，它对于每个人都是宝贵的。你就是不为自己，也要为别人珍惜、节省时间，这也是对他人的一种最基本的理解与尊重。

一旦宾主双方约定了会面的具体时间，作为客人的我们就应谨记不忘，并如期而至。既不能随便变动双方约定的时间，打乱被拜访者的安排，也不能迟到或早到。有个别人养成了一个不好的习惯，不管到什么地方去，不迟到一会儿似乎就过意不去。他们这样做，或许是有意要使被拜访者望眼欲穿，借以抬高自己的身价。其实这只不过表明他们缺乏自信心，而且不懂得应当怎样做人。

　　有人会说，既然前去拜访他人不宜姗姗来迟，那么我尽可能地早到一些总可以了吧？但是，从社交礼仪的角度来看，早到与迟到一样都是失礼的行为。因为约定的时间未到，被拜访者或许正在忙于准备，或许在做其他事情，此刻作一个"闯入者"，也是会妨碍别人的。

　　因此，我们唯有准时到达约定的地点，才是最为得体的表现。即使因害怕迟到而早到了几分钟，也不宜急于上前敲门。可以在门外找个地方稍事休息，或者整理一下自己的衣饰发型，等时间到了，再去登门拜访。

　　如果我们登门拜访他人的时间，"正负"不超过双方事先约定的时间两三分钟，原则上是被允许的。假使因为自己的原因，而使双方约定的时间"伸缩的余地"太大，则我们应当主动承担责任，认真地向主人道歉。没有必要拿"临出门时又来了客人"、"路上堵车"或"没想到手表慢了"等似是而非的理由去搪塞别人。

　　为了向被拜访者表示我们对他的敬重之意，以及对此次拜访的郑重其事，我们在拜访做客之前通常应特意换着能够使自己显得高雅、庄重而又不失亲切、随和的服装。穿着西服套装，多会给人以公务在身、公事公办的感觉；穿着牛仔装、运动装、短裤之类，则又会使人感到漫不经心。这两类服装在我们对关系密切的亲友进行私人拜访时，最好都不要穿。对于女士而言，较为庄重的时装、连衣裙、羊毛衫配大摆长裙，都在可以选择之列。

女士在前去他人居所拜访做客时，可以化妆，并佩戴首饰。**为了不使自己与被拜访者及其家人之间"距离"过大，不化浓妆，不佩戴过多的首饰，是应当自觉做到的。**

为被拜访者及其家人带去一些既有纪念意义，又有实用价值的礼物，是我们拜访做客时通常所要做好的一件事。鉴于赠送礼品实际上是一种有来有往的双边互惠行为，我们在为被拜访者挑选礼品时，应有意识地避开价格过高或过低的东西，免得使被拜访者承受不起或产生被轻视的感觉。切切牢记：别带着自购、自用的一大堆东西前去做客，免得"吊人胃口"。

如果被拜访者是我们的异性朋友，而且他或她和自己的家人居住在一起，那么我们在拜访做客时相赠的礼物在原则上应以其配偶、恋人、子女或父母为受礼对象。我们这样做，不仅会让被拜访者本人感到高兴，而且也容易为其家人所接受。

在一般情况之下，前去亲友居所拜访做客的人数不宜过多。拜访同性的单身亲友，只宜只身前往。拜访已婚的同性亲友或异性亲友时，应与自己的配偶或恋人一同前去。与同伴成群结队地前去拜访亲友，带着不懂事的孩子前去做客，表面上能够活跃气氛，实际上却会妨碍宾主双方，使有关人士不便深谈。

未经约定，或未得到被拜访者事先的同意，无论如何都不要临时捎带上其他"局外人"，特别是被拜访者毫不熟悉的人前去做客。那样的做法，实质上是对被拜访者的极端的不尊重。在某些特殊的情况下，如被拜访者是单身的异性的时候，上述做法往往还会使对方产生不被信任的想法。

按照约定的时间抵达被拜访者的居所后，在进门之前务必首先敲门或按响门铃，以便通报自己的到来。敲门声不要太大，也不宜反复不止，轻轻地用手指在门上叩四五声则足矣。按响门铃的时间也不要太长，可先按响三四秒钟，过一分钟后若室内仍毫无反应，可再以同样长的时间按响一次。不要手一按上门铃就不打算放下来，直至主人开门方才中止；不要将门铃当成"催命符"来用。

敲门或按响门铃，都是为了告知主人自己已到达其居所门外，正在等候其"批准"入内。若敲门或按响门铃几分钟之后，房门仍未开启，我们则应自觉地转身离去。不要在门外发牢骚、骂人，用拳头砸门、以脚踢门，也不应不停地转动屋门把手。至于在门外徘徊不去，下决心在此"蹲坑"，或是趴到窗台上向室内东张西望，打算发现某些"秘密"，既没有必要，也显得自己不懂得礼貌。

敲门或按响门铃以后，如未经主人开门相让，或未曾听到主人"请进"的邀请语，即使房门虚掩着，也切切不可擅自推门而入。倘若主人正在卧床休息，或者正在更衣，那你的贸然闯入岂不是会使宾主双方都好生尴尬？对于这一点，请大家一定要加倍重视。

如果是主人亲自开门相迎，见面后应首先向其问好。若是主人夫妇同时起身相迎，则应首先问候女主人。

倘若前来开门的是与自己不相识的主人的家人、客人或是保姆，当对方向自己询问："你找谁"、"找他有什么事情"的时候，应当认真地一一据实相告。不要表现出"你管我是谁"的不耐烦态度，或反唇相讥："我找谁关你何事？我还不认识你呢！"或是爱搭不爱理地把对方晾在一边，自己强行闯入室内。

进入室内之前，应先在门垫上擦干净鞋底。若发现主人家中铺满地毯或瓷砖，应在主人同意后，换上对方所指定的拖鞋。

进门之后，应在主人把我们让进客厅之前，脱下自己的外套和帽子，然后将它们与自己携带的皮包一道交给主人代为存放。若主人忘记此事，也不要将这些东西乱扔、乱放。可在自己坐下之后，将外套与帽子搭放在自己的双膝之上，并将皮包放在右手下方的地板上。

当主人将其家人逐一介绍给我们时，应跟他们每个人都认真地握手问好。见到主人的长辈，应恭恭敬敬地起立请安。见到主人的子女，也要适当地谈上几句令人愉快的话，不要不闻不问，也不要连连发问一些令人作难的问题。例如，"你在班上考第几名"、"上的是不是重点中学"、"考上大学没有"等问题，就不宜问及。

若主人家里的小孩比较顽皮，就不要故意逗着他玩，免得"引火烧身"。俗话说："童言无忌。"要是主人家里的小孩没大没小地骂起你来，或是被你捉弄哭了，那时你可能就不太好办了。

遇到主人的其他客人，应主动上前打招呼。当主人介绍大家相互认识之后，务必要寒暄几句。没有必要故作清高，在别人眼里显得过于自负。

对于迟到的客人，通常应当起身相迎。必要时，应主动提前告辞，以便"让贤"。这里所说的必要时，主要是指感到迟到的客人与主人有要事相商，而自己不宜在座旁听。它并不是说只要见到其他客人一到，我们就马上非走不成，好像自己刚才正在跟主人密谋什么见不得人的勾当，或是对迟到的客人持有强烈的反感。

在主人家里，我们的个人举止一定要大大方方，讲话的态度要诚恳而有礼貌。不要当着主人的家人或其他客人的面去斥责主人，也不要随便谈起主人的不快、失误或短处。有道是："打人不打脸，揭人不揭短。"即便你与主人关系再好，对待他在家人和朋友面前的形象，也是应当努力维护的。

在异性亲友的居所遇上其他人，应当表现得成熟稳重、文质彬彬。不要羞怯不安、语无伦次，从而使别人发生误会。

与主人及其家人聊天时，对其钟意欣赏的东西夸奖几句，是完全有必要的。但不可为了讨人家欢心，而对其家中的某件物品夸个没完。那样的话，似乎就有索要之嫌了。

在一般情况下，我们在主人居所中的活动范围仅限于其客厅之内，而且应当落座于主人相让之处。未经主人相让，不宜擅自进入其卧室、书房、厨房、储藏室进行"参观访问"，更不要在人家的桌上乱翻、床上乱躺、四处乱动。

对待主人所喂养的狗、猫、鸟、鱼等宠物，不要随便逗弄。对其所养植的花木，也不要动手采折。此类举动，往往都会让主人内心不悦。

在主人的家中停留期间，一定要讲究个人卫生。吃了主人招待的糖果之后，糖纸、果皮、果壳、果核等等都要放在茶几上或专用的果皮盒内，不要弃之于地，或搞得痰迹遍地。

自己的某个部位万万不可太沉。把要说的话说完了，或是发现主人意欲他为，就应识时务地马上告别，不要逼得主人非留自己吃饭或拉下脸来"送客"。一般来说，主人留饭是不应随便应允的。若双方有言在先，那么餐完毕则要再待上一段时间。如果吃了饭抹嘴便走，也许会留下自己是为了混一顿饭而来的印象。

辞行时，应向主人的家人和其他客人道别，并感谢主人的热诚接待。一旦道别，态度就要坚定不移。不要说过几次"走了"，主人一挽留，又忘乎所以地"按兵不动"，将"车轱辘话"再从头诉说一遍。

出门之时，就应当马上请主人就此留步。不要让人家陪着自己无休无止地一直走下去，也不要再谈什么"我还忘了一件大事"，遂又与主人谈个没完，而全然不顾主人此刻感受如何。如有意请主人回访，可在同主人握别时提出邀请，早一些时候讲也是可以的。

第 13 篇

待客的你

本篇我们来谈谈有关待客的礼仪规范。

在社交活动中，我们往往需要接待来访的客人。不论在正式场合，还是在非正式场合，我们在接待客人时，都需要主随客便、考虑周全、讲究礼仪、关怀备至。唯其如此，才能够使我们的客人真正产生宾至如归的感觉，促使宾主双方的关系得到进一步的发展。

反之，如果我们在待客的某个具体的细节问题上自觉地或不自觉地出现偏差，就有可能使我们的客人感到被轻视和慢待。进而言之，甚至会使宾主之间的亲情突然破裂，多年建立起来的友谊也有可能因此毁于一旦。

从某种意义上来说，待客好比从事一项极为复杂的系统工程。因为待客的总体效果取决于一系列的具体过程，稍有大意就会"一着不慎，全盘皆输"。

不管是什么人，只要他成为我们的客人，我们就要毫不见外地将他奉为上宾，尽自己的最大可能接待好人家。不然的话，我们宁可不接待对方。

首先，待客要约定时间、地点。

待客之前，宾主双方大都需要约好具体的会面时间、地点。

根据社交惯例，这一问题基本上应由作为主人的我们负责作出具体的决定。每一位稍谙社交礼仪的人士，都不会为此而同我们"讨价

还价"。然而如有可能，我们也不妨倾听一些客人们的意见，用平等协商的语气同对方一同议定此事。

比方说，当我们决定邀请某位亲友来自己家里做客，总得征询一下对方的意见。可以告之对方："我想请您到家里去坐坐，不知道您什么时候方便"，或"我和我先生打算请你们全家一起来我们家里度周末，您看哪一周合适"。待对方考虑之后，大家再共同把对方来访的具体时间正式确定下来。

要是不给对方任何选择的余地，开口便不容商量，说什么："我就后天晚上在家。你要愿意来就来，不来的话，我可没有其他时间了"，听起来就会很不顺耳。

如果是亲友、熟人首先表达了要来拜访我们的愿望，在一般情况下都应当予以满足。要是对方提出的来访时间或来访地点不够现实，我们应当在对此"部分否决"之后，立即说明具体原因。如果担心因此而伤害对方，可认真地向对方表示我们欢迎其来访，并提供一些自己方便的时间和地点供对方参考。

例如，若有一位朋友提出想在我们"当班"的时间内来我们的办公室参观参观，下面这种"部分否决"的说法就比较委婉得体："您要来看我，我太高兴了。这个星期六晚上到我家来吃晚饭，行不行？那个时候，我们可以好好谈一谈。我们办公室里人多嘴杂，说起话来不方便，而且我们有规定，有闲人来找人，'当事人'得受罚。不好意思呀。"

以主人的身份邀约他人来访，这是主人给予被邀请者的一种尊荣。它表明被邀请者在主人的心目中居于重要的位置，主人十分愿意保持并促进双方之间的正常交往。有鉴于此，请客忌滥，而且也不宜言而无信。

有人常把邀请挂在嘴上，当作问候来用。"来我家吃中饭吧"、"一会儿到我家来，咱们不见不散"等语，每天都可以不分任何对象地重复多遍。长此以往，就会使人家感到有些虚伪，搞不好还会"假作真时真亦假"。别人按照你指定的时间、地点前去拜访，你却不知道跑到什么地方去了。这事一传开，你的认真邀请恐怕也会被其他人当作"耳旁风"了。

其次，待客要有所准备。

与他人约定来访的时间、地点后，我们为了使被邀请者能够对此番前来留下良好的印象，事先必须进行一些必要的准备工作。

第一，应当搞好环境卫生。其中的重点，通常是客人的必经之处，如楼梯、走廊、门厅、过道、客厅、餐厅、洗手间、阳台等。对这些地方，都要提前打扫干净、收拾整齐，做到地面无垃圾、家具无浮尘、窗明几净、空气清新。要是客人入室之后，看到的尽是烟蒂、脏衣服、臭袜子、没洗的碗筷，不但内心会对你的好感"减分"，而且还可能认为你对其不够尊重，因为你没把他的到来当回事。

除了重点地带之外，卧室、厨房、贮藏室、门外与其他人家共用的地带等等，也应加以清扫。要是客人偶入卧室见到你的被子还未叠，或是发现你把脏东西扫到别人家门口去了，这种"驴粪蛋儿外表光"的形象可是着实不够高大的。

第二，应当备好待客的用品。水果、糖果、香烟、饮料是目前国人待客必备的"四大件"。别管客人们届时是否乐于享用，还是有备无患为好。

客人要是带着孩子一同前来，为其孩子预备上一些小朋友喜欢的小玩具和小画书，可以使孩子由"动"而"静"，暂时把他拴住，不使其妨碍大人们的正事。

若预备请客人们留下来吃饭，则务必先将酒水、饭、菜一一准备齐全。要是客人来了以后才去张罗，其诚心就值得怀疑了。

如果客人将要阖家前来，或来宾的准确人数尚且难以确定，在预备座椅、糖果、饮料、饭菜时，不妨多留一些余地。客人来了，椅子不够坐，茶杯不够用，饭菜不够吃，责任当在主人，只能认定这是主人的严重失职。

如自己居所的某些装饰品与来宾的某些禁忌有所冲突，不应任其自然，而应事先加以调整。例如：来宾正在服丧，自己的客厅里却张灯结彩……这些做法只不过说明主人目中无人，而不能增添任何美感。

第三，应当换着得体的服装。当我们在自己的居所接待来宾的时候，如能特意换上一身得体的服装，并进行适当的修饰，可以更好地、直观地使客人感受到我们是把他的来访当成一件大事来看待的，这样将有助于宾主双方的理解与交流。

特别是作为社交活动主角的女主人，在待客过程中尤须注意此点。

所谓的得体的服装，主要是指那些与女主人身份、地位、年龄相符合的服装，如时装、连衣裙，等等。其基本要求是，既要显得端庄高雅，又不可明显地"与众不同"。唯有换着端庄高雅的服装，才会衬托出我们的脱俗气质。要是穿得比在大庭广众之前还不如，随便弄一身窝窝囊囊的衣服套在身上，甚至穿着睡衣去会见客人，无异于自己破坏自己的形象。

倘若客人来得突然，自己正穿着睡衣在休息，委实来不及更衣了，也不能将自己身着睡衣的形象展示与人。因为穿着睡衣仅能够在内室行动，以这副"行头"去见客，非但不能使客人感到主人不与之"见外"，而且也有碍观瞻。在古今中外，人们还常常将这一问题与主人是否尊重客人紧紧联系在一起。主人害怕客人等不及了，就穿着睡衣开门纳客，因此而气跑客人的事情，至今仍时有所闻。从社交礼仪的角度来评论此事，可以说是过在主人，客人并不是无事生非的。

遇上这种情况，主人可以在睡衣外面披上一件睡袍，先去开门把客人让进来，随即就来不及更衣一事而向客人道歉，接着再请客人稍候，去内室更换正式的会客服。不管自己与来宾如何熟悉，更衣时都应有意回避，不要一边寒暄，一边更衣。

我们已经多次指出，在待客时换着较为考究的服装，意在按照国际惯例向客人表示自己的认真态度，而不是为了在客人面前"显派"，有意地显得自己"出人头地"。要是女主人在着装、化妆、佩饰等方面明显地超出客人一大截，甚至有意浓妆艳抹，一会儿去换一身衣服，把接待客人当成了自己的时装展示会，会使一些客人感到压抑，因而拉大主客之间的心理距离；而另外一些客人虽不会如此，也会在心中对此有所评论。

不仅如此，在此后待客的整个过程中，女主人也不宜将自己的客人，即使是同性的好朋友，领去参观自己引以为荣的衣帽间，更不要强令对方换着自己的服装，佩戴自己的首饰。这固然可以满足自己的虚荣心，可是却会损伤客人们的自尊心。

我们除了应在以上三个方面作好准备工作之外，还需要将客人即将到访的消息通报给与自己一同居住的人员，如家人、同事之类。

若自己与家人在一起居住，则应请求家人在自己待客时充分予以合作。

应当提前将客人的喜好与禁忌一一告之家人，免得届时因"无知"而为难客人。要教导家里年幼的孩子不要到时候要"人来疯"，去百般纠缠客人。如果客人亦将领着孩子一同前来，则应要求自家的孩子要好好陪着小朋友玩，并且凡事让上三分。

成年的家人，在客人面前都应注意言行举止。不能够见了客人不打招呼，或是爱搭不理，好像客人是"不受欢迎的人"一样。家人彼此之间在客人面前拌嘴、吵架，也会使客人产生类似的看法。

假如自己与其他同事合用同一居所，那么最好在客人抵达之前，就把这一消息告知同事，以求得其谅解、配合与支持。要是安之若素，事先不通气，可能影响了同事的日程安排，还有可能使自己的客人与同事的客人撞在一起，大家谁都不方便。

自己的居所里来了家人或同事的客人，有礼貌地见过面之后即可告退，没有必要始终陪伴在侧。即便客人真诚地招呼自己坐下来一起聊聊，也要相机告退，不可久留。任何一个有教养的人，都不会在别人交谈时过去"加塞"凑热闹，胡乱发表自己的意见，而使别人不能畅所欲言。我们务必要记住这一点。

最后，待客要关注现场的具体细节。

客人如系初次登门造访，或者客人是自己尊敬的师长、前辈，那么我们则应当根据宾主双方事先约定的时间，前去迎候客人。客人初来乍到，可在其乘坐的交通工具，如飞机、火车、客轮、地铁、出租车、公共汽车的到达地点迎候，或是在居所的大院门口迎候。自己如果住在高层建筑中，则应在楼下迎接。这样做，可以使客人免受"按图索骥"之苦。

宾主双方要是事先说好了主人迎候客人的地点，则主人务必要早到几分钟。踩着点到、晚到好大一会儿，对于如期而至，甚至"望眼欲穿"的客人都是失礼的。

迎候客人，应尽可能地亲自前往，必要时还应夫妇二人或情侣二人一同前去恭候客人。最好不要请其他人代为迎候客人，特别是不要让小孩子代劳。

来宾如果是老相识，或者彼此之间常来常往，则不必过分拘泥，非要外出迎候不可。但是只要客人一敲门或按响门铃，就应亲自起身，开门迎接。不要事到临头，还在忙着打扫房间、换衣服，甚至非常"坦率"地隔门高喊："等一会儿，我还没有起床呢！"

与客人一见面，主人应首先伸出手来与客人们一一握手，并致以亲切友好的问候。说："欢迎，欢迎"、"您能来我太高兴了"、"我们今天一直在等您呢"，都可以表达出欢迎之意。此时此刻，不要乱跟客人开玩笑，说什么："你总也不来，把我忘了吧"、"什么风把您吹来了"、"莫非又是'无事不登三宝殿'"、"您没走错门"、"我还以为你不会来了"等等，不仅没有多大意思，而且往往还会伤人。

在门口与客人握手寒暄，有一分钟的时间就够了。行毕见面礼，主人就应当立即把客人让进屋里。

如有必要，可请客人脱下外套与帽子，将它们和皮包一起交给自己代为存放。先把客人让进客厅，请其落座之后再处理此事，亦无不可。不过一定不要忘了这一程序，让客人为难。需要的话，可请客人在门厅里换上拖鞋之后，再进入客厅。要是客人没有在意这一点，或是自己担心此举会使客人产生隔阂，则没有必要过分注重此等区区小事。

引导客人行进时，应该是主人在前、客人在后。

主人将客人让入客厅后，应首先请客人落座，主人是绝对不能抢先坐下的。 为了表示对客人的敬意，我们不仅要请客人首先就座，而且还要请其在上座就座。

所谓上座，即指相对而言较为尊贵的座位。一般来说，在我们居所之中的上座包括以下几处：

第一，坐起来比较舒服的座位。 例如，沙发就比椅子坐起来舒服，因而相对来说属于上座。

第二，较高一些的座位。 这主要是因为当我们坐得低于客人，看他时是仰视对方，仰视易于显出我们的谦恭；而从高处往低处看所形成的俯视，则有助于增加权威感。例如，有一个椅子和一个马扎时，我们是绝不会请客人坐马扎的。当然，对待这个问题也不能绝对化。要是让客人坐得太高，脚都够不着地面，恐怕

也不太合适。

第三，以右为尊。当我们与客人并排就座时，如坐在同一张长沙发上，坐在两把靠在一起的椅子上，必须讲究"以右为尊"，即应当请客人坐在我们的右边，而我们则应当坐在客人的左边。

第四，面门为上。按照惯例，当我们与客人相对而坐时，面对正门的座位是上座，应属于客人；背对正门的位置是下座，则应属于我们自己。

第五，客人为大。这也是最重要的一点，就是一定要优先尊重客人自己的选择。必须认定：客人坐在哪里，哪里就是上座。客人一旦落座，一般就不宜再劝其换座。比方说，一下来了好几位客人，其中一位晚辈坐了本该属于长辈的上座，我们就没有必要当众予以指正："这是上座，让张先生坐在这儿，你到那边坐。"即使是个别客人不自觉地坐在了我们的床上，也不宜直言相告："你别坐在这儿，把我的床单弄脏了你又不给我洗。"反正他已经坐在那儿了，那就由其自便吧。

对待客人不宜过于客套，以免使其手足无措。**但是，对客人的尊敬与体谅应当无时无刻地贯穿于接待客人的整个过程之中。这是待客的一项重要原则。**

如某些客人不期而至，无论当时我们多忙、多累，也要立即把手上的事情停下来，起身去接待对方。不要过分挑礼，坚持闭门不开；或者先偷偷地通过门上的"猫眼"窥视一番，对自己有用的人就让进来，对自己无用的人就让家人、同事出面替自己将对方打发走，这显然是一种非常错误的做法。

客人未打任何招呼，便自作主张地推门而入，应立即起身微笑着与之握手问候。若家人或同事当时尚需整理室内卫生或更衣，应陪着客人一起在门厅里小候，跟对方先聊上几句，并表示歉意。对不速之客冷眼相向，或者坐着以手示意其就座，甚至连对方走上前来伸手相握时也不肯站起身来，貌似怪罪对方无礼，其实自己也是很失礼的。

客人进入我们的居所之后，就是我们此时此刻活动中的第一主角。作为主人，我们事事处处都应当坚持主随客便。

与客人相处的整个过程中，最好不要去做其他与待客毫不相干的事情。有的主人似乎是习惯于待客时"分秒必争"，一边跟客人谈天说地，另一边又看电视、读报纸、打毛衣、接电话，此种漫不经心的做法只会令客人感到心寒。

客人如有礼品相赠，通常只要没有贿赂之嫌，稍微谦让一下就该接受下来，并当场打开礼品的包装，向客人表示自己对礼品的欣赏。可是，也不要做得太过分。如果当面相问："这东西好贵，得多少钱呀"，或者说："这件衣服太时髦了，我没法穿，是不是"，真的还不如闭口不言。

若客人进入客厅时，家人或同事也在居所之内，应请他们出来与客人见面，并逐一进行认真地介绍。遇到其他客人在场，亦应照此办理。

如果正在接待一位客人，又来了另外的客人。可以一起接待，使客人们共聚一堂。也可以在征得客人同意的前提下，讲究先来后到，按照客人到来的先后顺序接待；或是请家人、同事帮忙，与自己分头接待客人。

不管采用哪一种具体的接待方式，都应把对待客人一视同仁、不分薄厚放在第一位。要是跟前一位客人已经无话可说了，见到后来的客人却立刻笑逐颜开、谈笑风生，当然会使前者不高兴主人的有亲有疏、有远有近。

与客人在自己的居所内促膝谈心，是待客的重头戏。与客人谈一些平日不宜深谈的知心话是可以的，可是并不能言而无忌。以主人的身份为自己壮胆，打听一位结婚十年的熟人"为什么还不要孩子"，询问一位即将嫁人的小姐"你未来的婆婆是不是很厉害"，或说不在场的朋友的坏话……这些不高明的表现，往往都等于是在自己拆自己的台。

客人停留的时间再久，也不要显出厌倦或不耐烦的样子。不要长时间冷场，或是再三地俯首看表。有急事需要马上去做，应先跟客人说清楚，不要自己一去不复返，却把客人留下来干等。

为了表示自己与来宾关系的与众不同，可在与客人交谈告一段落之后，换换气氛，陪着客人去参观一下平素轻易不向外人展示的卧室、书房、厨房、阳台、花园等处，以及自己最钟意的花鸟虫鱼和其他一些个人收藏品，如集邮、火花、字画、古钱币等等。

如欲使待客的气氛更为活跃一些，促进宾主双方之间的交流，可以邀请客人跟自己和家人、同事一道玩卡拉 OK、电子游戏机，或是一块儿打牌、下棋，或是进行其他项目的体育活动。但在安排这些助兴节目时，注意不要冷落了个别对此不感兴趣的客人。

在待客的过程中，应请客人用水果、糖果，或享饮酒水。那时候，可以尽可能地多上几个品种，以满足客人的不同需要。可是不要强人所难，硬逼着客人享用不习惯的东西。

有可能的话，可态度真诚地请客人留下来与自己及家人一同进餐。若未作准备，则不必假装客气，非让客人留下来吃饭不可。客人要是真留下来了，那可就不好办了。

客人假如需要在主人居所留宿，应提前告之在一起居住的家人与同事，并早作准备。供客人使用的卧室、洗手间、餐厅、书房，以及盥洗用品、卫生用品，应一一向对方交待清楚，并随时满足其需要，不要使客人感到"不自由"、"不方便"。

　　客人若是自外地而来，在主人居所留宿的时间较长，主人应多抽出一些时间来陪伴客人，与之一同外出观光、游览、购物。

　　在其临行前，应为之联系、购买返程的车、船、机票。届时，还应亲往车站、码头、机场为客人送行。

　　客人提出告辞后，应加以挽留。如其执意要走，应热情相送。通常应将客人送至门外、楼下，待客人伸出手来握别时，方可以手相握。切不可在送客时抢先"出手"，免得有厌客之嫌。

　　待客人远去时，可挥手致意，并道以："欢迎再来！"直到客人的身影或乘坐的交通工具不见之后，方可返回自己的居所。客人一出门，就将房门重重地关上；客人未进电梯间，或是其座车尚未离去，转身便走，都是应当避免的失礼行为。

第 14 篇

乘坐轿车的你

本篇我们来谈谈有关乘坐轿车的礼仪规范。

有的人看到上面这个标题或许会发笑："我又不是没有坐过轿车，难道还需要你来指教我如何乘坐轿车吗？是不是没话找话？"

当然不是。我们在这里所谈论的"乘坐轿车"的礼仪规范，含有"懂得"与"知晓"基本规则之意。实际上我们要向你介绍的是包括轿车上的座次、上下车时的讲究，以及乘车期间的谈吐等一系列的乘坐轿车的礼仪问题。

如何上下车对每个人，尤其是女士，都是一个至关重要的问题。不知道你在街上有没有见到过这样的场景：某些小姐上轿车时好像是在"跨栏"，先猛地抬起一条腿伸进车内，再一撅一转，把另一条腿"拉"进去。这种样子实在是难看呀。这些小姐不仅"不会"上车，而且还"不会"下车。君不见她们下车时那种做派：先是猛地推开车门把一条腿"扔出"车外，再一哈腰，一腿在前、一腿在后地从车里"窜"出来，……这样下车的小姐要是再穿着超短裙，形象可就更惨了。因为当她一腿在前、一腿在后地从轿车里"钻"出来时，其裙底必定会"走光"无疑。此时若有人正在几步开外恭候她的光临，那么该小姐肯定令人"惨不忍睹"。

这样的小姐就是平日以车代步，恐怕你也不会承认她"会"乘轿车吧。

要想使自己在上下轿车时显得稳重、端庄、大方并且风度姣好，做起来并不难。登车之前，应首先背对着车门款款坐下，待坐稳后再将并拢的双腿一并收入车内，然后方才转身面对行车的正前方，同时调整坐姿，整理衣裙。下车时，应待车门打开后，转身面对车门，同时将并拢的双腿慢慢移出车外，等双脚同时落地踏稳，再缓缓地将身体移出车外。按照这种正确的方式上下车，不但可以使女士们显得风度不凡，而且也可以使女士们不必担心因上下车时动作过大而使裙底"走光"。

你要是留意一下许多摄制精美的 MTV，那上面品位不俗的女士们都是如此这般"出入"轿车的。

首先，我们谈谈乘坐轿车的礼宾次序。

同他人一起乘坐轿车外出，最重要的礼仪规范莫过于礼宾次序问题。

第一种情况，宾主不同车。若宾主不乘坐同一辆轿车，则两辆以上的轿车在行驶中的先后顺序通常是：主人的座车先行开道，客人的座车随后跟进。

随后跟进的客人的座车若不止一辆，则应以乘车者的地位、身份的高低为其具体的先后顺序排列。

第二种情况，宾主同车。若宾主同时乘坐一辆轿车出行，那么轿车上的具体座次就成了一个非常重要的问题，对此不可不慎。一般来说，确定同一辆轿车之上座次的尊卑顺序，关键要看是谁在驾驶这辆轿车。这也就是说："**谁是驾车者"，乃是确定轿车座次尊卑顺序的前提。**

其一，主人驾驶轿车。如果是轿车的主人亲自驾车，则他身旁的副驾驶座才是上座。

搭乘者若不止一人，应请其中与主人较熟之人在该座就座。

搭乘者若仅有一人，那么他无论如何要坐在驾车者的身旁，而不是其他位置。假设有一位相交不深的男士亲自开车送一位女士回家，她却坐在后排座位上，那位好心好意的男士可要气坏的。他要么觉得其对他存有戒心，认为坐在他的身边"不安全"，所以才有意与之保持一段距离；要么觉得那位女士瞧不起他，把他当的士司机看了。所以你要不想坐在前排位置上，最好就别上车，以免让人家心里不愉快。

在国外，若夫妇二人驾车外出，不管是丈夫还是妻子开车，另一方必须与之同时坐在前排，即坐在副驾驶座上。要是对此缺乏了解，搞不好是会"开国际玩笑"的。

苗壮先生供职于驻北欧某国的外贸机构，他的一段经历大概可以为轿车座次的重要性提供佐证吧。一天，苗先生应邀去参加驻地市长举办的晚宴，他的夫人自然也应邀同往。可能是因为老俩口当时拌了几句嘴或是其他什么原因，反正苗夫人尽管上了苗先生的车，却没有像往常那样亲亲热热地坐在苗先生身旁，而是一言不发、别别扭扭地独自坐到后排去了。苗先生根本没拿这当一回事儿，他当时想：只要她跟我去，就算深明大义，管她坐在哪儿了。

然而行车不久，苗先生就在一个路口让警察截住了。他以为是检查驾驶执照一样的例行公事，就赶忙摇下车窗把"本子"递上去。谁知人家警察看都不看，只是对他来了一个立正敬礼，随后就请他下车"合作"。

下车之后，不容他开口，警察便问他："先生，你没有出租车的牌照，为什么还要非法载客呢？"苗先生听了直乐，"那是我太太，你凭什么就能断定我非法载客呢？"想不到警察一本正经地反唇相讥："你的太太为

199

什么不陪你坐在前排，反而要坐到后排去？"苗先生听后肚子里直怪人家岂有此理，却不敢表示出来，因为他怕警察跟他一"叫板"，来个扣车、扣人不放行。

其实，那警察也正是这样想的。眼瞧着晚宴的时间渐渐临近，实在沉不住气的苗先生只好拿出市长的请柬和本人护照来作最后一搏。那警察倒是通融，他只有一个条件，就是要苗先生、苗夫人证明一下双方的确是夫妻关系。证明的方式也是由他提出来的："据说你们东方人表达感情十分内向，既然你们是夫妻，就请两位当众拥吻一下吧。"事已至此，有理说不清的苗先生只能委屈求全，照此办理了。

撇开这则小故事中西方人惯有的幽默不谈，它倒是非常形象地"解说"了一种国际惯例。

其二，专职司机驾驶轿车。如果是由专职司机来驾驶轿车，在不同的国家和地区对轿车上座次的讲究是有所不同的，但方便、舒适、安全往往是首先被考虑的问题。此外，车上座位的多少也不容忽略。

在我国，除港澳地区之外，轿车都是靠马路右侧行驶的，因而人们从其右侧上下轿车最方便，所以宾主若同乘一辆由专职司机驾驶的轿车时，车上具体座次尊卑的总的要求是：后排为上，前排为下；右侧为尊，左侧为卑。

就拿一辆限乘 5 人的双排座轿车而言，除去专职司机之外，车上所余的四个座位的尊卑顺序由高往低排列应是：后排右座，后排左座，后排中座，前排副驾驶座。后排右座之所以是最尊贵的位置，主要是因为：一是它在后排，较前排相对安全一些；二是它在右侧，打开车门坐下来之后，连"挪一挪"都用不上，上下车最方便。

如果进一步说下去，对待轿车的座次还是应该因人而异，"活学活用"为佳。举例而言，若夫妇二人同乘一辆专职司机驾驶的轿车，可以同坐于后排，先生居左，夫人居右。若车上多了一个他们的孩子，则应视其年龄而"安排"其位置。年龄大的话，应请其坐到前排去；年龄尚小，则可令其在后排"居中而坐"。**在一般情况下，绝对不可以让小孩子去坐副驾驶座。那种做法，显然是非常不安全的。**

若关系一般的一男一女乘坐同一辆由专职司机驾驶的轿车外出，确定二人座次的关键，取决于二人之间的身份、地位差异，以及二人"此行何去"。

如果男的是总经理，女的是秘书，二人出去谈生意，那么男的应坐在后排右座，女的则应坐在前排副驾驶座上。这样做，才像是"公事公办"。也正是因为二者身份、地位不同，故此才不宜"平起平坐"。

如果男女二人是同事一起出去玩，就不能像上面那样搞"男尊女卑"了，而应该讲究"女士优先"。此刻大家一起坐在后排，女士居右，男士居左，才比较得体。

如果乘坐专职司机驾驶的轿车的是三个人，而且三个人之中有男有女，则应当在座次的具体排列上稍为灵活一点。

如果是一女两男，可请女士坐在后排右座，两位男士可以同时坐在后排，也可以留一个与女士较熟的人坐在后排左座，另一个则坐到前排去。

如果是二女一男，两位女士自然应当坐在后排，那位男士可以坐在后排左座,也可以"自觉"一些主动坐到前排去,以免妨碍女人之间说"悄悄话"。

以上所述轿车座次的尊卑,主要是根据的礼仪惯例。在具体的实践中,我们特别需要强调一点:如果你所面对的是长辈、老师、上司、贵宾,或者女士,那么他上轿车之后坐在哪里,那里就应当被无可置疑地视为"上座",即最尊贵的位置。千万不可提醒对方他坐错了地方,或是要求他再挪动一下位置。那样做如同当众指出对方"犯了错误",会使之觉得脸面无光。

如果不是从礼仪的角度而是纯粹从安全的角度来考虑问题,实际上轿车上的"上座"非司机身后的座位莫属,副驾驶座则是安全系数最低的位置。因为万一遇上突发事件,司机通常会下意识地打方向盘,使自己避开迎面而来的冲撞。这时,身在司机身后的人是最容易"借光"的。所以,多人同坐一辆轿车时,其中地位、身份最高者一般不在副驾驶座上就座。

其次,我们谈谈上下轿车时的规则。

与他人一起乘车外出,上下轿车时有不少礼仪问题不容疏忽。

第一,上车的规则。上车时,一般讲究"尊者先行"。即男士、晚辈、学生、主人、职位低者不宜首先上车,而应请女士、长辈、老师、客人、职位高者先上,并提供必要的照顾。作为后者,这时大可当仁不让。再三谦让推辞,是没有必要的。

照顾他人上轿车的具体做法是:提前一两步到达轿车旁边,站在车门后面把它拉开,请"尊者先行"。必要时还应当两只手分工协作,各司其职。一只手拉开车门,另一只手护住车篷上框,以防"先行"者登车时碰撞头部。只有等待"先行"者坐稳不动之后,方可用双手轻轻合上车门。此刻最忌讳过分追求"动作潇洒",用力狠撞车门。

如果"先行"者落座于后排右座,自己需要坐到后排左座去,记住不要从他人身边挤过去,也不要从车前绕行。唯有从车后绕过去,从左侧车门上车，才合乎礼节。

如果你是一位参加社交聚会的女士，自然少不了要尽可能地打扮得时髦一些，因此在上轿车时，还是多长一根神经为好。要是自己身着短裙、旗袍或低胸礼服的话，应主动对有意照顾自己上轿车的男士礼貌地说一声："谢谢，不必了"，以阻止他为你拉开车门，不然的话，以他为你开车门时居高临下的视野而言，你或许要暴露不少"秘密"了。

在一般情况下，女士得到他人照顾登上轿车后，应迅速拢一下裙角，待"万无一失"后应回首朝为你开车门的人微笑着道谢。这既是一种教养，也是一种暗示对方"你可以关门了"的信号。不然的话，要是被一位生手或一个冒失鬼在莽撞地关闭车门时夹住了你的衣裙，甚至夹伤了手脚，恐怕你也有一份责任吧。

第二，下车的规则。轿车驶抵目的地，在走下轿车时，车上的人可以同时分别从车子的两侧下车，也可以在他人的照顾下下车。

在较为正式的场合，人们在走下轿车时讲究**"尊者居后"**。即同车的男士、晚辈、学生、主人、职位低者在没有礼仪接待人员的情况下首先下车，从前门走到右侧后门，或从左侧后门下车后从车后绕到右侧后门旁，为"居后"者拉开车门。此时的具体动作，基本上与照顾其上车时一模一样。

最后，我们谈谈乘车时的谈吐。

在轿车行驶期间是否与他人交谈，应视具体情况而定。如果彼此之间是相知甚深的老朋友，那么完全可以不受任何拘束地畅所欲言。

如果对方是远道而来的客人，彼此之间缺乏了解，则不宜多谈。因为对方经过长途奔波，已经很累了，何不让他在车上借此时机休息一会儿？要是不容对方略作休息，与之没话找话，或是只管自己信口开河，实际上是很烦人的。播放音乐或者收听收音机，宜在客人主动提出请求之后，不可"以己之心，度人之腹"，把自己欣赏的东西毫无顾忌地"推广"给别人。且不说播放音乐或打开收音机可能影响客人休息，就是你情有独钟的绕梁之音没准还会被对方视为"噪音"哩。

之所以强调这一点，基本的精神还是要求我们任何时候都要尊重别人。一般情况下，在乘车期间与他人交谈与否，讲究的是主随客便。如客人兴趣很高，毫无倦意，主人当然不可置之不理。可以向他介绍一下沿途风光，以及有关食宿和工作日程的安排，也可以谈谈其他他所感兴趣的话题。不过车祸之类的话题最好打住，总不能让人家提心吊胆的吧？

对有着独特习俗和宗教信仰的客人，应该特别加以照顾。例如，对信佛的人士，在照顾其上下轿车时务必省去"封顶"动作，即不要用手去为对方遮挡车门的顶端。因为人家认为自己的头顶上系灵光之所在，岂能容你遮挡！

不论与何人一同乘坐轿车，都不宜在这种相对封闭的空间吸烟，或以其他的气味"污染"空气。这些应当是做人的最起码的修养，是不能"讨价还价"的。

第 15 篇

乘坐飞机的你

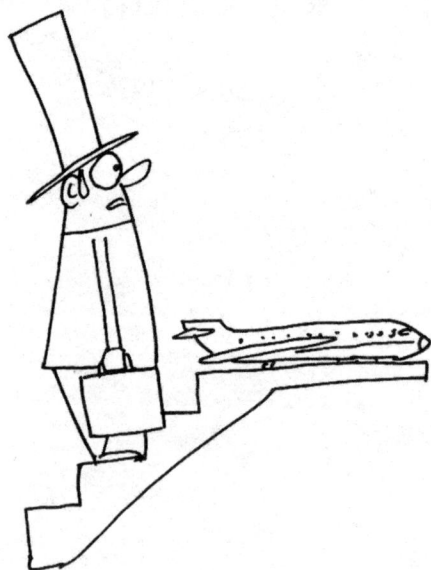

本篇我们要来谈谈关于乘坐飞机的礼仪规范。

飞机，目前是最现代化的交通工具。它的优点是速度快捷、安全可靠、轻松舒适，这些都是其他交通工具所难以比拟的。在外出旅行时，乘坐飞机已成为越来越多的现代人的第一选择。

乘坐飞机时，必须遵守有关的乘机礼仪规范。唯有如此，才能使自己的旅行既饶有兴味，而又不会有失身份。社交礼仪中乘坐飞机的相关规范，主要涉及先期准备、登记手续与乘机表现等三个具体方面。

首先，先期的准备。

乘坐飞机，如欲确保平安、舒适、顺畅、准时地抵达目的地，就必须了解乘坐飞机的相关知识，并据此提前作好准备。

为乘坐飞机而提前进行的准备工作，主要有选择航班、购买机票、打点行李等。

第一，选择航班。所谓航班，在此具体指的是飞机定期从始发地点按照规定航线起飞，到达终点的运输飞行。飞行于国内航线上的航班，叫做国内航班；飞行于国际航线上航班，则称为国际航班。选择自己所乘坐的具体航班，应考虑如下几点：

其一，选择直接抵达的航班。为了节省时间、费用，减少中转飞机带来的人力、物力的消耗，在选择具体的航班时，应尽量选择直达自己目的地的航班，而不要选择异地中转的航班，以免自找麻烦。

其二，选择白天所抵达的航班。在绝大多数城市，飞机场都设在远郊，因此应尽量挑选白天抵达目的地的航班，并在时间上为自己留下充分的余地，从而保证自己顺利到达要去的地方。当航班在晚上，尤其是半夜抵达目的地时，将会令人多有不便。

其三，选择安全舒适的航班。选择航班时，安全与舒适自然应当兼顾。要做到这一条，一是要选择声誉好的大型航空公司；二是要选择拥有大型、先进机型的航班。一般而言，大型、先进机型的客机的空间大、科技含量高，所以相对要更舒适、更安全。

第二，购买机票。飞机一律按座位数售票，并预先售票。购买飞机票，可以预订，也可以临时购买。购买时，应注意的主要事项有七：

其一，持证件购票。在我国，购买飞机票时，必须出示居民身份证、护照或其他有效证件。无证件或证件不合乎要求者，不能购票。购票时，按规定还要填写《旅客订票单》。

其二，分等级购票。机票通常分为三个等级，他们的价格各有不同。其中，经济舱的机票最便宜，头等舱的机票最昂贵，公务舱的机票价格则介于二者之间。导致它们售价不同的，主要是舒适程度的具体差异，而与安全无关。在购票时，最好量力而行。目前，国内一些航空公司的机票可打折销售，有的折扣还较大。但要注意，折扣机票通常有很多附加条件，如不准退票、不准签转等。

其三，机票有效期一年。我国的现行规定是：正常标价的机票有效期为1年。在此期限之内，一般可按规定变更旅行日期或者退票。一旦过期，机票将被视为无效。在有效期内，机票可进行变更，但以一次为限，并须在航班规定离站前24小时提出。

其四，机票不得转让。在机票上，均列有旅客的姓名。按规定，

它只供旅客本人使用，不得擅自涂改或转让他人。

其五，机票再证实。旅客持有预订座位的联程或回程机票，如在该联程或回程地点停留 72 小时以上，须在该联程或回程航班飞机离站前两天中午 12 点以前，办理座位再证实手续。否则，原定的座位将不予保留。

其六，退票。中国民航规定：在机票上列明的航班规定离站前 24 小时退票，收取客票价 5% 的手续费。在航班规定离站时间 24 小时之内，2 小时以前退票，收取客票价 10% 的退票费。在航班规定离站前 2 小时以内退票，收取客票价 20% 的退票费。在航班规定离站时间后退票，则按误机处理，须收取客票价 50% 的退票费。所谓误机，在此是指旅客未按规定时间办理手续，或者因其旅行证件不符合规定而未能乘机。

其七，电子客票。有的时候，电子客票也称电子机票，它实际上指的是纸质机票的电子化形式。电子机票将票面信息存储在定座系统中，可以像纸票一样执行出票、作废、退票、改签、转签等具体操作。目前，它作为世界上先进的客票形式，依托现代信息技术，可实现无纸化、电子化的订票、结账和办理乘机手续等全过程。

一般来讲，通过网上查询，可以得到全面而详细的航班信息；而在线购买电子客票，不仅可以节省时间，还可以获得较大的折扣。因此，使用电子客票已经成为越来越多"乘机族"的首选。乘客在购买电子客票时，应当认真比较，谨慎选择；在使用网上支付手段时，应当注意自我保护。

　　第三，打点行李。因飞机载重有限，故对乘客所携带的行李有明文规定。收拾行装时，对此应有所了解，并比照办理，以防届时手忙脚乱，因行李不合规定而耽误行期。有关乘客所携带行李的现行规定有：

　　其一，随身所携带的行李。持头等舱机票的旅客，每人可随身携带两件物品。持公务舱或经济舱机票的旅客，每人可随身携带一件物品。每件物品总重量不得超过 5 千克，其大小则应限制在长 55 厘米，宽 40 厘米，高 20 厘米之内，否则不准带入机舱。

　　其二，免费托运的行李。乘坐飞机时，每位旅客可免费托运一定数量的行李。若将随身携带的行李重量包括在内，其免费额度为：头等舱 40 千克，公务舱 30 千克，经济舱 20 千克。凡超额的行李，应付费托运。可能的话，行李最好交付托运，这样可使自己行动方便，省时、省力、省心。

　　其三，托运行李的规格。交付托运的行李，每件不得超过 50 千克。其大小应限制在长 100 厘米，宽 60 厘米，高 40 厘米以内。此外，还应包装完好、捆扎牢固、锁闭严实，并能承受一定压力。

　　其四，禁止托运的物品。按照国家规定的禁运物品、限制运输物品、危险物品以及具有异味或容易污损飞机的其他物品，不准托运或随身携带。重要的文件资料、外交信袋、证券、货币、汇票、贵重物品、液态物品、易碎易腐蚀物品，以及其他需要专人照管的物品，也不宜交付托运。按照目前规定，枪支、弹药、刀具、利器、火柴、打火机等，均不准随身携带乘机。此外，不准随身携带登机的物品还有动物、磁性物质、可聚合物质、放射性物质等。

其次，登机的手续。

我国民航目前规定：旅客必须在机票上列明的航班规定离站时间前 90 分钟到达指定机场，以办理登机手续。在航班规定离站前三 30 分钟，登机手续将停止办理。此后抵达机场者，将不能登机。

办理登机手续，既要早些抵达机场，留出充裕时间，又必须处处符合有关规定。除托运行李之外，需要办理的登机手续主要有缴纳机场建设费、换取登机牌、接受安全检查等几项。

第一，交纳机场建设费。每一位乘坐飞机的旅客，在登机前必须交纳机场建设费，否则不准登机。

机场建设费是指我国各地机场向所有飞机乘客普遍征收的，用于机场建设、维护的一种为国家所批准的特种附加费。其收取金额是全国统一的，乘坐国内航班的乘客，每人应交纳 50 元人民币。乘坐国际航班的乘客，每人则应交纳 90 元人民币。在国外乘坐飞机，通常亦应交纳类似费用。它在外国一般称作机场税。

目前，我国的机场建设费已在购买机票时一并收取，毋需另行交纳。

第二，换取登机牌。每位乘坐飞机的旅客在登上飞机之前必须在机场指定地点换取登机牌，然后凭登机牌登机。直接手持机票登机是不可能的。

换取登机牌的时候，应当注意以下几个具体环节：

其一，所需资料。换取登机牌的时候，必须向工作人员出示身份证或者其他有效证件等所需资料。换取登机牌之后，应对其加以妥善保存。若其丢失，将难以确保按时登机。应当牢记的是，切勿使用假冒或过期的证件。

其二,确定座位。换取登机牌的实际意义有三:一是确认乘客身份,严防冒名顶替;二是清点最终将要登上飞机的实际人数;三是替乘客确定其在本等舱内的具体座位。

乘客在换取登机牌时,可根据本人的实际情况和座位的剩余情况,提出自己对座位的要求,并且通常都会予以满足。喜欢欣赏苍茫云海的人,可要求紧靠舷窗的座位;乐于活动的人,可要求过道两侧的座位,或是紧靠应急出口的座位;害怕晕机的人,则可要求尽可能靠前的座位。

要求具体座位时,态度应诚恳、客气,切勿胡搅蛮缠、要求过高,更不要得寸进尺。

其三,托运行李。在换取登机牌的同时,可办理托运行李的手续。在此不再重复有关事项。需要强调的是,托运行李的票据一定要保存好,不然提取行李时就会有麻烦。

其四,持电子客票登机。使用电子客票的乘客,应凭其在购买电子客票时获得的电子票号和本人的有效证件,在机场的值机柜台换取登机凭证登机。

目前,国内很多机场已经设置了电子客票的自助服务设备。使用电子客票的乘客,只需持本人有效证件到自助服务设备上进行简单的操作,即可选择自己喜欢的座位,并取得登机牌。

第三,接受安全检查。为了保证国家财产和人民生命安全,在每位乘客登上飞机之前,均须接受例行的安全检查。它的对象是所有乘客及其随身所携带的行李物品。接受安全检查时，应注意以下三点：

其一，**接受技术检查**。接受此种检查时，乘客必须通过特制的安全门，并接受手提式金属探测器检查。在检查之前，应取出自己身上全部的金属制品，以保证检查的顺利进行。

其二，**接受手工检查**。此时，旅客人身或其随身携带的行李须由专门的安全检查人员进行手工触摸。进行人身检查时，通常由同性别的安检人员担任。此种检查，目前多为技术检查的辅助形式。

其三，**自觉进行配合**。接受例行的安全检查时，任何人都务必主动、自觉地进行合作。不要以为事不关己，拒绝配合；不要态度粗暴，表现得极不耐烦；不要对安检人员冷嘲热讽，恶语相伤。在接受检查时若态度恶劣或胡言乱语，搞不好就会吃官司。

最后，乘机的表现。

乘坐飞机期间，每个人都一定要注意约束个人行为，在严格要求自己、尊重乘务人员、善待其他乘客等方面，做到合乎礼仪规范。以下几点一定要引起我们的注意：

第一，严格要求自己。在任何情况下，严于律己、宽以待人都是做人的一种美德。乘机时自然也不能例外。要特别牢记以下几个方面的礼仪规范，并处处好自为之。

其一，**不侵占别人的位置**。上飞机后，应在属于本人的座位上就座。不要去高档座舱或空闲的座位抢占不属于自己的位子。坐好之后，腿、脚不要乱伸，尤其是不要伸到通道上，或是别人的座位上。不要将自己的行李放到他人的行李箱上。

其二，**不贪占小便宜**。不要贪图小便宜、顺手牵羊，偷拿不属于自己的公用物品。例如，阅读用的书刊、洗手间里的卫生纸、座位底下的救生衣、座位上方的氧气面罩等，均不可取走。那样做，既不讲公德，而且还有可能触犯法律。

其三，不乱动乱摸。对飞机上的一切禁用之物、禁动之处，都要"敬而远之"，不可出于好奇而乱摸乱动，甚至因此而危及飞机上全体乘客的生命安全，这一点尤为重要。

其四，不使用违禁物品。在飞机上，切勿吸烟。此外，还要牢记：飞机上禁止使用移动电话、激光唱机、手提电脑、调频收音机、电子游戏机以及电子玩具等任何有可能干扰无线信号的物品。在飞行过程中，一般应尽量使上述物品处于电源切断状态。切勿冒天下之大不韪而"铤而走险"，从而危害自己和他人的生命安全。

其五，不破坏环境卫生。在飞机上决不能乱扔、乱吐东西。万一因晕机而呕吐时，应使用专用的呕吐袋。不要当众更换衣服。不要脱去鞋袜而散发自己的脚臭。

张虎先生就曾因为自己在飞机上的不检点行为而出过丑。某日，张先生乘机到北京开会。本来他的旅途并不十分漫长，可当时他的新皮鞋却让他吃尽了苦头。为了让自己的双脚彻底解放一下，张先生悄悄把皮鞋脱掉，甚至连袜子都脱了。随后，张先生舒舒服服地睡去。但他没有想到，一位漂亮的空中小姐将他叫醒了。当时，那位空中小姐提醒他必须马上把自己的鞋袜穿上，因为张先生双脚所散发的异味在狭小的机舱里着实打扰到了周围的人，此刻，风度翩翩的张先生真的是无地自容。

第二，尊重乘务人员。登上飞机之后，应对所有的乘务人员平等相待。要尊重、支持、配合对方的工作，不要为对方乱出难题。要做到这一点，以下几个问题需要注意：

其一，回应乘务人员的问候。上下飞机时，均有机组乘务人员在机舱门口列队迎送。当对方主动打招呼，道问候时，不要对对方置之不理，而应予以友善的回应。

其二，感谢乘务人员的服务。每逢乘务人员送来饮料、食物、报刊，或是引导方向、帮助搬放行李时，都要主动向对方说一声"谢谢"，不要熟视无睹、安之若素。当飞机安全着陆后，应当进行热烈鼓掌，以示对全体乘务人员的感谢之意。

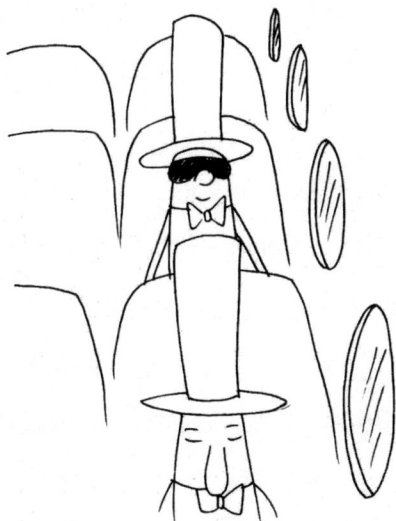

其三，服从乘务人员的管理。飞机升空或降落前，乘务人员都要巡视、检查：每位乘客的安全带是否扣好，座位是否调好，窗户是否打开，身前小桌板是否收起，此刻务必要服从其指挥。对对方其他方面的正确管理，也要无条件服从。

其四，体谅乘务人员的难处。万一遇上飞机晚点、停飞、返航或改降其他机场，应从大局着眼，少拿乘务员出气。尤其是不要骂人、打人、侮辱人，更不要动辄聚众闹事，甚至拦截飞机起飞，或是飞机降落后拒绝下飞机。不要因为细枝末节，而向乘务人员大发脾气，或使用武力。

其五，减少乘务人员的麻烦。乘务人员的工作十分辛苦，因此要尽量少给他们增加麻烦。不要动辄就摁呼叫按钮，让他们跑来跑去。

不要跟漂亮的空中小姐插科打诨、动手动脚，不讲自尊自爱。对乘务人员信口开河危言耸听，以劫机或携带违禁物品相威胁，只会惹火烧身、自讨苦吃。

第三，善待其他乘客。在飞机上，对待其他旅客应当和睦相处、友好相待。不要妄自尊大、目中无人。这就要求我们必须做到以下几点：

其一，不要不遵守秩序。在上下飞机或使用卫生间时，假如人数较多，应自觉排队等候，不要不遵守秩序，不能不讲先来后到。下飞机之后领取本人行李时，也要注意这一点。使用公用物品时，自己的速度要尽量快一些，以方便后来者。

其二，不要高声谈笑。在飞机飞行期间，尤其是在飞机夜间飞行或身边有人休息时，切勿喋喋不休、高谈阔论，从而影响其他乘客的休息。

其三，不要吓唬别人。与周围人交谈片刻是允许的，但不要谈论有关劫机、撞击、坠机等一类的不幸事件。不要对飞机的性能与飞行水准信口开河、随便乱讲，从而增加他人的心理压力、制造恐慌。

其四，不要令人不适。不要在飞机上反复打量、窥视其他乘客。对外国人、少数民族以及女士，尤其不应当那么做。此种失礼的做法，往往会在无意之中令对方感到不适。没有特殊需要时，不要到处乱走乱逛。

其五，不要摇摇晃晃。在座位上休息时，不要晃动不止。摇摇晃晃时，自己可能会自得其乐，他人却有可能因此而受到妨碍。不要把椅背调得太靠后，从而使身后人活动不便。不要把身前的小桌板反复收放，让身前人由此大受干扰。

第 16 篇

赠送礼品的你

本篇我们来谈谈有关赠送礼品的礼仪规范。

赠送礼品，有时又叫馈赠。在正常的人际交往中，正当的馈赠行为不仅是赠礼者心甘情愿地向他人表达友谊、感激、敬重和祝福的一种形式，而且还应当带给受赠者欢乐与幸福。因此在社交场合向他人赠送礼品时，应在礼仪方面审慎行事。

在社交活动中，我们向自己的亲朋好友赠送礼品，其根本目的在于保持联系和沟通感情。我们这样做，既非自我炫耀，亦非贿赂受赠者，或是指望对方会"投桃报李"，而是要借助这种形式去向对方表示自己的善意与敬意。要想做到这一点的话，通常就需要注意礼品的品种、受礼的对象、礼品的包装、送礼的场合、送礼的做法、礼品的接受等各个方面的具体问题。唯其如此，才能使自己的"略表寸心"产生良好的反响。

首先，谈谈礼品的品种与受礼的对象。

谈到送礼，老一辈人有句名言叫做"礼多人不怪"。对于这句话中的"礼"字，人们理解不同。有人认为它是指礼品，"礼多"即送礼要多，花钱要多；有人则认为它是指礼仪，"礼多"意为多多讲究礼仪，时刻依礼行事。

在人际交往中，真正的朋友之间看重的是"千里送鹅毛，礼轻情意重。"真正纯洁的友谊，绝不是以金钱或礼品堆砌而成的。以送礼为手段，拉关系、套近乎、走后门，当为君子所不齿。这是因为，虽然在人际交往中，亲朋好友之间互赠一些具有实用价值和纪念意义的礼品有助于表达友谊、关心和敬重，但"情意"的轻重是不能用礼品的多少和薄厚来度量的。

有的时候，一掷千金送给他人一份极其昂贵的礼品，并不一定会使对方受之无愧。因为对方可能会由于礼品过于贵重而产生不安，甚至还会产生受贿的感觉，不知如何是好。当然，这也并不是倡导送礼可有可无，礼品越贱越好，随手买一件不值钱的东西便可以送人，甚至能够把自己家中淘汰或剩余的物件送给别人。重要的应当是量力而行，合乎情理。

在一般性的交际应酬之中，例如去他人家中拜访、去赴约会，带给对方物美价廉的小礼品就可以了，一束鲜花、一盒糖果、一点特产、一瓶葡萄酒等等，都是可以考虑的。如果对方是家人或挚友，而且彼此之间常来常往，那么什么都不带也不算失礼。

如适逢亲朋好友的大喜之日，比如说，长辈做寿、同事结婚、朋友生子，你能够遇上的这种时候不会太多，所以有可能的话，应选择一些较为高档、精美的礼品送给对方，借以表示自己的心意。

有些朋友送礼给别人，只是为了说明自己懂事。他们往往事到临头，才急匆匆地跑去随便买来一件东西，应付了事。如果这样做，还真不如什么也别送。

决定送礼之后，第一步要做的就是精心挑选礼物的品种。受赠者的性别、年龄、婚否、习俗、教养、嗜好和实际需要等等，都是至关重要的。除此之外，还应当选择具有鲜明的特色、突出的标志，并且能够使受赠者经常使用或经常看见的东西作为礼品。

礼品的具体选择要富有创造性，要尽量使自己赠送的礼品博得受赠者的钟爱，使之产生受重视的感觉，但又不要因此使对方增加心理上的负担。

一般而言，所有的礼品根据保存的期限来划分，都可以分为两大类。一类叫做"一次性"礼品。它是指那些保存时间较短、只能使用一次的礼品，如糖果、鲜花、挂历、电影入场券，等等。另一类，则叫做"永久性"礼品。它指的是那些可以长期保存、反复使用的礼品，如书画、首饰、图书、摆件之类。前者经济实用，后者则礼重意深。二者各有所长，各有所短，送礼人可根据受赠者的实际情况加以斟酌。

选择礼品的基本要诀是：实用，适当。

一句话，就是要尽量使其"适得其所"，把包含在礼品中的真情实意转达出去。

再有一点，就是要求新颖、别致，能够出其不意。

一册读书人久觅不得的书籍、一件送给同事家孩子的亲手缝制的童装、一张寄给慈母的本人近照，无不能使对方深受感动。如果准备结婚的朋友已经收到了两个电热锅，你还要送去一个，那还有什么意思呢？

有的时候，对友人而言，可以送上一些他需要用、用得上的礼品。

例如，对方刚刚乔迁新居，正打算装饰房间，此刻送上一盆盆景或一幅装饰画，无疑派得上用场。西方人有一种习惯，每逢他们有可能接受礼品时，往往事先将自己所需要物品列出一张清单，以供预备送礼的亲友参考，使之能够投其所好。有时他人向自己询问想要什么礼品时，也可以在对方能够承受的范围内以实相告。这样于己方便，于人也省事。目前这种貌似向他人讨要礼品的做法在国内大概还行不通，但是其思路仍可借鉴。

如果能够送给他人一些时髦流行的东西作礼品，有时也能使对方笑逐颜开。例如，此时街上正在流行"电子宠物"，顺便给朋友的孩子带去一个，对它正望眼欲穿的小家伙必然会欢呼雀跃，你的朋友见此情景也不会不开心吧？有时送给文化程度较高的人，特别是青年知识分子一些高新技术的产品，如电子像框、电子录入笔之类，同样不会劳而无功。

在考虑礼品品种时，许多相沿成习、约定俗成的禁忌不能不予以考虑。这些禁忌主要包括：

其一，与文化习俗有关的禁忌。例如：对于老年人不能送以钟表和鞋子，对于恋人不能送以雨伞或请其分梨而食之，对于友人不能送以刀剪或药品，等等，都是国人的老规矩。这是因为钟与鞋的谐音是"终"和"邪"，伞与梨的谐音是"散"和"离"，它们都是老人与恋人所忌讳的。送人以刀剪意味着一刀两断，送人以药品好似送去了凶兆，它们当然也是友人不愿看到的。

孔雀与仙鹤在国内一个是喜庆的标志、一个是长寿的象征，以它们为图案制作的礼品深受人们的欢迎，可是孔雀在英国却成了祸鸟，仙鹤在法国和东南亚一些国家是淫荡的同义词，这种相去甚远的不同见解，乃是文化习俗不同之故。对此唯有遵守，是万万不可"逆潮流而行"的。

港人喜爱红木制作的小型棺材摆件，是因为可以从中"看出""升官发财"之隐喻，想要讨个吉利。有的国家以绿毛龟为宠物，喜欢以之送人。可在中国人看来，被人送了"乌龟"，而且是"戴绿帽子"的，岂不是天大的侮辱。如对此稍有疏忽大意，就会产生负作用。

其二，与受赠者本人情况有关的禁忌。 如果对方独身未婚，肯定不宜送以充满家庭情调的礼品，如情侣衫、双人枕头等等，以免使对方产生反感和抵触。不能把 MP3、MP4 送给失聪者，或者把望远镜送给盲人，这肯定不妥。

对待普通关系的异性朋友，既要打破"男女授受不亲"的封建思想的束缚，大胆地与之进行正当的交往，又要在具体问题上留有分寸，以防使对方产生误会。这一点，在选择礼品时同样应予注意。

例如，作为女性，不宜把领带、围巾、腰带和贴身用品当作礼品送给关系一般的异性。因为领带、围巾、腰带"拴"的都是要害部位，它们好似少女抛出的绣球，暗含"请与我同行"之意，只能赠送给自己的先生或男朋友。至于后者不可轻易送给异性的原因，当是不言自明的。

对于男士而言，少不了要和除自己夫人或女朋友之外的女士打交道，有时赠以礼品也属自然而然之事。想要明哲保身，避免嫌疑，不妨以对方的先生、子女或双亲作为假定的受礼对象。这样做，大家彼此可以相安无事。

其三，与数目、色彩有关的禁忌。 各国在礼品的数目上，往往都有自己的讲究。中国人讲究"喜礼"送双数，以祝福受赠者好事成双；"丧礼"则宜送单数。

在非洲，不少国家也同中国一样，认为单数带有悲观、消极的色彩。可是日本人的看法却恰恰相反，他们认为单数幸福吉祥，却对双数不感兴趣。

　　国人近来凡事注重吉祥如意，礼品的数目也因此受到牵连。对于绝大多数中国人而言，"6"与"8"最受欢迎，"4"却犹恐避之不及。这种讲究与这些数目的发音有关："6"者，"顺"也。"8"者，"发"也。可"4"却与"死"沾边。万不得已要说"4"时，有人索性以"两个双"应付了事。

　　日本人对"4"与"9"这两个数目成见颇深，这是因为在日语中"4"与"死"同音，而"9"与"苦"的发音相近。在西方国家里，"13"、"666"等数目乃是不幸的象征，它们也为人们所忌讳。

　　花花世界，五彩缤纷，礼品及其外包装都少不了与色彩相关，因此对这方面的禁忌也应略知一二。一般来说，人们对色彩的不同偏好，往往与其个人性格有关。例如，好动的人喜爱暖色，好静的人喜欢冷色；年轻的人喜欢粉红、嫩绿、鹅黄、浅蓝一类带有浪漫色调的色彩，年老人则喜欢黑、灰、蓝一类沉稳的色彩。在确定受礼者之后，应对其在这方面的偏好加以了解。

　　有些时候，人们对色彩的禁忌还同其文化背景有关。在中国，红色代表喜庆，黄色代表高贵，白色代表哀悼，自古至今人们都是这种看法，而且一成不变。可是红色在北非代表着死亡，黄色在巴西和埃塞俄比亚代表着凶丧，黑色是西方人表示哀悼的色彩。对此一无所知，在社交中恐怕寸步难行。

　　其四，与正常交往有碍的禁忌。若非直系亲属，不宜以现金或有价证券作为礼品相赠，否则会令受赠者处境尴尬。

　　如果不是名贵的土特产，其他一般的食品因不宜保存且受制于卫生条件，不宜用以送人。特别是在正式的场合里，不宜用它们送人。

　　有些东西搞不好会引起受赠者的家庭不和，例如香烟危及健康，麻将有可能导致赌博，因此均不应作为礼品赠送友人。

要使自己赠送给他人的礼品恰到好处，就需要因人而宜，因事而宜，充分考虑受礼对象的具体状况。

例如，尽管受礼人同是白领，但因为性别不同，在具体的礼品品种选择上就应该有所不同。通常白领男士比较喜欢领带、衬衫、袖扣、皮夹、钢笔、记事簿、公文包一类兼具装饰性、实用性双重身份的礼品。而作为白领丽人，喜欢的则大都是鲜花、化妆品、服装和首饰。

子女送礼品给父母，不管送什么都会使父母感慨万分，并且喜欢对他人津津乐道子女的孝心。当然，要是在了解父母愿望、志趣的基础上行事，效果会更好。例如，父亲刚刚退休，百无聊赖。此刻送他一套渔具，既可表示关心，又有助于其运动健身。母亲为自己操劳了一辈子，抽时间陪她外出观光游览，比送什么实物都要有意义。

送礼给其他长辈，重要的也是要表示自己对其尊重、敬佩的诚意。对于男性，可以送一些畅销书、盆花、茶具、收藏品，供其怡情养性。对于女性，则可以送一些衣料、补品。

长辈送东西给晚辈，既要经济实用，又要寓意深刻。书籍、衣物、学习用品、运动器材、工艺美术品等等，均可列入考虑之列。

夫妻之间的恩爱体谅虽说重在心灵的交流，但选择适当的时刻互赠一些小礼品作为调节夫妻关系的"润滑剂"，还是绝对必要的。夫妻之间互赠礼品，重在酝酿一种温柔的情调。先生可以送给夫人一枝鲜花、一首为她写的诗歌、一个小玩偶，夫人可以送给先生一把剃须刀、一支钢笔、一条领带，其中只要饱含着溢于言表的柔情蜜意，就能够使对方深受感动。

情侣之间互赠礼品，情况大致上也与夫妻之间互赠礼品类似，一切都要让位于感情的传递、体验和交流。

送给孩子们的礼品，应以启发其智力、强壮其身体、调动其学习兴趣为出发点。智力玩具、学习字典、劳动工具、运动器材、童话、漫画、科普读物，都可以选择。对于幼儿来说，送上述礼品未免显得"希望"过高，代之糖果、卡通玩具、小衣服，才比较合适。

对于海外来宾，应当选择一些带有浓厚的地方文化色彩和富有纪念意义的物品，例如，茶叶、字画、瓷器、图章、紫砂陶、土特产、影集、丝绸面料及其制品等等，来作为礼品。对初次来华访问的人士，送给他一些介绍中国历史、文化、名胜、烹饪方面的图书画册，也会受到欢迎。

其次，谈谈礼品的包装。

目前，送给他人的礼品的包装正备受重视。它如同礼品的外衣一样，"买得起马，配得起鞍"，既然要送人以礼品，其包装就必不可少。精心包装的礼品无疑可以使受赠者感受到自己所受到的重视，而包装本身也可以与礼品相得益彰。

在国外好多地方，人们用于礼品包装的花费往往要占送礼总支出的三分之一，甚至二分之一。由此可见礼品的包装在人们心目中所占的位置。过去，人们片面地认为送礼应当"重在内容，不重形式"，即使价格昂贵的工艺品，也拿张破报纸一裹了事，其实这种低档的外包装往往会使受赠者"低估"礼品的价值，因此不重视礼品包装无论从

哪一个方面来讲，都是缺乏远见的。

现在，在人们选择礼品的时候，文化色彩越来越浓，情感交流显得越来越重，在此情况下依然不重视礼品的包装，肯定失大于得。

在日常交往中，礼品的包装不必过分奢侈。但不论礼品本身是否装在盒子里，都应选择专用的花色、彩色的礼品纸在其外面进行一番精心的包装。然后，再用彩色的丝带在外面系上漂亮雅致的梅花结或蝴蝶结。

如系托人转送礼品，或是邮寄礼品，应亲笔撰写一份致词，或以自己的名片加以短语来代替。将致词或名片备好后，应装入大小相当的小信封中。信封上只写受赠者的姓名，不写其地址。这枚信封应置于礼品的包装上方，它与邮包的外套不是一回事儿。

最后，谈谈送礼的场合、送礼的做法与礼品的接受。

礼品并不是人际交往中无时无刻存在的东西，也不是什么时候都得送、见谁都得送的。那样的理解，未免将礼品曲解和庸俗化了。送礼要讲场合，这个道理谁都明白。依据送礼的场合不同，礼品可以被分为以下几类：

其一，喜礼。每逢亲友结婚、生子、乔迁、升学、晋级、出国深造，均为恭喜的场合。此时送上礼品，聊表寸心，称为喜礼。

其二，贺礼。公司开张、大厦落成、周年庆典，个人做寿、演出成功，元旦、春节、中秋、国庆等良辰吉日，都值得庆贺一番。逢此场合所赠送给他人的礼品，称为贺礼。

其三，见面礼。此处所谓的见面礼，与同他人会面时所行的见面礼有所不同，它是指与人初次见面时赠送的纪念性礼品，或是和久未谋面的亲友会面时互赠的礼品。

其四，慰问性礼品。亲朋好友生了病，我们理当前去探望。至交过世，亦应前去慰问其亲属。在这两种场合所赠送的礼品，均称慰问性礼品。

其五，鼓励性礼品。对于先进模范，应当表彰、奖励；对于遇到困难、挫折的同事，应当表示理解、支持；对于取得了一定成就的晚辈，应当勉励其再接再厉。送给他们的礼品，都可称为鼓励性礼品。

由此可见，对经常打交道的友人，不一定每次见面都非要送礼不成。

送礼的具体方式，目前大致分为亲自赠送、托人转赠、邮寄赠送等三种。

一般说来，有可能的话，还是亲自赠送礼品为好。

亲自赠送礼品，宜在与受赠者会面之初，即在刚刚进入受赠者的客厅时呈递。在社交场合，若是两对夫妇或两对情侣会面，则赠送与接受宜在两位女士之间进行。若受赠一方的夫人或女朋友不在场，作为女士最好不要急于把礼品呈交给男主人。

不要等到告辞时再以礼品相赠，或是一言不发地偷偷留下礼品走人。这两种做法，都难以使礼品发挥其应有的作用，甚至会遭到受赠者的误会。

赠送礼品时，应恭恭敬敬地用双手把礼品递交受赠者。若受赠者系外宾，则应以右手递交礼品，要尽量避免使用"不洁"的左手。

赠送礼品时，应当向受赠者认真、庄重地讲上几句有关祝贺、问候、送礼缘由之类的话语。必要的话，还应对礼品的含义、特色和用途略作说明。

在一般情况下，对友人精心选赠的礼品是却之不恭的，但也不应当表现得受之无愧，或是来者不拒。双手接过礼品之前，可以适度地谦让一下。不过这种推辞也不要做得太虚伪。

过去人们习惯在送礼者离去之后才打开礼品的包装，在送礼者面前，往往在推辞之后，就把接受过来的礼品原封不动地搁在一旁。其实这种做法是不符合现行的礼仪规范的。因为它会使送礼者感到受赠者对礼品毫无兴趣，甚至于不屑一顾。这种感觉，当然不会令人愉快。

目前，接过礼品后最得体的做法，应是当着送礼者的面立即打开礼品的包装，并且把礼品取出来端详欣赏一下。即使收到的礼品不合心意，也要像获得了梦寐以求的东西一样，表示出欣喜之意，并且对送礼者说几句表示感谢和赞美礼品的话。

俗话说："来而不往非礼也。"接受了亲朋好友的礼品之后，应当回赠给对方适当的礼品，这就是所谓回礼。回礼可以是有形的实物，也可以是无形之物。回礼大体包括下述三种形式。

其一，回赠以实物。这种形式特别适合于接受厚礼之后，例如结婚、生子之后向送礼者回赠的喜糖、喜蛋就是所谓回礼。回赠以实物，可多可少。多则可达当初受礼的四分之一至二分之一，少则意思到了即可。但不宜与当初接受的礼品等值，否则就有划清界限之嫌。

其二，回赠以感激。接受礼品后，应抽时间专门写一封信，向送礼者表达自己真诚的谢意。这种表示肯定会使送礼者感到欣慰，它也是一种回礼。

其三，回赠以"不忘"。美国前总统里根的夫人南希曾在访华时得到了中国政府送给她的一件紫红色金丝绒旗袍。她不仅当下就穿上它去参加国宴，而且在回国之后每次会见中国使节时都要穿上它。南希女士这样做，并不等于她没有其他衣物可穿，而是为了表示她不会忘记中国政府的盛情款待。这种做法，即与送礼人再度见面时，有意识地摆出或使用其所赠礼品，就是所谓回赠以"不忘"。从某种意义上说，它是一种档次最高的回礼。

假如难以接受他人赠送的礼品，可在受礼后的二十四小时之内退礼。退还礼品，可在送礼者送礼时进行，不过不要忘了向对方表示感谢，并说明不能接受礼品的原因。有时为了不伤对方的面子，或是当下难以推辞，可在受礼之后再采取行动。可以自己亲自前去退礼，也可以请人代劳。

如有可能，在拒收礼品后，应专门致信向送礼者说明原因，并表示歉意。在信上不能使用任何讥讽、挖苦、谩骂和侮辱性的字眼。最好在信上说明一下拒收礼品是本人的决定，还是因为受礼会违反有关的政策、规定。这样做，是要给送礼者留有余地。

作为送礼者，若送给他人的礼品遭到拒绝，不要恼羞成怒，或是马上面露不快。应当仔细找一找原因，对方的拒绝，究竟是客套，还是没有任何回旋的余地。即使是对方真的拒绝，也应当多从自己一方找找"过失"，看看是不是礼品本身欠妥，还是送礼的时间、场合、动机等方面存在问题。总之，不能使对方为难，还要把"过失"归咎于自己。

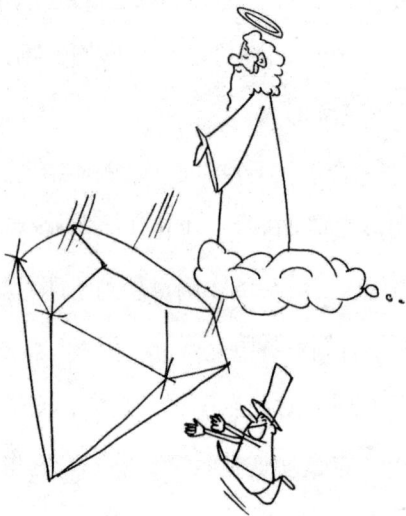

第 17 篇

送人鲜花的你

本篇我们来谈谈有关送花的礼仪规范。

谭晓文先生终于有机会赴法国去探望自己的女友了，沉浸在喜悦之中的他尽管临行前忙不胜忙，还是专程赶到花店，为女友买了一束她最喜欢的鲜花，一束红白相间的玫瑰花，并把它随身带上了飞机。可是一上飞机，谭先生就发现自己可能哪儿有些不对劲儿，要不然同机的许多乘客为什么会用那种异样的眼光，像监视恐怖分子一样打量自己呢，就连平素和蔼可亲的空中小姐们在为自己服务时表情也有些不自然。

直到很久之后，探亲归来的谭先生偶尔读到了一本国内出版的《涉外交际礼仪》，他才对当初在飞机上百思不得其解的疑惑恍然大悟：弄了半天居然是自己特地带给女友的那一束红白相间的玫瑰花，使他人对自己侧目相看！原来在西方，人们虽然时兴以鲜花作为礼品，但对于鲜花的花色、品种讲究甚多。在西方，人们在出远门乘坐飞机或客轮时，通常是不能随身携带鲜花，尤其是红白相间的鲜花的。因为在西方有一种说法：那样做的话，将导致空难或海难。

鲜花，在古今中外都受到人们的喜爱与歌颂。人们以鲜花象征爱情、友谊以及人世间一切最美好的事物，并把它视为人际交往中既文明又高雅的富有情调和品味的礼品。在日常生活中，越来越多的人开始将鲜花作为首选的馈赠礼品。不过要想使自己送给他人的鲜花"适得其所"，既传达出自己的浓浓情意，又能够为对方所理解和接受，恐怕还是需要专门学习有关赠送鲜花的礼仪的。

在社交活动中，赠送鲜花给他人，大致应当在品种、花色、数目、包装、受赠对象、赠送方式等几个方面遵照礼仪的规范和惯例行事。

第一，鲜花的品种。

在国内外，人们对于特定品种的鲜花赋予不同的理解和含义，或是用它表达爱情，或是用它歌颂友谊。**所谓花语，就是人们借用鲜花来表达自己的某种情感或愿望**。在选择送给他人的鲜花时，花语往往是第一位应予考虑的问题。

我国自古以来就有借物抒怀、借景生情的说法。人们称道春季兰花的高洁，赞美夏季荷花的自重，颂扬秋季菊花的坚贞，讴歌冬季梅花的无私无畏，并且把"花中之王"牡丹视为富贵之花，这些实际上都是"习惯成自然"的花语。

在社交活动中，之所以在选择鲜花作为礼品时务必要考虑花语，最重要的是要提醒大家，并非任何品种的鲜花都可以随便送人。

有些花应当慎送，即送给一些人可以，送给另外一些人却不可以，故此应谨慎行事。例如，玫瑰象征着爱情，被人们普遍视为"爱情之花"。除非是向自己钟情的异性示爱，"爱情之花"自然不能随意乱送。

再如，康乃馨寓意拒绝。向对自己示爱的人赠送一枝康乃馨，意即婉拒对方的爱情，因此它被称为"拒绝之花"。此花亦不可乱送。

香港人对谐音字成见甚深，因此对送人的鲜花也有所涉及。比如说：去看望病人，忌送剑兰和扶桑。因为二者分别与"见难"、"服丧"

谐音，病人对之犹恐避之不及。

送桃花给南方的生意人，能令其喜笑颜开，因为桃花"暗含"红红火火之意。可要是送梅花和茉莉花给他们，则会使之感到大不吉利，因为梅与"霉"、茉莉与"没利"是字不同而音同的。

对某些人而言，有的鲜花是忌送的，即万万送不得的。例如：我国人民对菊花喜爱至深，"采菊东篱下，悠然见南山"是我国文人墨客极为崇尚的一种雅趣，在包括北京在内的一些城市，它还被确定为市花。然而对西方人来说，这往往是不可思议的。在许多欧洲国家里，人们把菊花当作一种妖花，或称之为"葬礼之花"。因为在当地，菊花被用于葬礼上的告别仪式，或是用于忌日去墓地拜祭逝者。

杜鹃花，在我国南方叫作映山红，在陕北则被称为山丹丹。它是一种我国人民喜爱的鲜花，"满山开遍映山红"甚至成为人们一种美好的理想。但在国外，它却通常被视为"廉价之花"，以之送人是对对方看不起的表示，还不如什么东西都不送了。

莲花因其"出淤泥而不染，濯清涟而不妖"在我国受到普遍的喜爱，但在同日本人的交往中，它也属于忌送的鲜花之列。因为在日本它是专门用于祭奠之用的。

花朵呈钟状的铃兰，在西方人来看亦是忌讳之花。它不仅不能被带入室内，也不可送给友人，否则便意味着绝交。

下面一些鲜花所表达的花语，在国际上是较通行的，也是我们在日常生活中可资参考的：

鸡冠花：表示爱情。

紫丁香：表示初恋。

黄菊：表示微爱。

柠檬：表示挚爱。

白丁香：表示念我。

红菊：表示我爱。

红郁金香：表示宣布爱恋。

红玫瑰：表示示爱。

红蔷薇：表示爱慕。

四叶丁香：表示属于我。

黄郁金香：表示爱的绝望。

刺玫瑰：表示优美。

白茶花：表示真美。

白百合花：表示纯洁。

蓝紫罗兰：表示诚实。

水仙：表示尊敬。

白桑：表示智慧。

桂花：表示光荣。

黑桑：表示生死与共。

橄榄：表示和平。

紫藤：表示欢迎。

豆蔻：表示别离。

杏花：表示疑惑。

万年菊：表示妒忌。

垂柳：表示悲哀。

大丽花：表示不够坚实。

黄毛茛：表示忘恩负义。

红康乃馨：表示伤心。

黄康乃馨：表示轻蔑。

第二，鲜花的色彩。

万紫千红，色彩万千，乃是鲜花鲜艳动人的一大特征。在以鲜花作为礼品送给他人时，对于鲜花的色彩的寓意和象征有必要加以特别的关注。

人们一般认为：红色的鲜花象征着炽热的爱情和旺盛的生命力，粉红色的鲜花象征着友谊、好感和浪漫忠诚的爱情，黄色的鲜花象征着妒忌和轻蔑，橙黄色的鲜花象征着朝气蓬勃和充满希望，紫色的鲜花象征着充满敬意和良好的祝愿，白色的鲜花象征着纯真和死亡……而从总体上讲，深色的鲜花象征着坚毅，浅色的鲜花则象征着温柔。

但是在日常生活中并不能够完全照抄照搬上面的讲究，最重要的还是要因人而异。例如，对待红色和白色的鲜花，不同文化背景的人欣赏的程度也截然不同。在我国，红色的鲜花是用途最广泛的"喜庆之花"，而白色的鲜花仅被用于丧葬场合。

可是到了国外，虽说人们讲究送给亲朋好友的鲜花色彩越鲜艳越好，但一水儿鲜红的鲜花也不能逢人就送，它多用于恋人之间表达爱情。在一般情况下，白色的鲜花是不用来送人的，西方人尤其忌讳把白百合花和白山楂花带入室内，因为它们通常被视为厄运的征兆和死亡的象征。不过在生日派对上，白色的鲜花则是常见的礼品。至于在婚礼上向新娘赠送成束的白色鲜花，更是一种惯例。

对西方人来说，最晦气的是卧病住院时被探访者送以红白相间的鲜花，因为这预示着该病人所住的病房里将有人死去。送给西方病人的鲜花，可以是清一色的红色、紫色、橙黄色的鲜花，因为它们寓意吉祥。

如果参与涉外交际的话，切忌用黄色的鲜花送人。在国外，送人清一色的黄色鲜花意即"绝交"。在有的国家，例如法国，黄色的鲜花还被当作不忠诚的表示。

紫色的鲜花在有一些讲拉丁语的国家，如巴西，多被使用于葬礼，当然也不可以之送人。

第三，鲜花的数目。

赠送鲜花给他人，重在表达心意。从某种意义上说，它是重在寓意，不重数量的。换言之，只要心意能够准确地得到传达，送几枝花与送几束花完全可以被等量齐观。

只是有的民族在这个问题上也有不少名堂。我们中国人的讲究是双数吉祥，多多益善。西方人却认为，只要意思到了，不在乎多少，在某些情况下，一枝鲜花亦可胜过一束鲜花。但在一些国家里，男士送鲜花给关系普通的女士时，数目宜单，同时也要避开"13"这个数目。否则便是指望与人家"成双成对"，"比翼齐飞"了。

第四，鲜花的包装。

若以成束的鲜花送人，要想显得认真和正式，务必要在花店购买鲜花的同时，请人用专用的玻璃纸将经过精心搭配、修剪的鲜花包好，并结以丝带。要是为了图省钱省事，而省去了鲜花的包装，弄不好会被人误以为这些鲜花是你从哪儿顺手牵羊搞来的了。

如果是当面将鲜花送人，其包装纸可以在受赠者面前去掉，也可以听由受礼人自行处置。

如果是夫妇二人或情侣二人同往亲友家里做客，送给对方的鲜花可在双方会面之初由男士双手递交给女主人。女主人双手接过鲜花后，应尽可能地表现出自己的感谢与喜爱。届时，她应双手把鲜花捧在胸前，低头轻轻地闻一下花香，然后把它插放在花瓶里，并将花瓶摆放在送花人可以看到的客厅里的显眼位置。即使自家的花瓶里原已插放着鲜花，也要把它取出，换之以客人新送来的鲜花。千万不要一言不发，毫无任何"感觉"地随随便便地用一只手接过鲜花，或是"头"朝下地像拎菜一样拎着，或马上就扔在一旁不起眼的角落里。此番举动等于表示自己对此不屑一顾，必定会引起送花者的不快。

如请人代送鲜花，可在鲜花的包装上附以一枚自己的名片，并在上面写上受赠者的姓名和简短的祝词。在一般情况下，不宜请人匿名送花。

第五，受赠的对象。

送花给其他人，对方的年龄、性别、文化背景等等，都应加以注意。

一般来说，鲜花最受女士们的青睐，而除非受到嘉奖、殊荣，或是患病、故去，男士在日常应酬中是很少收到他人赠送的鲜花的。若一位男士去另一位男士家里做客时送给后者一束鲜花，这往往不可思议。但对于女士而言，对别人送来的鲜花几乎可以来者不拒。

曾有一位初出茅庐的小伙子向一位礼仪专家请教：因工作不慎得罪了自己的女上司，几次想向她道歉，都不知道如何开口是好？那位礼仪专家听后一笑，马上开出一道"药方"：送一束她喜欢的品种的鲜花即可。小伙子将信将疑地刚刚请人把鲜花转送过去，女上司致谢的电话就打过来了。在这里，鲜花不仅仅是鲜花，它包含着歉意、内疚，也寄托着理解和希望。在这种温柔的攻势下，谁能不网开一面呢？

不过即使是送花给女士，也应不同情况不同对待。送鲜花给孩子或年轻人，以各种色彩搭配在一起的小花为好；送鲜花给中老年人，则以色彩明快大方的大朵鲜花为佳。

如果一束鲜花用几种不同的花卉组成，在进行搭配时，一方面要按鲜花花朵的大小和色彩进行协调，另一方面则可用花语组合成祝词。

鼓励友人时，可用表示勤勉的红丁香、表示谨慎的鸟不宿和表示战胜困难的菟丝子组成的花束相赠，意为：君如奋斗，必获成功。

分别之际，可用表示分别的杉枝、表示祝愿的香罗勒和表示勿忘的胭脂花组成的花束相赠，其含义是：为君祝福，君勿忘我。

祝贺新婚，可用表示结婚的长春藤、表示结合的麦藁和表示羁绊的五爪龙组成的花束相赠，它的寓意为：同心结爱情，夫妻共一生。

探访病人，不宜选送香气浓郁得会使人发晕的鲜花，或是具有特殊含义的鲜花，可以选送香气淡雅的品种，如剑兰、石蒜之类；也可用表示安慰的红罂粟和表示幸福必将重至的野百合组成的花束相赠，它意在劝慰病人：君可宽心，病情必好。

第六，赠送的方式。

在迎送重要的外国来宾时，我国依照惯例会安排献花。通常的做法是由少年儿童或少女在宾主见面之后，向外宾献上成束的鲜花，其品种搭配视具体情况而定。在有的国家里，鲜花是由女主人献给女主宾的。除了花束之外，献给外宾的鲜花可以是几枝名贵的鲜花，也可以是用名贵鲜花结成的、必须戴在脖子上的花环。

在国内的社交活动中，以花束的方式赠人以鲜花的做法最为常见。它几乎适用于所有场合，也适合送给任何人。除了这种方式以外，花篮、盆花、襟花等等也是常见的送花方式。

花篮，一般都是专门委托花店采用色彩鲜艳、花朵硕大的鲜花刻意制作的。与花束相比，它显得更加高档和正式。赠送花篮，大都适用于庆祝开业、开幕、演出成功，以及拜寿和祝贺新婚。

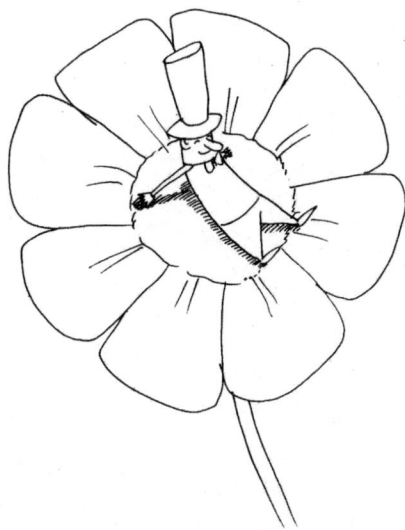

盆花，它可以是家养的心爱之物，也可以是专门买来的珍稀品种。

以之送给长辈、至交，或者用来向朋友祝贺乔迁都可以。

襟花， 它是男士送给自己的夫人或女朋友的小礼物，实际上就是一枝用来别在衣襟上的鲜花。它适用于参加喜庆活动或晚宴、舞会，特别讲究与衣饰的色彩协调。

总而言之，鲜花在现代人的社交活动中所能够派上的用场越来越大了。它不仅能够用来向他人表示爱心，而且能够广泛地运用于向他人表示祝贺、致敬、道谢、示歉和安慰。

假如一位女士正在家中休闲，忽闻门铃一响，开门一看，只见一位身披彩带的礼仪小姐双手捧献上一束鲜红鲜红的玫瑰花，并称这是一位先生特意为她预约的。她打开贺卡一看，居然是远在千里之外出差的男朋友在向她祝贺生日快乐。这种浪漫温馨的祝福，对于任何人大约都是难以忘怀的！

各位，请你爱花吧！因为爱花就是热爱美好的生活。

第 18 篇

安排家宴的你

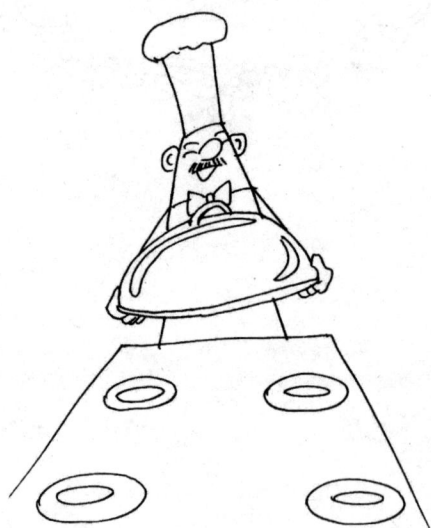

本篇我们来谈谈有关安排家宴的礼仪规范。

在平日，于家中设宴庆祝自家的喜庆之事，例如为长辈做寿；庆贺子女结婚；或是邀请三五知己来家中一聚，共度周末或节日；或是专门款待来自远方的亲友，为之洗尘或饯行等等，都是常有的事情。每逢这种时刻，不少人，特别是女主人往往都会感到十分棘手。因为要使自己设计的家宴受到众人称赞，并且要别具一格给赴宴者留下深刻的印象，并不是一件容易的事情。

这样的事情你或许已经见得多了：主人辛辛苦苦，忙不胜忙，可是由于对家宴的个别环节考虑不周，结果却劳而无功，甚至因此而遭到了某些客人的非议。要避免这种情况发生，使家宴在社交活动中发挥其应有的敬客与促进人际交往的作用。我们在安排家宴时就必须勤思多想，百般准备，尽量避免因自己的准备不慎而导致的令来宾们不快的事件发生。

作为主人，我们在安排家宴时，通常应在邀约客人、布置环境、安排位次、预备菜肴与酒水等四个方面作好细致而周密的准备。

首先，邀约客人。

一般来说，我们拟议举办的每次家宴，都应当是有目的、有准备的。尤其是当我们指望它发挥社交功能的时候，更应当注意到这一点。

换句话来讲，我们每次安排家宴，都要有一个中心，也就是主题。

例如，当我们举办婚宴、寿宴、节日宴会的时候，结婚、做寿、庆祝节日就是理所当然的主题。唯有将举办家宴的主题确定之后，方可以此为名义，拟定出被邀请者的名单，经过通盘考虑之后，再以适当的方式向其发出正式的邀请。

拟定被邀请者的名单，务必要以家宴的主题为指针来决定取舍。例如，筹办子女的结婚宴会，被邀请者应以儿女亲家双方的亲属为主；筹办长辈的做寿宴会，被邀请者应当主要是家人和长辈本人的至交；筹办庆祝某个重要节日的宴会，则可根据实际情况，主要邀请友人或同事参加。

确定被邀请者名单之时，还需注意宁缺勿滥。一般认为，邀请一位与自己关系普通的朋友到自己家里赴宴，往往意味着自己希望与对方进一步发展双边关系。即使如此，就应再三斟酌，不要使自己的好心好意表现得"突如其来"，而令对方承受不起，甚至使自己被对方误解为"没安好心"。

不要轻易邀请与自己关系一般的同事、朋友到自己家中赴宴。一旦发出了邀请，事先就要作好充分的准备。如果是亲戚、挚友，以粗茶淡饭相待也不会招致不满，可要是专门请一般关系的同事、朋友来家里吃饭，吃的却是煮面条，那就会使对方怀疑自己的诚意了。

若是获知拟邀请出席家宴的个别客人之间有过龃龉，最好均不予邀请或是只邀请其中一方。省得届时双方剑拔弩张，势不两立，因而害得自己提心吊胆，生怕因其"交火"而破坏了自己苦心经营的喜庆、祥和的气氛。如果出于某种特殊原因，非邀请他们同时到场不可，也应在安排桌次、席次时，有意对其实行隔离，并在谈天说地时尽量回避使其敏感的话题。这些做法虽系不得已而为之，但尚可用来预防其发生正面的冲突。

有可能的话，在对他人发出邀请时，应请其阖家而至，至少也要偕配偶或恋人一同出席，其目的在于避嫌，也是为了更好地促进宾主双方的理解、信任与交流。不过对于"单身贵族"而言，我们当然不可对其提出这类"过高"的要求。

其次，布置环境。

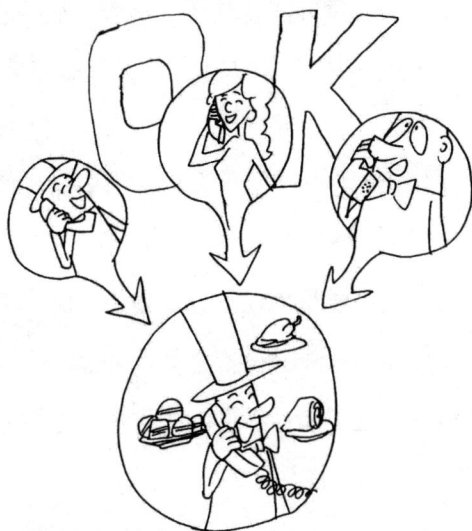

我们每逢决定举办家宴之后，布置好环境都是不可或缺的重要的准备工作。所谓布置好举办家宴的环境，是要求我们将自己的居所里里外外都清理干净，布置整洁，以焕然一新、表里如一的面貌，恭候客人的光临。如果我们能够使自己居所的内外都干净整洁、装扮一新，不仅会使客人产生新鲜感，而且也能够增添家宴的欢乐气氛，使客人们身心愉悦，加强自律，有助于家宴的圆满成功。

要是自己的居所之内乌烟瘴气、乱七八糟，过道里肆无忌惮地挂满了家人的内衣、孩子的尿布，不穿的鞋子随处可见，甚至公然躺在餐桌附近散发出刺鼻的异味，那么即使自己烧出来的饭菜"味道好极了"，恐怕也会使赴宴者浮想联翩，面对珍馐美味而难于下咽。

为家宴而布置环境，应该愈早动手愈好。最好在举办家宴的前一天基本完工，到时候再检查"修补"一下就行了。不要相信"临阵磨枪，不快也光"。倘若事先一拖再拖，直到客人来了还在忙着"整理内务"，可够丢人的。

布置环境的重点，非举办家宴的现场莫属。在一般情况下，档次稍高的家宴都安排在室内举行。如果家里有餐厅，自然它是首选之地。如果家里没有专门的餐厅，或是客人来得较多，在餐厅里坐不下，则客厅亦可被临时充作餐厅之用。最好别把家宴安排在卧室里举行，因为那里的"景致"无助于增加客人们的食欲。

举办家宴的场地，主要是用以举办家宴之用的。故此它除了必需的餐桌、座椅、灯具和通风降温设备之外，其他的一切摆设都应当少而精。不要刻意布置得过了火，弄得画蛇添足，把举办家宴的地点搞得像一所花房，或是像家庭精品陈列室一般。

举办的家宴若是中餐，以使用圆桌作餐桌为宜。若准备吃西餐，则最好用长方形的桌子作餐桌。不管使用什么样的餐桌，均应先根据预定的赴宴人数，推算一下在一张桌子上排不排得开。不要到时候让来宾坐得太挤，而没有一点儿活动的余地，更不要让最后到场的客人无处可坐。一张餐桌不够，就应再准备一张，两张餐桌不够，就该去准备第三张……一定要确保来宾坐得"绰绰有余"。

摆放在餐桌边上的座椅，当以有靠背的餐椅为佳，而尽可能地不要让客人坐在高度参差不齐的方凳上。要是座椅一时不够用，而被迫以凳子或转椅充数，则应将其留给主人自己，而不能让客人以此凑合。

有可能的话，应在用餐地点安装上照明度好、光线柔和的灯具。像是豪华型的多孔吸顶灯，又庄重，又大气，就非常适用。家宴若在晚间举行，为了创造一种浪漫温馨的气氛，可以不用电灯照明，而代之以插在镀银烛台上的蜡烛。不要在用餐地点使用彩灯、瀑布灯和闪烁不定的装饰灯，它们容易使人激动，而无益于人们用餐和交谈。

能在用餐地点装上空调最好，不然的话则应具备暖气、电热器、电风扇等等为用餐者效力，使之能够避免伤风感冒或汗流浃背。

再次，安排位次。

所谓安排位次，即为所有的赴宴者排定其具体所在的桌次和席次。这是主人所必须审慎行事的一大任务，也是一桩规范性极强的事情。

若是来宾甚少，或仅仅是家人团聚，则可以不排桌次和席次，而由大家自由就座。

若是来宾较多，或是为了避免给人以厚此薄彼之感，则一般应事先排定来宾的桌次和席次，并提前相告。必要的话，在客人就座时，主人还应特意加以"引导"。在某些特殊的情况下，如来宾之中仅有少数长辈、女士、贵宾，而其他人的情况则不相上下，那么可以只安排前者的桌次和席次，而请后者自由就座。

第一，桌次问题。当我们为就餐者安排的餐桌超过一桌，即达到两桌或两桌以上时，就出现了桌次的尊卑问题。一般而言，当我们举办中餐宴会时，首先应当确定主桌，即主人与主宾所在的餐桌，然后才能讨论其他桌次的问题。

当举办只有两桌的小型宴会时，两张餐桌可以根据"餐厅"正门的位置横放或竖放。如果横放，应以面对正门居右的一桌为主桌，而以居左的一桌为次桌。如果竖放，则应以距门远的一桌为主桌，而以距门近的一桌为次桌。

如果举办三桌或三桌以上的家宴时，可将主桌摆放在"餐厅"的正中央或是正门的正对面。其余桌次的尊卑，则可依据右高左低的原则，根据距离主桌位置的远近而定。

例如，有三张餐桌面对正门并排放置，居中而放的是主桌，那么面对正门居于主桌右侧的当属第二桌，而面对正门居于主桌左侧的则属于第三桌。

举办两桌或两桌以上的家宴时，除了主人在主桌陪同主宾之外，女主人还应安排几位家庭主要成员在其他各桌上充当主人。其他各桌上的主人的位置，可以与主桌上的主人的位置同向，也可以位于其正对面。

第二，席次问题。所谓席次，此处是指某一张餐桌上所坐的所有人的具体排序。要是赴宴的人数不多，一桌便可以容纳，这时席次的尊卑问题往往就显得比较突出。而两桌或两桌以上的家宴，在确定了具体的桌次之后，便需要安排每桌的具体席次。

以一张圆桌为例，排定在此就餐者的具体席次的尊卑的常见方法

有四：

其一，男女主人分男左女右，背对正门而坐；男女主宾分男左女右，面对正门，坐在男女主人的对面。其他各对客人分男左女右，依照尊卑的顺序，自右向左依次排列而坐。

其二，男主人面对正门而坐；女主人背对正门，坐在男主人对面。男宾依照尊卑的顺序，分右高左低，依次排在男主人两侧；女宾依照尊卑的顺序，也分右左低，依次排在女主人两侧。

其三，主人面对正门居中而坐，其他人以右高左低为顺序，自上而下、等而下之地依次分两侧排列。

其四，主宾面对正门而坐，主人背对正门坐在主宾的正对面。其他客人依主宾的位置，遵照右高左低的原则，按照尊卑的顺序，在主宾两侧自高而低地排列开来。

使用方桌的时候，大致也可以照此排列席次。

为了使来宾易于找到自己所在的桌子与席次，除了可以安排专人为之"引导"外，还可以在每张餐桌上摆放桌次卡，在每位进餐者的座席前面摆放席次卡。桌次卡上面书以阿拉伯数字1、2、3……即可，位次卡上则应书以就餐者姓名的全称。如果就餐者系外宾，则应在其座次卡上书以英文，或者中、英文并用。桌次卡应摆在餐桌中央，席次卡则应摆放在餐桌边上，一旦开宴，它们即应被收去。

在安排桌次与席次时，餐桌之间的距离要适当，每个席位之间的距离也应大体相似。在每张餐桌上，可铺上白色的桌布；在座椅之上，也可以加上坐垫或靠垫。

实事求是地讲，我们在安排家宴的桌次与席次时，不必搞得过于烦琐。在许多情况下，可以灵活运用"以右为尊"的基本原则。例如，主宾坐在哪里，我们即可以此为主桌和上座。在招待外宾时，可根据国际惯例，以女主人作为第一主人。若举办二桌规模的家宴，且赴宴者多为至交时，可由男主人与女主人各自独挡一面，分别在主桌与次桌上充当主人。在难以根据"餐厅"正门的位置确定出上座时，不妨按照民间传统，以面南背北之席位为上座。

最后，酒水与菜肴的预备。

设宴款待亲友，菜肴酒水是否预备得当，也举足轻重。当我们为家宴设计菜单时，既要量力而行，又要看对象、讲搭配、有新意。

其一，看对象。它要求我们根据宴请的对象，尤其是主宾的口味来制定菜单。上了年纪的人，饮食讲究少、精、软、淡；年轻一代则食量较大，喜欢吃有嚼头、有味道的菜。现代女性则通常忌食会增加体重的菜肴，如高糖、重油之物；男子汉却大多嗜好大鱼大肉。

只有从宴请对象的具体特点出发，才会使其对我们烧出来的饭菜食之有味。

其二，讲搭配。它要求我们在遵守家宴基本规格的前提下，应尽可能地从总体上作好搭配。中式家宴大都按照以下顺序上菜:先上冷盘，后上热菜,再上主食,最后上汤。有时在上汤之后,还可以上一些水果、甜食。

当我们拟定菜单时，切不可好大喜功，贪多务得，只顾每道菜都不可缺少，却忘了从总体上做到平衡。如果上桌的全是荤菜，那还有什么意思？因此，我们一定要从荤素、咸淡、凉热、干稀诸方面进行统筹安排。上了荤菜，就要再上一两种解腻的菜。不必菜菜热得直冒烟，但也不要轻易请客人一律吃凉菜。

其三，有新意。它要求我们在尊重客人饮食习惯的同时，要有所创新。如有可能，我们在宴请客人时总要上一两道当时"物以稀为贵"的应时菜。要是我们新学了一门"手艺"，免不了也要在亲友面前"露一手"。

在招待外宾与海外华人时总会让人家尝一尝本地的"特色菜"。

为吃惯了山珍海味的名流，上一些烤白薯、玉米渣子粥、小葱拌豆腐之类不登大雅之堂的东西，没准更受欢迎。

以上事例，都是有新意的具体体现。

有位小姐在家里宴请过一位西方的著名学者。她给那位外宾上了鱼香肉丝、香菇菜心一荤一素两道菜，外加上一小碗担担面、几只小笼包和一碗榨菜肉丝汤，就把对方给吃"晕"了。那位号称"吃遍天下"的外宾曾经坦言：这是他在中国吃得最美的一顿。由此可见，家宴重在有新意、有特色，而不必搞得像"满汉全席"一样。

此外，上菜的节奏也值得推敲。家宴上的菜不必多，每道菜先后间隔的时间也不可太长。如有可能，除一两道热菜之外，其他菜最好一下上齐。要是主人从头至尾忙前忙后，客人不仅过意不去，少不了还要等一下主人。这样一等再等，热菜也会给等凉了。

目前，国内上菜的方式基本上有三种：一是用大盘把菜端上来，由各人使用公用餐具自取。二是提前用小盘把菜分好，每人上一份。三是由"侍者"以大盘装上菜托出来，逐一往每个人面前的菜盘里"分发"。

若是采用第一种方式，以大盘直接上菜，则应将好菜或每道菜中最优的部位朝向主宾。比方说，我国民间在上全鱼时，就有以鱼头指向主宾的习俗。不要把每道菜中"利用价值"不大的部位,例如,鸡头、

鱼尾朝向主宾。这也是对客人敬重与否的表现方式之一。

上桌的酒水的品种最好事先得到客人的首肯，如果某些客人有一些特殊要求，务必要予以满足。上酒水时，最好是：喝一种，上一种。不要尚未开饮，就在餐桌上堆满了瓶瓶罐罐，从而败坏了人们的兴致。

上桌的新鲜水果，应提前洗净、切开、装盘，届时由客人自己用牙签插取食用，或放在小托盘里食用。不要亲自下手，替客人给水果剥皮、削皮。因为那样并不卫生。也不要让客人直接下手去取用已经剥、削去皮的水果。

为客人预备的餐具不但要讲求美观、方便、实用，而且还应优先考虑卫生。筷子、调羹等等，在使用之前应放在干净的纸套里，或其专用的座子上。无论如何，都不要把它们直接撂在桌面上。

在餐前与餐后，最好给每位客人上一次热毛巾，供其揩汗或净手之用。要是难于做到这一点，以消毒纸巾代替热毛巾也是可以的。

第 19 篇

音乐会上的你

本篇我们来谈谈有关音乐会的礼仪规范。

一个周末，与潘萌萌过从甚密的美国朋友玛丽邀请她和自己同去北京音乐厅，欣赏一场交响音乐会。作为一名音乐"发烧友"，潘小姐怎会放弃这个难得的机会呢？由于时逢仲夏，酷热难忍，准备骑自行车往返的潘小姐换上了一身干净整洁的"短打扮"：时髦的粉色真丝"跨栏"背心、牛仔短裤、赤脚蹬上一双白色旅游鞋，然后就"开拔"了。

在音乐厅门口碰头时，潘小姐却差一点与玛丽失之交臂。平时在穿着方面比潘小姐更加随便的玛丽，现在好像完全换了一个人一样。只见她发髻高盘，略施粉黛，身穿一件大开领的黑色晚礼服，其下摆长至脚背，但不拖地，就连她的鞋袜与耳链、项链的色彩也搭配得和谐美观，真让潘小姐认不出她来了。

见到这番情景，心直口快的潘小姐忙问："玛丽，你打扮得这么迷人，是不是你的男朋友要来？"可是玛丽轻描淡写的一句回答，却令潘小姐汗颜良久，她说："这是我对音乐家们的尊重。"

这话可是真的。在西方国家里，人们早已把出席音乐会当作一桩高雅庄重的大事来看待，要是连着几个月不去一趟音乐厅，就会感到生活里存在严重的缺陷。正因如此，西方人对于出席音乐会时的穿着打扮和举止行为有很严格的规定，令人轻易不敢唱反调。现在，我国人民的生活水平提高了，在精神生活方面的追求也"更上一层楼"。在此背景之下，前往音乐厅欣赏高雅的音乐，不再是自诩不俗的一种"包装"，而已经成为许多人进行精神文明建设的一门必修课。

换一个角度来说，闲暇之余前去欣赏音乐会，不仅是一项娱乐性很强的消闲活动，而且也是一种能够给人以艺术享受的特殊形式的社交活动。所以在出席音乐会的整个过程中，都应好自珍重，以便维护好自己的公众形象。

如决定前去欣赏某场音乐会，应事先预定座位或提前买票，不要"临阵磨枪"，在开演之前才赶去"撞大运"买票，甚至干脆在音乐厅门口"钓鱼"，或者"蹭票"。这种做法，既使自己显得缺乏教养，而且也会破坏音乐厅周围的艺术氛围。

前往音乐厅时，不能像潘小姐那样穿着散漫，不修边幅。因为音乐厅是公认的高档社交场所，所以出发之前，可以做一做头发，化一化妆，并选着旗袍或连衣裙，配以长统丝袜和高跟皮鞋。尽量不要穿裤装，尤其不要穿不登大雅之堂的短裤、裙裤、健美裤。穿裙装的话，下摆务必过膝，在可能的范围内越长越好。穿超短裙，也是不适合的。

国内的娱乐场所其实早有规定：男子穿背心、短裤、拖鞋者，均不得入内。可是不知是何原因，却对女士们网开一面,对穿着背心、短裤、

拖鞋入场的女士从未加以阻拦。这种事实上的"男女不平等"，在客观上促使一些女士从未把讲究的穿着与欣赏音乐联系在一起。这种不正常的状况，必须加以扭转。

如果一位女士准备同自己的先生或男朋友一同出席音乐会，那么不仅需要注意自己的装束，还有义务为自己的那个他准备服饰，或是对他的服饰加以监督检查。出席音乐会时，男士应着深色毛料的中山装套装。若着黑色西装套装，白衬衫，打黑色领带或结黑色领结，再配以黑色的鞋袜，效果往往会更好一些。要是夫人或女朋友打扮得光彩照人，他却穿了一身松松垮垮的牛仔装，这种强烈的反差，必然会使他的形象受损。

应当强调：讲究着装，是尊重演职人员，也是尊重自己。

如有可能，女士应穿着与自己的先生或男朋友同质、同色、款式相同的服装，并在两人的衣襟上插上一朵同一色彩、同一品种的鲜花，以暗示双方的关系非同寻常。

若邀请亲友或同事一同出席音乐会，应尽量提前以适当的方式通知对方，并要求对方尽快告知自己是否接受了邀请。如亲友、同事接受了邀请，可届时一同前往，也可以约好时间，提前在约定的地点集合，但是无论如何都要把门票留在自己手中，而不宜逐个发给被邀请者。万一到时候有人找不到门票，被"罚出场外"的还不是自己。

大凡正规的音乐会都非常守时，而且演出一旦开始，迟到者就会被阻于场外，直至一曲演奏完毕，甚至中场休息时方可入内。因此最好提前一刻钟左右抵达音乐厅，以防不测。这样做，还能使自己和亲友、同事留有充裕的时间存衣帽、购买节目单和寻找座位。要是在演出开始之际才忙来忙去找座位，不但自己会忙乱不堪，还会破坏他人的雅兴。

如与自己邀请来的亲友、同事一同入场，应手持门票，走在被邀请者之前，免其受到检票者的阻拦。

档次稍高一些的演出场所，大都设有衣帽厅或衣帽间，以供观众存放衣帽、手袋。在一般情况下，脱去自己的衣帽，并存放在指定的场所，理当自负其责。不过在此时此刻，男士照顾女士、晚辈照顾长辈、学生照顾老师、主人照顾客人，也是应该的。

在他人脱去外套时，予以协助的得体做法，应是立于被协助者身后，两手分别拈起被协助者外套的肩部，横向展平外套，使被协助者的双臂不费吹灰之力便从衣袖中"解脱"出来。若非被协助者行动不便，绝不要动手为之解扣，或是上前为之脱帽、拽衣服。站在被协助者正面，易于看清其脱去外套时的身体扭动，或许还能看到其身体某些部位无意之间的"曝光"，因而是不适宜的。

协助他人脱去外套之后，应将它与被协助者的帽子、手袋连同自己的东西一同交付存放。然后，应借助于衣帽厅或衣帽间里的穿衣镜，整理一下自己的服饰、发型。于无人在场的情况下补一补妆，也是必要的。

若是自己做东，还应当替每位被邀请者购置一份节目单，使其事先对曲目、乐队和指挥有所了解。这一切都是主人应尽的责任。

如果自己得到了其他人的照顾，应大大方方地表示感谢。在这种场合，对待他人善意的关照，是却之不恭的。

要是自己到达的时间较早，距离演出的开始还有一段时候，可以入场后在休息厅里稍事休息，或是阅读一下本场演出的节目单。

演出开始以前和中场休息时，如在休息厅内见到了并非一同而来的亲朋故旧，应主动走上前去，与之交谈一下。在这种宜人的背景之下，与人交往的收效一定会不错。可是在此处与人交谈时，务请留意调低自己的音量，以使其他在场者不受影响。大呼小叫，大笑不止，动手动脚，打打闹闹，与环境不相符，且有刻意吸引他人注意力之嫌，令人不齿。

在演出正式开始前五分钟，观众应各就各位。就座时，按惯例是由女士或长者走在前面，而由男士或晚辈紧随其后，单行行进，从左侧走向自己的座位。自己的座位若在一排座位中间，而两侧已有其他观众在座时，应在通过时轻声说一声"对不起，打扰一下"，并始终面对已就座者。强挤硬闯，难免会滋事生非。而背对已就座者走向自己的座位时，自己的"后部"正好落入已就座者的视野之内，可谓失礼之至。

在一般情况下，观看演出时应在自己的座位上落座，而不宜贸然去"混"、"占"暂时空闲的好地儿。两个人一同就座时，男士、晚辈、学生、主人应遵循"以右为尊"的原则，请女士、长辈、老师、客人坐在自己的右侧。一同就座的人如果较多，通常为了避免女士与长辈同陌生人坐在一起的不便，男士与晚辈则应主动坐在两侧，而请女士与长辈坐在中间。如果"理论"上的"上座"实际上并不利于欣赏演出，例如，它恰好位于门口或过道边上，或是前边坐有许多高大魁梧之人，则没有必要谦让于他人。若自己的座位被占，应请现场的工作员协助解决，不宜与人

为此而争吵。

依照音乐厅的有关规定，学龄前儿童通常不许被带入场内。这是因为他们还不懂事，要是哭闹起来，有碍演出的正常进行，所以我们务必要遵守这项规定。

在音乐厅里落座或起身之时，应动作放轻、减慢，不要大起、大落，使座椅发出响声，令人厌烦。

行走于过道或就座时遇上其他熟人，可以点头致意，但切勿大喊大叫，如入无人之境。要是担心对方怪罪，在中场休息时去休息厅找他聊聊，在礼仪上就周全了。

坐定之后，应自觉地摘下帽子——如果这个音乐厅里没有衣帽间的话——不然就会阻挡身后观众的视线。坐下后不要把脚伸到两侧空闲的位子上，或是悄悄脱去鞋子"散味儿"。不要前仰后合、晃动不已，使得周围的其他观众感到眩晕。变换坐姿时，也以悄然无声为好。

夫妻或情侣坐在一起时，不应表现得过于亲热。勾肩搭背、窃窃私语，甚至两人"伙"坐一个座位，一个倚在另一个怀中，均有碍观瞻。

在整个演出期间，介绍节目、发表评论、读书看报、出出进进、大打喷嚏、吃零嘴、喝易拉罐饮料，自己可能没有觉得不妥，可这种行为既是对演职人员的失敬，也会引起其他观众的不满。

作为观众，向演职人员致敬是应有的礼貌。但是，这一切的一切都必须做得合乎礼仪规范。

在演奏或演唱的期间，对演员表示尊敬的最好方法就是保持绝对的肃静。吹口哨、喝倒彩、乱跺脚、敲打座椅或高声呐喊，就像是在他人的谈话之中予以打断，只能显示出自己的无知。

必须强调：在演出正式开始后，不能使用手机，不能交头接耳。

随便拍照、录音、录像，因其可能影响演员的演出或观众的欣赏，往往也是不允许的。

在以下几种情况下，可以鼓掌向演职人员表示鼓励和祝贺：一是乐队指挥登上指挥台时；二是演奏完或唱完一支曲子之后；三是对某位演员特别欣赏，要求他"再来一个"时；四是自己所欣赏的某一个节目演奏完毕之后；五是演出全部结束，演职人员谢幕时。

鼓掌时，一般应面带微笑，抬起双臂，手掌位于齐胸的高度，伸开左掌，用并拢的右掌轻拍左掌的中部，节奏要平稳，频率要一致。在个别情况下，为了对特别精彩的演出表示由衷的祝贺，可将双掌举过头顶，以热烈的掌声为之喝彩，但掌声都不宜过长。

鼓掌虽是一件小事，但从中也可以看出一个人的阅历和教养：例如，在演出中遇上自己所知甚少、不太熟悉的乐曲，聪明人就不会抢先鼓掌，而只会随在众人之后。要是自己一时糊涂，为出风头抢先鼓掌却得不到呼应，可真不好办。

遇上演出发生意外或失误，观众应表示出理解与宽容。在这时鼓掌，俗称"鼓倒掌"，是对演职人员的一种讥讽和嘲弄，因而极不礼貌。

可以向自己特别敬佩的演职人员献上鲜花制作的花束或花篮，以示对其艺术创作的尊重。敬献鲜花一般应请音乐厅代劳，也可以在征得有关方面同意后，在音乐会结束时自己亲自上台献花。私入后台，或是中途登台献花，甚至借机向演

职员索吻，都有失检点，还会破坏其他听众的情绪。

当自己敬佩的演员方便的时候，请其签名留念，通常是非常有意义的。然而这要视具体情况而定，个别魂迷心窍的"追星族"为了获得自己偶像的一纸签名，不惜整日尾随其后，纠缠不休，限制了演员的行动自由，这是不宜提倡的。

没有特殊的原因，不应中途退场。如果确有这种需要，也应尽量在一曲结束之时轻轻离去。演出全部结束，不应担心人多拥挤而抢先离场，而应在座位上稍候片刻。待全体演职人员谢幕时，全场听众起立鼓掌，以祝贺演出的成功。听众若是退场太早，会使谢幕的演职人员十分难堪，应尽量不要这么做。

在衣帽厅或衣帽间里，男士、晚辈、学生、主人应替女士、长辈、老师、客人取出存放的衣帽、手袋，并协助后者穿上外套。其具体做法，与协助后者脱下外套时的做法几乎一致：打开外套，双手拈住外套的肩部，将其展开，站在被协助者的身后，置于后者齐肩的高度，然后由他自己伸手入袖。

走出音乐厅后，可就此与同行者告别。要是对方是自己的长辈、老师或尊贵的客人，则将其送回住处更为得体。

观看歌剧、芭蕾、话剧、民间戏曲和其他文艺演出时的礼仪，与音乐会礼仪大体相似，故不再赘述。

第 20 篇

美术馆里的你

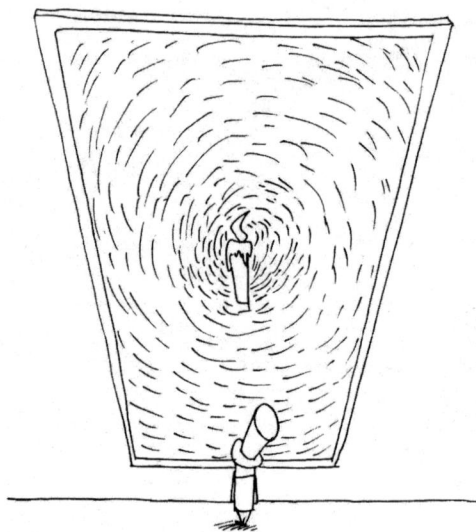

本篇我们来谈谈参观美术馆时的礼仪规范。

一位伟大的作家说过："崇高的艺术能够陶冶人的心灵，使人品德高尚，举止优雅，更加热爱生活；""要有光，只要太阳的光明是不够的，还必须有心灵中的光明；""高尚的艺术可以唤起人们心灵中的光明。"这位作家就是同时以艺术的知音而闻名于世的法国伟人罗曼·罗兰。他的话，将艺术的美育作用阐发得淋漓尽致。

作为一名有知识、有文化、有追求的现代人，恐怕我们每个人都希望懂得艺术，与艺术结缘，提高自己的艺术修养。而在现实生活中，艺术修养较高的人的确与众不同，他们的一举手、一投足往往做得恰到好处，在言谈举止上更是幽默迷人，正所谓"腹有诗书气自华"。因此，他们出现在哪里，就会成为在哪里被注意的中心。在许多情况下，他们的所作所为甚至还会成为一些渴望提高自己艺术品味的年轻人所模仿的"榜样"。

那么，我们怎样才能做到和那些艺术修养较高的人一样呢？换言之，我们如何才能真正地提高自己的艺术修养呢？在这个问题上，显然没有任何捷径，全在于我们自己的日积月累和刻意追求，但是有机会多到美术馆去一下，欣赏欣赏那里陈列的各种艺术作品，实地感受感受那里浓厚的艺术气息，无疑对于自己开阔眼界、增长知识、提高审美能力和欣赏水平会有所裨益。

古人云："近朱者赤，近墨者黑。"当你久为高雅艺术所熏陶之后，自己的艺术修养和艺术品味多多少少总会有一些提高。从这个意义上来说，去美术馆欣赏艺术作品尽管同去歌舞厅、游乐场一样，都是一种消磨时光、愉悦身心的方式，前者的"隐形效益"却要比后者高得多。因为它实际上是一种能为我们今后更加全面地发展而进行"精神充电"的"潜在投资"。

美术馆既然是高雅的艺术殿堂，当我们置身于美术馆里的时候，就应该使自己的所作所为同样显得高雅不俗，否则就是对艺术的亵渎。下面的一则小故事从一个侧面说明了这个问题。

20世纪90年代初，法国最杰出的雕塑大师罗丹的作品初入我国国门，来到我国首都北京展出。消息传来，喜欢罗丹作品的人们无不欢呼雀跃，立即涌入中国美术馆"朝圣"。来自南方某省的苏亦楠当时正和女朋友在北京旅游，说实话，他们本不知道罗丹是何许人也。可是有一天当他们去东四买飞机票，经过中国美术馆时，却被那里空前的盛况吸引住了。那么多的人在排队入场，那么昂贵的票价，里面一定"有戏"可看吧，他们想。

于是，喜欢"从众"的他们便也成了罗丹的"信徒"。检票之后，苏亦楠发现，广场有一尊名为《思想者》的雕塑颇受人们的青睐，人们争先恐后地纷纷在它的下面摄影留念。别看苏亦楠对这尊雕塑看不出个所以然来，他却猜到"这家伙"肯定不是等闲之物。与女友耳语一番之后，苏亦楠就见缝插针、当仁不让地攀上雕塑的基座，在众目睽睽之下坐在《思想者》的身旁"立此存照"。

回家之后，他免不了要向亲友们炫耀一下自己北京之旅的纪念品，同《思想者》的合影更是被他摆到了客厅里。想不到他的姐夫、一位平日寡言少语的中学教师看到这帧"杰作"，竟说出了一句从未对他说过的、让人难堪的话："收起来吧，它还不够丢人的了。"

平心而论，苏亦楠姐夫的话讲得并不过分。因为从那张苏亦楠爬上雕塑基座的留影中，人们所能看到的只是他的没有教养和对艺术的失敬，而不是他所企求的其他什么东西。

下面，我们就来介绍一些在美术馆里所必须遵守的基本礼仪规范。在一般情况下，这些礼仪规范都应当被我们认真地"照此办理"。

第一，要注意着装。

前往美术馆之前，应换着高雅正式的服装，借以体现自己对艺术的虔诚。穿套装、套裙、连衣裙等是最明智的选择；除非自己是一位不拘小节的艺术家，不然穿着牛仔装、运动装、乞丐装、沙滩装、超短裙配无袖汗衫进入美术馆，都与场合不符。

穿鞋的问题，此时值得一提。拖鞋、凉鞋露趾显脏，绝不能穿。旅游鞋也不大合适。只有皮鞋与布鞋，才适宜在这种场合穿着。由于美术馆展厅的地面多以大理石铺成，所以女士要是穿高跟鞋的话，最好选一双没钉铜跟的来穿。不然在肃静的大厅里走动起来"铿锵作响"，只会令人侧目而视，那可不是什么悦耳的乐曲呀。

如去美术馆，最好专程而去，不宜在街上大肆采购后顺便而去。这是因为美术馆既不是百货公司，也不是菜市场。在那里大包小包地拎来拎去，难免会给人以不协调之感。

若美术馆里设有衣帽间，应在进入展厅之前将外套、帽子、包袋、雨伞等物品存放于此。如果找不到衣帽间，也应当自觉地脱下外套搭在手臂上；把雨伞装入包袋或塑料兜里，以防雨水到处滴淌；尤其要摘下帽子。这样去做，是为了表达自己对艺术家的敬意，也是为了不影响其他的观众。

第二，收集资料。

在美术馆的大门口或各个展厅的入口处，时常向观众发售特意为各项展览印制的画册、说明书和多种纪念品。这些东西有时还会免费向观众散发。如欲购买画册之类的东西，应遵守秩序排队，不要随便"加塞"。而在索取有纪念意义或保存价值的资料时，也不要乱抢乱哄，重复领取，显得自己像一个爱占小便宜的小市民。

发现美术馆的工作人员散发给自己的资料毫无任何价值，或是自己对它们不感兴趣，亦应客客气气地接过来，说一声"谢谢"，回家以后再做处理。干脆不接，当场拒绝，接过之后马上团成一团弃之于地，或是在展厅内外随地乱扔，都是非常失礼的行为。

第三，饮食问题。

尽量不要在美术馆里吃东西。万一饥饿、干渴至极，在馆里附设的小卖部购买一些食品、饮料，就地"消灭"或在休息厅里享用，实属不得已而为之。但是，无论如何都不要把自己爱吃零食的习惯带入展厅内。不要一边欣赏艺术品，一边有滋有味地吃吃喝喝。

有些人本来既不饿也不渴，可是似乎不吃一点儿话梅、瓜子、冰淇淋、鱼片干、糖葫芦之类，就对不起自己，就活得不够"充实"。更有个别人不知从哪儿学来了一套"理论"，认为在欣赏艺术作品时，夹上一支香烟，时不时煞有介事地吹出几个造型别致、萦绕不散的烟圈儿;或者高擎一罐打开了的可口可乐，过一会儿抿上一点点，才有派头，才显得卓尔不群。这种劣质的表演，充其量只会败坏自己的形象。

在这种需要聚精会神、屏气静观的场合依旧连吃带喝，甚至经常因此而弄出一些声响来，比如嗑瓜子、吐话梅核儿、开启易拉罐，等等，只会使人感到自己用心不专，或心不在焉，而且还会使其他在场的观众感到不快。

第四，聆听解说。

美术馆里举办的一些艺术展览往往设有专门的解说人员，并且大都附有前言和作品、作者的介绍。在参观时，应首先认真阅读前言和有关的创作背景资料，舍此而不顾，将会事倍功半。

如有解说人员向观众介绍作品，可以跟随其前进，并且耐心聆听其解说。遇到自己不明白之处，或是感到解说人员语焉不详，可以有

271

礼貌地提出自己的疑问，或是在适当的时机请对方再作一些更为深入的介绍。不要中途打断解说人员的介绍，更不要跟人家贫嘴，甚至有意提出一些难于解答的难题。解说人员若没有回答或回答不了自己的问题，也不要拉下脸来给人家看。

在一些艺术展览的开幕式上，主要创作人员通常会到场迎候观众。遇上这种情况，在不妨碍对方的前提下，请艺术家签名留念，当面向他表示敬意，请教一个简单的问题，均不算失敬。但是不应围观不去，尾随其后，或是向对方讨要纪念品。不停地向对方发问，也是欠妥的。

美术馆对观众的基本要求只有"肃静"二字。人们来到这里，是为了观赏艺术作品，而不是要同他人讨论和交流，因此自己有再多的观感也必须暂时"含而不露"。少数人自觉得有一肚子学问，要么在那里品头论足，自问自答，充当"义务讲解员"；要么说三道四，口若悬河到处替人指点。他们这样做既显得自己缺乏起码的常识，还会影响别人。

第五，检点举止。

夫妻或情侣一同欣赏艺术作品时，举止上一定要文明而礼貌。不要搂搂抱抱、勾肩搭背。不要把美术馆误作自家的卧房，当众展示自己的"爱情"如火如荼。

如果同亲友结伴而来，应互为照应。既不要走到哪儿就在哪儿扎堆，也不要只顾自己，与同伴相距甚远，以至于中途失散。遇上同伴向自己请教问题，可以简短的语句低声作答，但不懂就是不懂，不要装懂。一旦碰上"高人"点破了你的胡言乱语，班门弄斧的你该"何去何从"呢？

一般来说，最好不要带领不懂事的孩子前去美术馆参观。带领中小学生入场后，应对其多加叮咛，不使其四处乱蹿，乱摸乱动。

欣赏艺术品时，应以礼待人。不要随意挤撞别人，或是抢到其他观众前面去。需要从别人面前通过，不要忘了说一声"对不起"。别人从自己面前走过时，应侧身让行。如果非常欣赏某一艺术品，多在那里停留一些时间是完全可以理解的。不过人要是太多，就应当给别人一些机会，不要自己独霸此地。自己前面的观众停留的时间稍长一些，应耐心等待，不要嘀嘀咕咕，怒目而视，想方设法赶走人家。

伟大的艺术品，是全人类所共有的无价之宝，每一位观众都理当自觉地加以爱护。对它们只宜眼观，不可手摸。在上面乱摸乱蹭，悄悄留下"标记"，用手指叩击以观察其质地，用带电筒的放大镜近距离欣赏，爬上爬下摄影留念，都是不许可的。油画、国画、木刻、雕塑等艺术品虽然欣赏的方法有所不同，然而在不许触摸这一点上却是共同的。

美术馆和艺术家们出于保护艺术品和维护自身权益的需要，一般

都不准观众擅自对艺术品拍照和录像。在有的美术馆里，临摹写生也被禁止。我们对这类规定应严格遵守。

有些大型的美术馆往往同时举办多种类型的展览，而不同类型的展览所收的入场券也有所不同。如果买的不是通票，就不要乱闯，更不要硬去标有"谢绝观众入内"的地点"探险"。

美术馆是陶冶人们美好心灵的最佳场所，但愿你能够时常去那里走一走，并且真正地不虚此行：通过对艺术的耳濡目染，提高自身的艺术造诣，使自己生活得更加充实。

第 21 篇

舞会上的你

本篇我们来谈谈有关舞会的礼仪规范。

活泼大方的王玉堪称是一位"舞林高手"。只要她在舞会上一露面，马上就会把人们的视线吸引过去，因为她跳得实在是棒极了。由于这个原因，王小姐可谓出尽风头，并且从未坐过"冷板凳"。不过，王小姐这位令人妒忌的风流人物也有自己难以述说的"苦恼"，面对争先恐后邀她共舞的男士，她真不知道应该如何"取舍"，比方说，有两位男士一同过来邀请自己跳舞，不答应谁都不合适，可总不能把自己"一分为二"吧?

然而，从社交礼仪的角度来考虑问题，这个难题不难解决。面对两位或两位以上向自己发出邀请的男士，最能够顾全他们面子的做法是，全部委婉地予以拒绝。要是两位男士一前一后过来邀请自己，则可以"先来后到"为顺序，接受先到者的邀请，同时诚恳地告之后来人："很抱歉，下一次吧"，并尽量给其一个机会，兑现自己的承诺。

就目前而言，可以毫不夸张地说：舞会是我们参与甚多的一项社交活动。除了纯属家人或同事即兴举办的自娱性舞会之外，凡有组织、有计划地举办的私人舞会大多具有一定的社交性质。它既是一种娱乐助兴的健身活动，更是借以联络老朋友、结识新朋友的一种绝佳场合。有关舞会的礼仪规范，主要分为舞会的举办与舞会的参加等两个部分。

首先，我们来谈谈举办舞会的礼仪规范。

舞会可以作为一项单独的社交活动，也可以作为欢聚宴请之后的余兴，甚至是高潮。但是要想举办好一场舞会，不能不受制于许多惯例与规范，时机、时间、地点、参加者与组织者等具体问题，均必须首先予以考虑。

第一，举办舞会的时机。既然我们在一般情况下所举办的私人舞会都具有不同程度的社交性质，有的人甚至干脆地称之为交谊舞会或社交舞会，那么我们在举办舞会之前就应当选择好时机，也就是说为之找到一个恰当的名义。庆祝生日、纪念结婚、晋职升学、欢度周末、迎接新年、款待贵宾等等，都可以舞会作为主要的活动形式。

在国外，儿子订婚，女儿"达到法定成年的年龄"或是"进入社交界"，往往都是其父母举办舞会的适当时机。

第二，举办舞会的时间。私人舞会为了方便宾客，通常安排在周末或节假日的晚间举办。

至于舞会时间的长短，可视具体情况而定。可以预先安排为两小时至三小时左右，也可以直至全体来宾尽兴为止，但以 19 点至 22 点之间进行最佳。

第三，举办舞会的地点。如拟举办的舞会规模较大，可以租用宾馆、饭店的舞厅，单位的俱乐部，或是其他既不会妨碍别人，又有足够地盘充作舞池的地点。

在一般情况下，将小型舞会安排在自己家里的客厅举行也挺不错。只是不论选定任何地点作为舞会的举办地，都应在舞池之外同时安排好宾客停放交通工具、休憩和存放衣帽的场所，使载兴而来的来宾一身轻松，多玩，玩好，不至于为无处存车、没地儿休息、担心贵重物品丢失、找不到地方"方便"而暗中抱怨。

第四，舞会的参加人员。确定被邀请者的名单时，不仅要考虑社会关系与交际面，还应兼顾性别比例，以免因此而造成出席者性别比例失衡。男多女少，男士无人可邀；女多男少，女士无人相邀；显然都会影响出席者的情绪。

在国内邀请亲友参加舞会时，经常是不分男女，分别通知的。而在国外，一般只向男士发出邀请，不过规定他如果出席，务必邀请一位女士同往。这位被邀请的女士可以是其夫人或女朋友，也可以是其同事、姐妹、母亲、女儿。这种做法的好处是，可以大体上控制好出席舞会者的性别比例。它是可供我们筹办私人舞会借鉴的。

邀请的具体方式，多半是发出请柬，也有口头发出邀请的情况。如果发出请柬，应提前一周寄达被邀请者。在请柬上，可以将是否需要对方回复，或是希望其穿着正式服装还是在这方面并无要求等等，一并告之被邀请者，使其可以心中有数，早作准备。

第五，舞会的组织。要组织好一次私人舞会，其难度绝对不亚于安排一次家宴。因为不仅主人本人要处处表现得圆熟机敏，而且应当以自己的善解人意使到场的不同阶层、不同年龄的来宾皆大欢喜。要做到这一点，特别是在举办较大规模的舞会时，仅仅依靠一个人的努力是不够的。

在筹备舞会时，如有可能，舞会的组织者，通常应当是女主人。她应从自己最赏识的亲友中选出几位男青年充任接待人员。他们的标志，按惯例是在自己的西装上衣上佩戴统一的襟花。他们的具体使命：一方面是协助女主人迎接、招待客人，如负责收取请柬、发放曲目单、引领客人、代取衣帽、安排座位、待之茶点、联络车辆、送别客人，等等；另一方面则是为来宾，尤其是女宾们，排忧解难。比如说，他们应当主动出面邀请无人邀舞的女士，并想方设法不失礼貌地同粘在某位女士身边的不自觉的男士换一换班。

除了以上几个方面的问题之外，音乐与茶点也需由女主人事必躬亲。

私人舞会上的舞曲，既可请专人演奏，也可以播放事先录制好的音带。更为重要的是，舞曲音乐应力求高贵典雅、温柔浪漫，以与主人的身份和教养相称。要是过于噪杂庸俗，于人于己都不适当。

如欲使舞会显得正式一些，可以事先将拟于舞会上演奏或播放的舞曲印成曲目单，届时发给每位来宾。它可以使来宾了解舞会时间的长短，据此邀约舞伴，还可以供来宾互相签名留念，作为一件纪念品收藏。

不论在舞会前后是否为来宾准备了饭菜酒水，在舞会上都要为来宾准备一定数目的茶点。其中饮料在品种与数量上不妨多一些，以充分满足来宾的需要。招待客人的茶点，可以是自助式的，也可以是侍应式的。前者的做法，是专门设置一处"吧台"，摆放好各类茶点，由需要者自取。它适合于来宾较少，而且相互之间较为熟悉的舞会；后者则是安排专人担任"侍应生"，定时为来宾上茶点。它适用于规模较大的舞会。

舞会倘若安排在自己家中举行，主人一定不要忘记为来宾的"方便"提供便利。如果家中仅有一间洗手间，应标出明显的标记。要是家中的洗手间不止一间，则最好临时分出男女，并且标志明确，免得"撞车"。

其次，我们来谈谈参加舞会的礼仪规范。

当我们参加舞会时，在打扮、邀人、舞姿、交际、到场与退场等方面，均应遵守相关的礼仪规范。

第一，打扮。应邀出席舞会的时候，在自己的着装、化妆、举止、谈吐等方面都需要表现得文明礼貌。

无须讳言，出席舞会为人们提供了打扮自己的绝好机会。哪一个人不希望自己因为品位高雅的打扮，而在舞会上引人注目呢？可是话说回来，舞会出席者要打扮得美观、大方而又不过分，只能依照惯例去做，在一般情况下是万万不可"出奇制胜"的。

一般而言，最得体的舞会着装，是应与舞场的氛围协调一致。在面料上，应优先选择飘逸、合体、透气性好的真丝、针织或纯毛面料。在色彩上，应挑选红、黄、绿、粉红、乳白等鲜亮醒目的色彩作为着装的主色调，以展示自己的健康与活力。在具体的款式上，时装、民族服装均可以加以考虑。但是切忌穿着过分散漫的服装，如牛仔装、运动装、背心加短裤去出席舞会，也不要穿得过于暴露、紧身、短小。

参加舞会前，最好先试一下自己选定的服装，务求合体。因为服装过肥过瘦，都会影响自己的舞姿、舞步。不要穿得太多太厚，要是跳得大汗淋漓，自然会不舒服。

出席舞会时，男士一般不戴首饰。女士则可以佩戴两三件首饰，如戒指、耳环、项链，等等。其色彩与款式，应尽量与自己的着装和谐一致。

鉴于私人舞会大半是在晚间举行的，女士在出席舞会之前进行适度的化妆，是确有必要的。至于化妆的浓淡，则应依个人情况与具体地点而定。不化妆，或是妆浓得像一位尚未卸妆的京剧旦角，显然都不"到位"。**男士则通常应当提前美发、剃须。**

参加舞会时，因需要与多人近距离相处，故对口腔卫生应提高认识，杜绝口腔异味。使用口香糖或口腔清新剂，都切实可行。不过这类工作应在"幕后"进行。若是某一个人坐在舞池边，甚至是在与人共舞之时大嚼口香糖，是不是等于不打自招地告之众人，自己的口腔有点儿"那个"呀。

第二，邀人。在稍微正规一些的舞会上，邀人共舞及其顺序都大有讲究。根据社交礼仪的惯例，男女只要共处同一舞场，即便早先互不相识，现在也可以互相邀请，但通常应当是由男士首先向女士发出邀请。

男士向女士发出邀请之前，应首先向与之待在一起的人，如其丈夫、男朋友、父母问好或点头致意，以示对其表示敬重，并征得其同意。然后，应走到拟邀请的女士面前立正，微微欠身致意，并发出口头邀请："小姐，可以请您跳舞吗？"有时也可以向陪伴在女士身边的男士征求意见："先生，我可以请这位小姐共舞吗？"

女士主动邀请男士，在一般情况下虽不多见，但往往也是许可的。她可以用比较文雅的话语不失身份地表达此意，例如，她可以说："先生，请您赏光"，也可以说："我能有幸请您吗？"

在国外，两位男士共舞等于宣告他们不愿邀请在场的任何女士，这往往无形中表明他们有可能是同性恋者。而两位女士在一起跳舞，则意味着她们没有舞伴，因而是被许可的。在有外宾在场的舞会上，我们应注意到这一点。

任何一对舞伴在舞会上都不宜"始终如一"地跳到结束。既然舞会是一种社交活动，那么大家就应借此机会与在场的其他人多做一些交流，而没有必要向众人标榜"我们永远不分离"。

依照正规的做法，结伴而来的一对男女只要一同跳舞会的第一支曲子就可以了，男女主人亦然。要是女主人身体不适，其女儿有义务充当临时的"女主人"，与其父共舞第一支曲子。

从第二支曲子开始，大家都应当有意识地交换舞伴。例如，第二支曲子开始时，男主人应邀请女主宾，女主人应与男主宾共舞。接下来的第三支曲子，可以依此类推，男主人应邀请第二女主宾，女主人应与第二男主宾共舞……尽管大家彼此对这一顺序心照不宣，但实际上它是约定俗成的。

作为应邀而至的来宾，不一定非要等待主人的"垂青"不可，可是对男宾而言，他却有一个不容推辞的义务：一旦他在舞会上碰到一位熟悉的女士，或是被介绍认识了一位女士，他都应当去邀请人家共舞一曲，不然就是失礼的行为。有可能的话，他还要去邀请女主人共舞一次。

社交舞会既是跳舞的所在，也是交友的场合，所以人们在舞会上一般都不会拒绝他人的邀请，男士更是不能拒绝女士的主动邀请。然而作为例外，女士是可以拒绝个别"感觉不佳"的男士的。但拒绝的方式一定要委婉适度，留有分寸，不要出口伤人，使对方无地自容。面对对方的邀请沉默以对，或是告之："就您？另请高就吧！"等等，都说明自己缺乏教养。

女士没有必要心胸狭小，拒绝其他陌生男士的一切邀请。拒绝一位男士之后，则不应马上当着他的面接受另外一位男士的邀请。如果一位遭到自己拒绝的男士过了一会儿再次发出邀请，通常应给对方一个"机会"。这些做法，都是做人的基本教养。

婉拒男士的邀请，通常可以说："抱歉，我已接受别人的邀请了"，"对不起，我有些累了，希望休息一下。"告诉对方："真遗憾，这支曲子我不会跳"，也是可以的。这般说法只有一个目的，就是要对方"知难而退"。

与异性共舞，一般仅限于一支曲子。在跳舞期间，一定要神态自若，面带微笑，不要一脸儿严肃或是放声谈笑。

第三，舞姿。跳舞时，身体要尽量做到正、直、平、稳，把握好重心。男士不宜上蹿下跳、东张西望；女士耸肩驼背、撅臀跺脚、歇斯底里地大幅度扭动身躯，扑在男士怀里、挂在对方脖子上、旁若无人地大跳"贴面舞"或"三贴"，也有失风度。

遇到少数男士没有风度地"截舞"，即在一曲未了之时从一位男士身边截去女伴，或硬行交换舞伴。女士应保持克制，不必拒绝，因为那样做对"截舞"者来说是一种侮辱。

在跳舞期间，与自己舞伴的身体保持一定的距离，显然是非常必要的。可在自己领头步入舞池时，有意识地选择不挤之处起舞。

要使舞姿显得健康、优美，男士的右手应轻扶于女伴腰部正中，不可过高或过低；左手应轻托女伴的右掌，不能紧捏狠握；更不能对女伴强拉硬拽，紧紧搂住。

万一遇上极个别的男士"打擦边球"，即在有意无意之间搞小动作，女士千万不要大呼小叫，立即猛烈还击；或是惊慌失措，不知如何是好。前一种做法既破坏了整个舞会的气氛，还会使"战争升级"，要是对方说自己是无意的呢？后一种做法则会使对方感到你软弱可欺，有可能得寸进尺。在这些情况下，不动声色，以适当方式发出警告，效果会更好一些。

举例而言，当一位男伴紧紧把共舞的女士悄悄地拉向怀里时，她不妨抬起头来，望着他的眼睛，心平气和地与之聊聊天。这时，因为双方距离太近，他是不能长时间近距离地与其对视的，不然就成"对眼"了；可他又不能在对话时左顾右盼。此刻他所能作的，只有放开女伴，与其主动拉开距离。女士如采用这种做法，既表明自己见过世面，又恰到好处地教训了对方"不要太猖狂"，它比之前的那些做法要高明得多吧？

第四，交际。有教养的男士对待自己邀请的舞伴是会刻意关照的。在一支舞曲结束之后，他会先把对方送回原处，道谢之后，才会转而邀请另一位女士。要是曲子一停，他便对刚刚共舞的女士置之不理，转而奔向早已盯上的目标，肯定会给人以不好的印象。

当然，有时舞曲一停，舞伴们立于原地向乐队鼓掌致谢后，男士即向自己的舞伴道别，直至目送其走远后再去邀请下一位舞伴，也是可以的。遇上后一种情况，女士应保持风度，不要面露不快之色，也不要一步三回头，显得似乎有些"流恋忘返"。

在舞场上，身体切勿与人碰撞。如不慎踩到或撞上他人，应抢先道歉，不要装作若无其事。如人多拥挤，可轻翻自己的双臂，使其内曲于自己胸前，以为"正当防卫"。待人少一些时，再恢复原先潇洒自如的舞步。

在舞池边休息时，如遇他人主动找自己聊天，应以礼相待，不要不闻不问，自命不凡。

在与异性共舞时，缄口不言往往是不可以的。此刻，谈些轻松愉快的话题，如双方的熟人、彼此工作的近况、自己与主人的关系以及舞曲音乐等等，都是适宜的。若自己与对方不熟悉，一般不应主动谈及与双方婚姻、爱情、收入等有关的个人隐私问题。对某些男士问及的无聊问题，如"有没有对象"、"家住何处"、"电话号码是多少"、"可不可以送你回家"、"下次怎么能够见面"等等，女士们通常可以所答非所问，也可以不予答复。

第五，到场与退场。 如果说应邀参加舞会不必非在开始时到场，在其进行途中任何时间均可出现的话，那么则应当补充一点：假使你所应邀出席的私人舞会人数不多，则自己还是早去捧场为妙。如果大家都在舞会进行过半之后再去，岂不是有意要使主人难堪吗？

在一般情况下，出席私人舞会的你可以随时退场，只要不是只跳了一支曲子就走，显得应酬色彩过浓就可以了。不过你要是与主人的关系非同一般，还是应当坚持到底。最佳的表现是：不要"半途而废"，不要与主人不辞而别。

以上这些舞会的礼仪规范，主要适用于私人舞会。可是当你出席公共舞会，即机关、企事业单位所举办的正式舞会或营利性舞会时，它们也可资借鉴。

第 22 篇

婚礼上的你

本篇我们来谈谈有关婚礼的礼仪规范。

男女经过热恋，进而订婚和结婚，这是每个人的人生旅途之中所必经的环节。爱情是鲜花，是美酒，是诗篇，是仙乐，历来受到人们的礼赞。而婚姻作为爱情成熟的果实，更被视为人生的头等大事。正因为如此，讲究婚姻仪式礼仪，自然是人之常情。

首先，我们来谈谈婚姻仪式的礼仪。

目前，在我国民间举行的婚姻仪式已逐渐具有一些共性，在这种仪式上当事人与来客的行为规范也有所不同。以下，我们就来作一些简单的介绍。

目前，婚姻仪式大致是由订婚仪式与结婚仪式等两大部分构成的。

订婚仪式。

作为热恋之中的男女确定关系和走向婚姻的第一步，订婚仪式在各国、各民族都受到广泛的重视。我国现行的婚姻法虽然没有关于订婚的具体要求，有些"务实派"也省去了这个步骤，但在民间它确是客观存在的。

过去中国民间举行的订婚仪式大都是这样的：经男女双方父母及其本人商定后，邀集双方亲朋故交在某一良辰吉日欢聚一堂。在德高望重的老前辈的主持与见证之下，男方向女方赠送聘礼，男女双方交换首饰以及其他的信物，然后再以口头或书面的形式向众人宣告，某男与某女自即日正式订婚，并将尽快另择吉日成婚。

订婚在法律上尽管对男女双方没有任何约束力，但事实上中国人一向是把它当成确定恋爱关系来看待的，因此不少人还是乐于借此机会让亲友与自己分享喜悦。

由于新事新办、婚事简办已经蔚成风气，订婚仪式在目前而言已经日趋简化，特别是在大城市里，平常已经难得一见大办订婚仪式的迹象了。现在，民间举办的订婚仪式大致上有两种形式：一种是经过简化的中式订婚仪式，另一种则是西式的订婚仪式。

其一，中式的订婚仪式。经过简化的中式订婚仪式，与过去的做法有着明显的不同：它只是由男女双方的父母出面，约请双方家人，有时也包括一些亲戚、同事和世交，在一起吃一顿便饭，由男女双方的父亲向来宾宣布自己的儿女就此业已订婚。它的特点是简单、省事。当事人与各位来宾在服饰方面只要干净整洁即可，并不需要多作装扮和修饰。

其二，西式的订婚仪式。西式的订婚仪式在大城市里，特别是在青年知识分子中间已经开始流行。它一般由女方父母操办，在女方家中举行，由女方的父亲主持。届时可约请一些男女双方的亲友参加。

在订婚仪式上，首先由女方的父亲宣布自己的女儿与某位男士即日订婚的消息，然后由男女双方互换订婚戒指。

订婚戒指上不允许镶嵌任何饰物，而且应当是没有任何缝隙的非活圈式的。其寓意是双方的爱情纯洁无暇，而且是他人无缝可钻的。在订婚戒指上，除了男女双方的姓氏或其缩写以及订婚日期外，不能镌刻其他任何文字。它的质地应当是高纯度的白金、黄金或白银。有时，男方应当众亲手将订婚戒指戴在女方手上，并象征性地亲吻一下女方的玉手。

此时，其他在场者应以掌声为之祝福。随后，可请重要的来宾致以简短祝词，其他来宾则可以向订婚的男女双方赠送一些具有纪念意义的礼品。在请来宾与订婚者共进便餐或茶点之后，订婚仪式即告结束。

国外一般在举行订婚仪式的半年之内就要举行结婚仪式，有的国家甚至要求在订婚仪式上要公布结婚的日期。国内对订婚与结婚之间间隔的长短并无确切的说法，但是如果说订婚仪式是可有可无的话，那么结婚仪式则普遍都是要举行的。

第二，结婚仪式。

国内举行的结婚仪式大都叫做婚礼。当前的婚礼大抵上有家庭婚礼和集体婚礼等两种基本形式。

其一，家庭婚礼。顾名思义，家庭婚礼自然是新婚夫妇在自己家中举行的婚礼。它的程序包括：由男方亲友敲锣打鼓地与新郎一同步行或乘坐轿车前往新娘家中迎接新娘；新郎新娘一道在喜庆音乐和爆竹声中步入新房；司仪宣布婚礼正式开始，新郎偕新娘一同入场；由男女小朋友分别向新郎新娘献花；宣读新郎新娘的结婚证书；在司仪安排之下，新郎新娘分别向双方的父母、其他尊长、全体来宾一一行鞠躬礼致谢，并互行鞠躬礼，表示互敬互爱；请介绍人、新郎新娘的父母以及其他来宾致词，新郎新娘讲话，向全体来宾表达谢意；婚宴开始，新郎新娘按一定的次序向来宾致谢；最后，新郎新娘邀请来宾参观新房,有时还可以适度地开展一些被称作"闹洞房"的娱乐性活动。

目前,家庭婚礼多由新郎新娘及其家人操办,也有请专设此种服务项目的婚庆公司代为筹办。

其二,集体婚礼。集体婚礼,是由企事业单位或群众团体出面组织举办的由多对新人参加的婚礼。它的场面隆重、规模盛大,对于务实求新的年轻人颇具吸引力。

集体婚礼的具体程序有:由婚礼司仪宣布集体婚礼开始,乐队奏乐或鸣放鞭炮;新郎新娘一对对手挽着手、男左女右地在来宾的掌声和五彩缤纷的花雨中踏着欢快的乐曲节奏入场就座;证婚人讲话;新郎新娘分别向家长、亲友和其他来宾鞠躬致谢,并各自两两相对地互行鞠躬礼;领导、家长和新人代表发表简短讲话;新郎新娘互赠信物,主办单位向每对新人赠送具有纪念意义的礼品;文娱活动,可以约请文艺团体进行演出,或由新郎新娘及其亲属表演节目,也可以举办集体舞会;司仪宣布婚礼结束,各对新人首先依次退场。

其次,我们来谈谈婚礼的组织与参加。

不论举行家庭婚礼,还是参加集体婚礼,对于新郎新娘以及其他应邀出席婚礼的来宾来说,都有许多不可疏忽的注意事项。以下,谈谈几个最重要的礼仪规范。

第一,应确定好成婚日期,并把这一决定告之亲朋好友。

现在,人们选择成婚日期,通常优先考虑的是节假日,例如"五一节"、"国庆节"、"中秋节"等等。这样做,往往是为了使应邀而来的亲友不至于为此而影响工作。

一但决定了结婚日期,应尽快通知有关的亲友。被通知的亲友应是拟邀请出席婚礼者,其名单应由男女双方的家长和新郎新娘本人根据具体情况商定。

通知亲友的具体方式有三：**一是在当地报纸上刊登结婚启事，利用传媒向人们通告：某男与某女将于某年某月某日依法正式结为夫妻。二是口头通知。三是以寄发或递交请柬的方式，进行书面通知，将婚期即举办婚礼、宴请宾客的日期予以通报。**

在请柬上，一般应将举行婚礼的时间、地点同时相告，以免对方记忆不清。国内现在举行婚礼的地点除新人的新房之外，也有选择宾馆、饭店的。在时间上则大都选择在中午。这样便于新人作好充分的准备，也便于距离较远的宾客及时赶到。

以上三种通知方式中，后两种比较常用，其中第三种最为正式。

将婚期通知亲友，除新郎新娘的父母、兄妹、朋友、同事之外，最好是哪一家人的亲友、哪一辈人的亲友，就由哪一家人、哪一辈人去负责通知。

除单身者之外，邀请他人出席婚礼时，应邀其夫妇一同参加。

如以请柬邀请亲友出席婚礼，应至少提前半个月寄发，以防误事。接到邀请自己出席婚礼的请柬后，不要拖延很久才给回音，而应当立即作出与邀请方式相符的答复。

第二，应认真准备向新人所赠送的礼品。

得到出席婚礼的邀请，等于是说你在新郎新娘的心目中占有一定的位置。所以不管你是否能够出席婚礼，都少不了要向新郎新娘赠送结婚礼品。

送给新婚夫妇礼品的品种和档次，应视自己的经济状况、与新婚夫妇之间的关系以及自己想表达的寓意而定。鲜花、书画、工艺品、生活用品，通常都在可以考虑之列。要是送上一对卡通娃娃或是一只"永动仪"，也不失诙谐和幽默。

一般来说，选择结婚礼品时，应以新婚夫妇双方为受礼对象。即礼品应当是送给新婚夫妇双方的，而且最好对他们双方都适用。假如你的"视野"过于狭窄，选择的只是新郎适用的领带或新娘喜欢的香水，是不是有点儿厚此薄彼的味道呢？

向新婚夫妇赠送礼品，不必非在婚礼所举行的当天赠送，在此前或此后均无不可。在婚礼举行之前赠送礼品，应送交新郎新娘之中与自己关系密切的一方。在婚礼举行的当日或之后赠送礼品，则以送交新郎新娘双方为宜。

第三，出席婚礼的全体成员均应特别讲究自己的穿着打扮。

这一点，对于烘托婚礼的喜庆气氛是至关重要的。从某种意义上来说，它也是人们借以盛装打扮，展示自己在这方面的素养与才华的绝好机会。

目前，按照惯例：新郎应穿着黑色的纯毛西装套装，配以白色衬衫、紫红色领带、黑色的袜子与皮鞋。穿中山装套装、新派唐装或其他式样的民族服装亦可。

新娘应穿着用丝绸或尼龙面料精心缝制的白色婚纱，配以网眼面纱、网眼手套、肉色长统或连裤丝袜以及白色的高跟皮鞋。除此之外，穿中式旗袍、偏襟上衣配以旗袍式长裙或新派汉服，加上丝袜与绣花布鞋，也会显得非常优雅而漂亮。

婚礼之日，应是新娘一生之中最美丽动人的一天。因此她在婚礼上怎样打扮都不算过分：她可以佩戴各式各样的首饰，并且将全身上下置于鲜花的包裹之中。新娘的头上，可以戴上用香橙花、桃金娘花等鲜花制成的花环，或插一枝满天星；胸襟上可以别上一枝红玫瑰；

手中可以捧一束洁白的玫瑰花或者兰花。

国人举办婚礼时，服饰往往讲究使用鲜艳醒目的色彩。不过新娘如欲选穿婚纱，还是以白色为佳。因为这种舶来品根据西俗以白色代表纯洁，唯有初婚少女，才有穿白色婚纱的权利。换言之，在一些西方国家里，新娘要是穿着粉色、紫色、红色的婚纱参加婚礼，往往意味着她已非初婚了。

若打算把婚礼办得像样一些，男女傧相和新娘的"小侍从"们的服饰也应通盘考虑。

傧相的职责是在婚礼举行期间伴随新郎或新娘。男傧相，指的是伴随新郎的男士，他应从新郎的近亲或密友中挑选，而且最好还是一位单身汉。女傧相，是指伴随新娘的女士，通常她必须未婚，并亦应从新娘的近亲与密友中选择，年龄与新娘相仿最佳。

新娘的"小侍从"往往是新郎新娘的侄儿、侄女或是其亲友的孩子，年龄以3岁至6岁为宜。女傧相与"小侍从"的人数可以不止一人。不过他们和男傧相以及其他所有出席婚礼的宾客一样，在服饰上既要干净、整洁，又要合乎身份，绝对不可穿戴得与新郎新娘并无二致，甚至在某些方面更胜一筹。如果那样就会显得喧宾夺主，给他人以有意出风头和争强好斗之感。

出席婚礼的男宾，一般应穿西装套装、中山装套装或本民族服装。如婚礼在晚间举行，则男宾所着套装的色彩宜深不宜浅。男傧相只可以在一个方面与新郎有所雷同，即为了展示其身份，允许他在西装上衣左领的钮扣孔中插一枝与新郎一模一样的玫瑰花。

出席婚礼的女宾，可以穿套装、套裙、旗袍或连衣裙，但切忌打扮得过于珠光宝气。在国外，女宾们为了显得气质不俗，出席婚礼时往往喜欢戴上帽子和手套，而在国内，女士们则无此习惯。

第四，新郎新娘与来宾们相互之间应当以礼相待，举止有方。

作为新郎新娘，应当认识到：在自己的婚礼上"来的都是客"，不要分远近亲疏。即使自己再疲乏，在应酬中也要稳重大方，处事周到；不要面露不快，出言不逊，扫了来宾的兴趣。

作为来宾，一定要在婚礼上的适当时机，分别向新婚夫妇以及其父母家人表示自己衷心的恭喜与祝福。有人只记得向新人道喜，却冷落了其父母家人，这是失之于周全的。一对新人举行婚礼，高兴的不仅是他们两人，双方的父母家人也会感到无比的喜悦。这个简单的道理，大家应当都明白。

在婚宴上，来宾一定要控制好

自己的酒量。作为女宾，不会喝酒就不要勉强。即使盛情难却，象征性地"点到为止"就可以了。

在"闹洞房"时，适当地打趣、开玩笑未尝不可，但不要信口开河，乱说"荤话"，或是假借传授"对敌斗争经验"为由，有意使新娘难堪。凡事过犹不及，"闹洞房"也是一个道理，千万不要无限度地借机宣泄自己的情绪，使新郎新娘感到厌烦。

此外，目前在许多国家里，不少夫妇对自己的结婚纪念日看得至为重要。每逢自己结婚周年纪念日，他们都要庆祝一下，并互赠礼品。有些时候，他们的亲朋好友会应邀参加。这种活动，近年在我国也开始出现了。

参加他人结婚纪念日的庆祝活动，服饰不必过于考究，但送一些纪念性礼品总归是人之常情。根据西俗，每个结婚周年纪念日的名称各有不同，来宾向当事人赠送的礼品也应因此而有所不同。举例而言：

结婚1周年称作纸婚，应赠送纸质礼品。

结婚2周年称作棉婚，应赠送棉质礼品。

结婚3周年称作皮婚，应赠送皮质礼品。

结婚4周年称作丝婚，应赠送丝质礼品。

结婚5周年称作木婚，应赠送木质礼品。

结婚6周年称作铁婚，应赠送铁质礼品。

结婚7周年称作铜婚，应赠送铜质礼品。

结婚8周年称作电婚，应赠送电器礼品。

结婚9周年称作陶婚，应赠送陶质礼品。

结婚10周年称作锡婚，应赠送锡质礼品。

结婚 11 周年称作钢婚，应赠送钢质礼品。

结婚 12 周年称作布婚，应赠送布质礼品。

结婚 13 周年称作纱婚，应赠送纱质礼品。

结婚 14 周年称作象牙婚，应赠送象牙制作的礼品。

结婚 15 周年称作水晶婚，应赠送水晶制作的礼品。

结婚 20 周年称作瓷婚，应赠送瓷质礼品。

结婚 25 周年称作银婚，应赠送银质礼品。

结婚 30 周年称作珍珠婚，应赠送珍珠制作的礼品。

结婚 35 周年称作珊瑚婚，应赠送珊瑚制作的礼品。

结婚 40 周年称作红宝石婚，应赠送红宝石制作的礼品。

结婚 45 周年称作蓝宝石婚，应赠送蓝宝石制作的礼品。

结婚 50 周年称作金婚，应赠送纯金制作的礼品。

结婚 55 周年称作白金婚，应赠送白金制作的礼品。

结婚 60 周年称作钻石婚，应赠送钻石制作的礼品。

其中，尤其以银婚、金婚、钻石婚备受人们的重视。庆祝这些纪念日，往往也是许多伴侣的宿愿。

以上这些说法就其实质而言，不过是人们对忠贞不渝的爱情的一种期盼和一种自娱的方式，本无多少道理。然而对此了解一些，亦无不可。

第 23 篇

生日晚会上的你

本篇我们来谈谈有关生日晚会的礼仪规范。

人最宝贵的东西就是生命，生命对于我们只有一次。生日，又称诞辰，它是生命开始的纪念日，也记录着每个人在人生道路上所度过的时间历程。在民间，人们向来对生日的庆祝活动极其重视。每逢生日来临，人们往往要以这样或那样的形式举办庆祝活动，借以提醒自己珍惜光阴，同时也对给予过自己各种帮助的亲朋好友们表示感谢。

目前，人们通常把 60 岁之前叫做"过生日"；60 岁之后叫做"做寿"。过去，人们对婴儿和老人的生日庆祝活动尤为重视，而且有所谓"做九不做十"的说法。即认为"满招损，谦受益"，凡逢十之大寿，如 60 岁生日、70 岁生日等等，应提前一年庆祝，在 59 岁生日时庆祝 60 岁的生日，在 69 岁生日时庆祝 70 岁的生日，等等，以此避嫌。

目前，人们虽依然恪守这种习俗，但年轻人庆祝生日的活动却大大兴盛了起来，而且搞得花样翻新，不拘一格。

这不，郗晶晶小姐的 24 岁生日就过得颇有情调：

周末，郗小姐把朋友们约到了自己那间用鲜花装点一新的小房间里，大家伙先随随便便地吃了一顿便餐，接着打开家庭卡拉 OK 机，纷纷一展歌喉，为庆祝郗小姐的生日踊跃献歌。最后，朋友们在红红的烛光下把郗小姐围在中间，高歌一曲《祝你生日快乐》，并与她分食了生日蛋糕。

朋友们还向郗小姐赠送了各自带来的礼品，其中最出色的当属她的男朋友精心制作的一册题为《如花之旅》的影集：那上面荟萃了自郗小姐降生百天直至今日的几乎全部的个人照片，并分别配以小诗和剪纸。朋友们在告别时，都夸奖郗小姐的生日晚会开得有声有色，一位小姐甚至还说："我真不知道生日能够过得这么有味道！"

　　说真的，不该责怪这位小姐少见多怪或是孤陋寡闻，其他许多朋友大约都碰到过类似的问题：不知道自己该怎么样过生日，更不知道该如何去向亲友祝贺生日。这里，我们就来介绍一些与此有关的礼仪知识。

　　如今尽管人们对于自己一年一度的生日仍给予高度的重视，然而由于生活节奏的加快和人们工作的繁忙等多种缘故，生日的庆祝活动已日益呈现出规模小、形式多的特征。

　　所谓规模小，在此是指除婴儿"满月"、"过周岁"和为老年人"做寿"之外，一般不举行大规模庆祝活动，少则家人聚一聚，多则约请少数关系极为密切的亲友参加就足够了。

　　所谓形式多，则是说除了传统的举办生日宴会之外，举办生日晚会、生日舞会、生日卡拉 OK 歌会、生日郊游等多种新的生日庆祝形式，也已经为人们，特别是年轻人所接受。

　　以下，我们来谈谈几条基本的生日晚会的礼仪。

第一，生日晚会的准备。

　　如欲邀请亲友参加自己的生日庆祝活动或是自己的孩子、长辈的生日纪念活动，应尽早相告，发出正式邀请。具体的邀请方式，可以是口头通知、托人传达、电话联络，也可以是寄发信件或发出请柬。不过为了掌握将要出席的准确人数，以便安排足够的餐饮，须务必告知被邀请

者尽早答复是否将应邀参加。

婴儿诞生之后，父母应在向亲友报喜时以煮熟并涂以红色的"喜蛋"相赠；长辈"做寿"时，晚辈要出面为之邀约客人，必要时晚辈甚至应当一一登门邀请客人。这些，都是我国民间的旧习俗。

举行生日庆祝活动的地点，可以是自己的家中，可以是公园、郊外，也可以是包租的餐馆、歌厅或舞厅，关键取决于个人的财力与出席的人数等两个方面的因素。本着节省、自然的精神，在自己家中举行生日庆祝活动最为适当。

如果决定在自己家中举行生日庆祝活动，应尽可能地事先作好准备工作。比如，至少应将客厅、餐厅打扫干净，并用气球、彩带、彩灯、壁挂、鲜花等能够烘托出喜庆气氛的饰品加以装饰。此外，还应备足糖果、茶点，以供来宾享用。

如打算设便宴款待光临的宾客，应视过生日者的年龄、来宾的文化层次等具体情况来安排食品和菜单。

过生日者是婴幼儿的话，通常应当请来宾吃"寿面"。取其长命百岁之意，图个吉利。

在我国南方的部分省市，婴幼儿过生日时，其父母不仅要以用猪排盖浇的"寿面"招待客人，而且还应当送给左邻右舍去吃。对此，后者是万万不可拒绝的。档次高一些的，则是安排来宾喝喜酒、吃喜宴。在喜宴上，一切都要紧紧围绕着过生日这个主题来展开：喜酒度数不宜过高，可以多上一些红色的甜酒；可以制作一些"梅竹常青"、"松鹤延年"一类的菜肴，并适当地上一些"寿面"、"寿桃"之类的贺寿食品。

如果是少年儿童或年轻人过生日，吃"寿面"、喝喜酒、摆喜宴的情况都是有的，不过更多的人喜欢安排吃生日蛋糕这一活动内容。蛋，象征着生命的延续；糕，则与"高"同音；而生日庆祝活动中所吃的蛋糕，大多是请店家专门制作或专门购买来的奶油蛋糕，从中取甜美之意。三者合在一起，意为：祝福过生日者生命力旺盛，生活甜美，更加"高"寿。

不管生日蛋糕是买来的还是请人制作的，也不管它是单层抑或多层的，上面都应用食用奶油浇有"生日快乐"、"寿比南山"、"福如东海"、"万寿无疆"等吉祥的祝词，以及其他一些装饰性图案。同时还应提前在生日蛋糕之上规则地插好特制的生日蜡烛。生日蜡烛的形状小巧玲珑，色彩以红色为主，还可以包括除白色之外的其他一切美丽动人的颜色。

直接将生日蜡烛插在生日蛋糕上的做法并不足取，因为它既不卫生，还会由于点燃后烛泪乱滴而影响食用。可以将生日蜡烛先行固定于蜡烛托上，然后再把蜡烛托插在生日蛋糕上面。

按照规矩，生日蛋糕上所插的生日蜡烛的支数有一个限定，就是要与过生日者的实际年龄相对应。通常24岁以下者，可用1支蜡烛代表1岁，是几岁就插几支蜡烛。

然而依次类推下去，年龄越大要插的生日蜡烛就越多，接下去难免会插不胜插。于是，24岁以上者，

可用1支大蜡烛代表10岁，1支小蜡烛代表1岁，以此根据实际年龄进行排列组合。例如，过24岁生日时，可在生日蛋糕上插24支蜡烛。然而要是过42岁生日时，就只能在生日蛋糕上插4支大蜡烛、2支小蜡烛了。

今日，有许多女士渴望芳龄永驻，也不愿意让他人获知自己的真实年龄，因此她们对自己过生日时在生日蛋糕上所插生日蜡烛的"泄密"行为，往往难于容忍。现在，不少女士过生日时插在生日蛋糕上的生日蜡烛的支数常常是避实就虚的。她们要么象征性地插上2支，使自己的实际年龄显得神秘叵测;要么索性永远只插18支,意味着自己"永远年轻"。旁观者对此不必"较真"，更没有必要傻乎乎地向主人请教其"内涵"。

请来宾吃生日蛋糕，可以与为来宾安排喜宴并行不悖，但若不想为吃费时费力，而准备多增添一些喜庆气氛的话，以吃生日蛋糕为生日庆祝活动的核心内容，也是可行的。

以吃生日蛋糕作为生日庆祝活动核心内容的做法，就是人们通常所说的生日晚会。目前,它是年轻人中最为流行的一种生日庆祝的形式。

生日晚会多在傍晚时间举行，时间可长、可短，地点多安排在过生日者的家中。

它的主要程序有：待来宾到齐后，将插好生日蜡烛的生日蛋糕取出或推出来，置放在餐桌中央；点燃生日蜡烛后，熄灭室内的电灯；在烛光的映照下，打开收录机，播放《祝你生日快乐》等浪漫温柔的乐曲,在轻柔的乐曲声中，来宾向过生日者致以简短的祝词，或者敬酒，过生日者随即向各位来宾致答谢词;全体来宾齐声唱起《祝你生日快乐》这首生日歌曲，过生日者面对生日蛋糕闭目默默许下一至三个据说能够心想事成的心愿，然后在接连不断的歌声和掌声中一口气吹灭全部点燃的蜡烛；众人再次热烈鼓掌；接着过生日者亲自动手将生日蛋糕分成若干份，装在餐盘里送给在场者每人一份，请其同自己共享喜悦；最后，举行交谊舞会。

中年人过生日时，完全可以自作主张。不过要是晚辈准备为长辈"做寿"，就需要多多征求一下"寿星"自己的意见。如有可能，最好为其安排一次传统形式的寿宴，并尽可能地多邀请一些亲友参加，让"寿星"高兴高兴。

过生日者本人及其家人在举行生日庆祝活动的当天，都要穿戴整齐，既显示出喜庆的色彩，又不失稳重大方。一般而言，成年人最好穿套装或套裙，小孩子则要打扮得干干净净。

宾客抵达时，过生日者与家人应一道在门口迎候，并一一握手，表示感谢。对来宾所赠送的生日礼品，通常最好由专人负责接受、存放，并登记在册，以便日后做到"有来有往。"客人告辞时，过生日者及其家人应再次向他们表达谢意，并送至门外，握手道别。

第二，生日晚会的参加。

接到他人邀请自己参加其生日庆祝活动的通知后，应尽早作出答复，并确定自己将以何种方式向过生日者表示祝贺。在一般情况下，对待出席他人生日晚会或其他形式的生日庆祝活动的邀请，都不应当拒绝。因为唯有对方的至亲密友才有可能得到这种邀请。

如果自己确有原因不能应邀出席，可以下述四种方式向对方表示自己的衷心祝贺。

其一，可以在市场上为之精心挑选或亲自制作一枚精美的生日贺卡，寄给过生日者。目前，这是国际上最通行的一种祝贺生日的方式。

其二，可以前往邮局，向过生日者拍发向其祝贺生日的礼仪电报。现在，各地邮局都有此项业务。

其三，可以寄发有声信函，向过生日者祝福。所谓有声信函，即专门为过生日者特意录制的磁带或录像带，可以是自己在朗读祝词、脉脉倾诉，也可以录有过生日者喜爱的歌曲或画面。这些都能使对方睹物思人，产生与你促膝谈心的感觉。

其四，可以写信或电子邮件致贺。信或电子邮件的内容可长可短，可以长话短说，也可以短话长说；可以是诗歌，也可以是韵文；但其主题都应是向过生日者祝贺生日。

以上四种方式，可以选择其中任何一种。但是切记要计算好时间，确保它们能够在生日庆祝活动举行之前到达过生日者的手中。要是迟到，或是事后"补办"，就没有多少实际意义了。

如决定亲自参加他人的生日庆祝活动，应事先通报对方，并准时参加，不要迟到。

参加亲友的生日庆祝活动，在穿戴上既不应指望出人头地，甚至超过过生日者本人，又要显得作过专门的准备，并充满喜庆的色彩。男士应穿比较正式的服装，如西装、中山装套装；女士可穿套裙、旗袍或连衣裙，并佩戴一些首饰。在这种场合，来宾不宜穿黑色或白色的服装，戴白色的胸花。

向过生日者赠送生日礼品，是来宾不可缺少的一个程序。

生日礼品在总体上要具有纪念意义，在具体操作上则要尽可能地因人而宜。

送给婴幼儿的生日礼品，以童装、玩具为佳；送给青少年的生日礼品，多选择鲜花、生日蛋糕、学习用品和运动器材。

送给成年人的生日礼品，男士以其喜爱、实用的物品为主，如服饰、办公用品；女士则应优先考虑鲜花、化妆品等等。

送给老年人的生日礼品，亦应从其平日喜爱的物品，如糖果、烟、酒、盆景、书画中选择，也可以选送花篮、生日蛋糕或营养、滋补品。

赠送生日礼品，应在参加生日庆祝活动时当面递交过生日者。若难于亲自出席，则不送生日礼品也可以。

与过生日者见面之初，应正式向其致以生日的祝贺。若系老年人做寿，应恭恭敬敬地向其施礼、祝贺。如果过生日的是小孩子，除向其本人表示祝贺外，还应向其父母和其他长辈道贺。

在生日晚会上，不论是谁，我们都应该检点言行。饮酒要适量，不要强行给过生日者或其他人灌酒、起哄。

有些老年人在其孙男、孙女过"周岁"生日时,常为之安排"抓周"项目。所谓"抓周"，就是在孩子面前摆放包括珠宝、文具、脂粉、笔墨纸砚在内的多种物品，看他首先抓取哪一种，以此来推测孩子未来的发展前途。这样做，本没有什么科学道理，只不过是为了增加一些庆祝生日的喜庆气氛罢了。作为旁观者，此刻只宜静观，或为主人助兴，绝不可说三道四，使主人不快。

在一般情况下，出席亲友的生日庆祝活动不可中途退席。在主要活动项目结束后，与过生日者及其家人分别道以再会，才可离去。

第 24 篇

冷餐会上的你

在本篇里，我们来谈谈有关冷餐会的礼仪规范。

李衣萍与赵丽是一对形影不离的好朋友，而今她们两人的工作岗位虽然有所不同——李小姐在一家大公司里做文员，赵小姐则是一位训练有素的护士，可是她们仍然好得像过去在一起上学时一样，经常"互通有无"。

在一个星期天的上午，两位小姐又聚在一块，说起了知心话。但见赵小姐突然一皱眉头，悲惨兮兮地对李小姐说："我那工作好是好，只是太累人了。而且跟你比起来，我没见过什么世面，这20岁真算白活了。"看到好朋友这副哀怨的表情，李小姐竟一时无言以对，只好打开手袋，想取出纸巾递给赵小姐揩眼泪用。说来也巧，躺在手袋里的两份请柬居然替李小姐解了围。只听她说："谁也不容易，别提不开心的事儿了。我这里正好有客户送的两份宴请的请柬，一位同事碰巧去不成，就让咱们去见见世面吧。"

到底是年轻人，李小姐这么一劝，赵小姐也就"多云转晴天"了。稍事休整之后，她们就到了请柬上指定的"赴宴"地点。"宴会"开始，主人只讲了几句话，便请来宾用餐。赵小姐进了餐厅，才发现跟她原来设想的大不一样：人们没有围着餐桌正襟危坐，斯斯文文地品尝侍者们一道道端上来的菜肴，而是各自取过一套餐具，在摆满各色菜肴

311

的"公桌"上自由地取用。善于"照瓢画葫芦"的赵小姐当下也没多想，不管三七二十一上去就替自己满满地装了一大盘。回过头来，她才发现，李小姐就在自己附近，可是后者的盘子里却只装了一点点东西。赵小姐还想：她可能是在节食，想再苗条一点吧？

要不说她们两人好呢，李小姐一看赵小姐寻思的模样，就"心有灵犀一点通"了。她走过来，朝赵小姐调皮地眨眨眼睛，然后附在她耳旁轻声说："你别犯坏。再拿食物时得跟我学，少装一点儿。"见李小姐神态严肃，赵小姐只好照办，可是心里依旧不服：自己一次多装一些食物，可以一劳永逸。要是每次只取一点点食物，吃了装，装了吃，反反复复地朝着摆放食物的地界跑，非让人家笑话自己嘴馋不行。

在此案例里，我们对这两位小姐的表现，先别急着武断地评论谁是谁非，关键是应当首先断定其所赴宴请的性质，然后才能就事论事。其实只要大家还记得前面的那段叙述，或许就能推断出：李小姐和赵

312

小姐参加的并不是一次正式的宴会。

事实正是如此，她们参加的是一种目前国际上广为流行的西式的非正式宴会，它的标准名称叫做冷餐会。**冷餐会，在国内通常被人们叫做自助餐，它是一种不备正餐，而由来宾自作主张地自己去为自己取用主人所提供的食品、饮料的较为灵活的款待客人的方式。它特别适合于招待人数众多的来宾。**

冷餐会之所以叫做冷餐会，是因为它所提供的食物以冷食为主，当然提供一些热菜或者提供一些半成品由食客自行加热也是允许的。至于它又被叫作自助餐的原因，那就更好理解了，单从字面上也能看出来：它实际上是一种调动食客的主观能动性，由其自己帮助自己就餐的新的进餐形式。

冷餐会具有其他宴请形式所不能比拟的五个优点，这些优点也正是使它广为流行的决定性的因素。这五个优点是：

第一，不讲座次。冷餐会大都在大型餐厅或露天花园里举行，即室内外均可。供客人就座和用餐的座椅与餐桌，以及用于室外的遮阳伞自然不可缺少；但冷餐会开始以后，客人自选了食物，可以都坐在餐桌旁边一起用餐，也可以坐、立两便，到处走动，边走边吃。一言以蔽之，客人想坐在哪里都行，不想坐着也成。假如一位客人坐下之后发现身旁的人士不宜共处，那么随时都可以"转移"，而不必担心会给主人增加麻烦。显而易见，与正式宴会相比，参加冷餐会的客人是不受座次限制的。这样做的最大好处，是能够使来宾们减少拘束感。

第二，便于交流。在冷餐会上，不仅不讲究宾主的座次尊卑，而且在着装、化妆、佩戴首饰、用餐方式等具体方面也没有十分严格的规定。这样有助于使宾主双方在心理上缩短彼此之间的距离，打破等级观念的桎梏，而且能够使大家不必过于在言行举止方面按照规范和惯例来处处约束自己。对待主人供应的食物，你想吃就吃，不想吃就不吃。多吃可以，少吃也行。在整个用餐过程中，你都可以自由走动，边吃边谈，想跟谁聊聊都有机会，想躲开谁也十分方便。这种令人自在、轻松的就餐方式，无疑有助于人际交流。

第三，不存在众口难调的顾虑。主人在设计冷餐会的菜单时，不必处处遵守清规戒律，只要匠心独运，使菜单的品种在丰富多彩的基础上满足来宾们的不同口味，就算成功了。冷餐会上所供应的菜肴的品种，在可能的情况下，应当多多益善。冷餐会上的菜肴大致包括以下几个类型：冷盘、沙拉、时令果蔬、主食点心、汤、饮料，此外也可以供应几道热菜。常上的冷盘有火腿、牛肉、猪舌、肉冻等；沙拉有生菜沙拉、海鲜沙拉、水果沙拉、什锦沙拉等；时令果蔬有苹果、香蕉、菠萝、西瓜、樱桃、蕃茄、黄瓜、青豆、芹菜、胡萝卜、紫甘蓝、绿菜花、荷兰豆等；主食点心有面包、三明治、蛋炒饭、比萨饼、苹果排、桃排、蛋糕、布丁、曲奇、冰淇淋等；汤有罗宋汤、牛尾汤、红菜汤、玉黍汤、龙须菜汤等；饮料有鸡尾酒、果汁、可乐、矿泉水、红茶、咖啡等；热菜有炸鸡、烤牛肉、咖喱羊肉、炸虾，炸土豆片，等等。

我们之所以在此要不厌其烦地罗列冷餐会的详细菜单，目的是要说明，在各类菜肴中，"总有一款适合你"。这要比在正式宴会上按部就班地被动享用一道道端上来的菜肴——要吃便吃，不吃饿着——感觉好多了。对女主人来说，也不必再为来宾们的众口难调而多虑费心。

第四，可以容纳更多的来宾。但凡安排正式的西式宴会，来宾的人数问题总让主人颇费脑筋。它一方面要受到举办宴会的场地大小的限制，另一方面则又多不得，少不得——多了无处可以安排，因为事先座位的多寡已经确定；少了又伤主人的面子，空下来许多座位无人去坐，说起来总不是什么好事。而在冷餐会上，主人们则不必为此煞费苦心。因为在限定的空间之内，如餐厅、露天花园等处，它可以安排下比举办正式宴会多得多的来宾。只要使来宾们有较为充裕的活动空间，哪怕稍为显得有些"拥挤"，也只会增添喜庆、热烈的气氛，而无伤大雅。此外，举办冷餐会还有一大长处，就是可以使来宾的总人数保持弹性。由于宾主没有固定的位次，所以来宾多上几个人，少了几个人，除了主人之外，其他人是难于察觉的。

第五，主人不必为"侍者"的不足而担忧。按照老规矩，在西餐馆吃正餐，为了体现"女士优先"的精神，侍者应一律由男性充任，女性只需坐着用餐就是了。别看侍者们一道道地上菜极为辛苦，这笔"劳务费"最后也是要由用餐者掏腰包的。在家里请人共进西餐，男主

人有义务请女主人坐下来陪同客人，自己则要忙前忙后，张罗个没完。遇上应邀而至的客人多了一些，全家人一起上阵当厨师、做"侍者"恐怕也不够用。在这种情况下，就只好请人帮忙了。如果以冷餐会宴客，则不存在这些难题。因为冷餐会上的主食与菜肴以冷食为主，事先可以准备好，而不必等客人到齐了，主人再去下厨。在冷餐会上所"供应"的少许几道热菜，提前也可以做好，上桌以后只要把它们盛放在专用的保温锅里保温就可以了。

在冷餐会上，供来宾享用的食物应按照冷盘、沙拉、时令果蔬、热菜、主食点心、汤、饮料的先后顺序摆放在一张长桌或几张并在一起的长桌上。如果供应的食物较多，也可以将冷盘、沙拉、时令蔬菜、热菜摆在一条长桌上，而将主食点心、水果摆在另一张长桌上。汤与饮料可与主食点心等同摆一桌，也可以独占一桌。刀、叉、筷子、餐盘等餐具则通常单独摆放在一张较小的方桌或圆桌上。要强调的是，不论将食物摆在一起还是分桌摆放，都应该"合并同类项"，这样将相同的食物摆在一起，既便于来宾取用，又看上去整齐美观。

如果客人不多，这些桌子均可靠墙摆放，以便腾出更大的活动空间。若来宾甚多，则宜将它们放在用餐场所的中央，使众人从四面都可以上来取用食物，而不至于造成拥挤之势。根据以上情况来看，主人届时只需与宾客们多多应酬即可，不必为一身二任，既做主人，又兼做"侍者"，由此而分散了注意力，更不必外请侍者来帮忙。有时为了不使来宾为频频取食而影响了与他人的交谈，由家人充当侍者或由专职的侍者提供一些辅助性服务，如推着装有各类食物的餐车，托着装有多种酒水的托盘，在宾客中巡回走动，听凭宾客各取所需，在力所能及的情况下也是可行的。不过对于冷餐会不存在"侍者"不足的这一优点，我们不管怎样都应该承认。

了解了冷餐会的上述优点，对于我们出席冷餐会时举止有方，无疑会大有帮助。进而言之，当我们出席冷餐会时，应根据其自身的特点，在以下几个方面格外予以注意。

首先，在服饰方面进行适度的斟酌、准备是绝对必要的。

由于冷餐会属于非正式宴会，因此出席者自不必像出席正式的宴会那样衣冠楚楚，身着考究的小礼服或大礼服，但是去繁就简并不等于什么讲究都没有了。为了维护我们的自我形象，为了向其他人展示我们的良好教养，更是为了表示我们对主人的尊重，我们在出席冷餐会时还是以身着正装为宜。要是乱穿一气，身穿牛仔装，足蹬旅游鞋，或是浑身上下短打扮，赤脚穿着凉鞋，肯定显得不伦不类。

以下三点尤其需要引起出席冷餐会的各位，特别是女士们的重视。

其一，在室外参加冷餐会时，无论阳光多么强烈，都不宜佩戴太阳镜，以免妨碍与他人之间的交往。

其二，用餐时切勿戴着手套，由于经常有可能直接下手取用食物，戴着手套就显得不够卫生了。

其三，携带皮包的话，应选择肩包，这样即便到时无处存包，把它背在肩上进食，也不会有什么妨碍。要是携带手包，在进食时将它夹着，是难以长久坚持的。而携带拎包，不但用餐时拿着不方便，弄不好还会给人以指望"满载而归"的印象。

其次，要使自己的举止行为符合冷餐会的基本要求。 抵达冷餐会举办地点的时间，应以主人的通知为准，不要迟到太久。如果事先获知在冷餐会开始之前主人要发表讲话，或宣布某些重要的事情，应尽可能地在其讲话之前抵达。要是估摸着人家讲完了话才进去，则会使主人觉得自己仅仅是为了饱餐一顿而去的。在主人致词期间，应认真倾听，不要随便走动，或与其他人交谈。

在主人邀请来宾用餐之前，不要擅自靠近餐桌，显得饥不可耐。倘若来宾较多，应与大家互相谦让，必要时需自觉排队，依次取食用膳。切勿一点儿客套也不讲，抢先向自己钟意的食物发起进攻。正规的做法是，应当与大家同步行动，先取过餐具，然后再去排队取菜。遇上端送饮料的"侍者"，应待其靠近自己时，再示意他走过来由自己取用，而且不要忘了向其道谢。不要在其为他人提供服务之时，就迫不及待地大声吆喝他"过来"。

在冷餐会上取用食物，务必记住要"一次少取，多次取食"，即所谓"多次少取法则"。 简单地说，就是要"多次少取"。这是冷餐会上为数不多的基本要求之一，而且最为重要。其含义是：要求用餐者在冷餐会上取用食物时，每次少取一些。宁可不够吃再去添几次，也不要一次便盛得冒尖，像是去打劫一样。在冷餐会上，多去添几次菜，

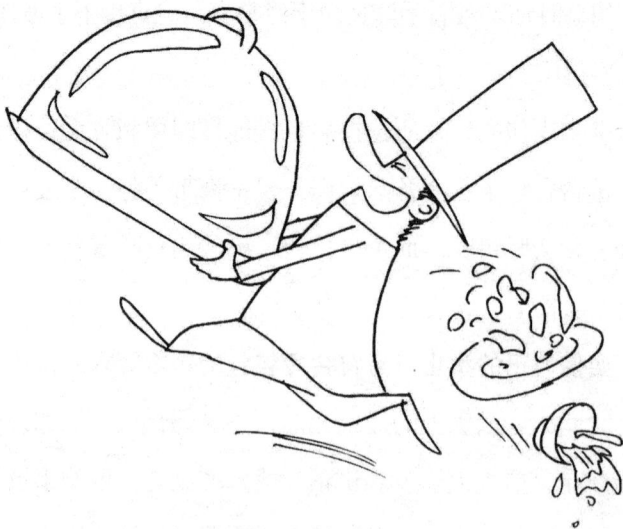

人们不会见怪。可要是一次装得太多，甚至吃不完，反而令人瞠目。精明的用餐者，都会依照冷盘、沙拉、汤、主食点心、水果这一大致的顺序，每次选上一两样适合自己口味的，吃够了再去"尝试"别的东西。说实在的，要是乱装一气，一下子在餐盘里盛得五味俱全，甜咸相克，吃起来也不会舒服。说到这里，上面提及的两位小姐的是非已很清楚了。

最后，要维护自己的公众形象。不要以为出席冷餐会只是为了大饱口福，实际上它也是我们与他人交往的极好机会。在冷餐会上，面对着众多的老友新朋，唯有严于律己，才可能赢得好评。业已指出，在冷餐会上，吃是次要的，与他人进行交谈才是最重要的任务。所以不要以不善交际为由，只顾自己躲在僻静之处一心一意地埋头大吃，而不同在场的其他任何人接触。

与他人一道边吃边谈，应注意自己的吃相。享用食物时应一小口一小口地慢慢品尝，不要大嚼大咽，"滋滋"作响。

男士千万不要吸烟。女士如果遇上男士为自己效劳，接受不接受都要感谢对方。不论是在露天还是在室内，都不要以香烟"佐餐"，边吃边抽。吃不了或吃剩的东西不要随便乱丢，或自己悄悄地处理掉，而应放在指定之处。

遇上自己喜欢吃或是难得一见的食物，多吃一些不碍事，可是绝对不允许偷偷往自己的口袋、皮包里装。在营业性餐馆举办冷餐会时，富余下来的东西也不许"打包"带回家去。这同样是冷餐会的基本要求。

取用食物时，不要把刀叉叼在口中，或别在口袋里。在首次取用食物时，可以餐巾或纸巾裹住刀叉，用手指将它们夹在餐盘底下。自第二次去取食物开始，可以将它们一并置放在餐盘上，用拇指按住即可，千万不要把它们随随便便地扔在什么地方。取用食物时，必须使公用的餐具，切勿以刚从自己嘴里取出来的刀叉直接在供大家取用的食物中乱搅和。

取过食物之后，应马上离开餐桌，到远一些的地方去享用，切不可为了"近水楼台先得月"，而就地立正开吃。

第 25 篇

尊老爱幼的你

本篇我们来谈谈有关尊老爱幼的礼仪规范。

古人有训，曰：“老吾老，幼吾幼。”把这句话译成现代汉语，就是要求我们务必要尊老爱幼。事实上，尊老爱幼是我们中华民族的传统美德，在中国五千年的文明史上，它一直在不断地被发扬光大。**在《孝经》里，有道是：“夫孝，德之本也，教之所由生也。”**由此可见古人对此问题的重视。

时至今日，尊老爱幼依旧是社会主义精神文明建设的重要内容之一。它对于家庭关系的稳定、社会关系的和谐，都具有难以替代的作用。

然而在现实生活中，有少数人却对尊老爱幼存在着一些极其错误的看法。他们有的认为：我只要心里惦念着老人和孩子就是了，不必在乎采用哪一种表现形式去作“表面文章”。不是说“路遥识马力，日久见人心”吗？那就走着瞧吧。有的人则惯于“看人下菜碟”，对自己的老人、孩子好得没法子说，可是对其他的老人、孩子却表现得十分蛮横无理。还有个别的人，甚至走到了极端，他们认为这年头了，谁管谁呀？一切都是假的：父母生育自己是出于私心，为了养儿防老；而自己生儿育女则会浪费青春，得不偿失。于是，他们千方百计地逃脱自己应负的社会责任，心中只有自己，没有他人。

我们大家都知道，一个人要想在社交中取得成功，就必须注意与他人协调彼此之间的关系。而在人际关系中，我们与年长于自己的老人和尚未成年的孩子之间的关系，便处在非常重要的位置上。如果我们与老人、孩子的关系不融洽，哪怕是与自己家里的老人、孩子的关系不融洽，不仅有可能招致非议和批评，而且的确会影响到我们事业的成功。

因此，在人际交往中，我们必须认真做到尊老爱幼。而要做到尊老爱幼，使我们在这方面的所作所为得到社会的认可，就非得用社交礼仪来规范和约束自己的言行不可。

首先，我们来谈谈尊敬老人的礼仪。

尊敬老人，在某种意义上来说，等于是在尊重我们自己。更为准确地说，尊敬老人就是在尊敬未来的我们。光阴荏苒，青春难再。今朝风华正茂的我们，几十年之后也会变老的。假设我们现在都不知道尊敬老人，导致世风日下，人心不古，待到我们自己成了老人，谁还会尊敬我们呢？

第一，尊敬老人，应当从我做起，从现在做起，从自己家里首先做起。

家庭是组成社会的基本细胞，家庭中所发生的事件，大都是社会上所发生的事件的缩影。所以我们对老人的尊敬，应当从自己家里做起，从对自己的父母、祖父母、外祖父母，以及其他与自己居住在一起的长辈开始做起。

我们能够来到人世之间，并且长大成人，首功当推自己的生身父母。离开了他们的无私奉献，一切都难以想象。我们每一个成年人肯定都知道这一点。因此孝

敬自己的父母，以及为我们的健康成长同样作出巨大贡献的祖父母、外祖父母等长辈，是我们义不容辞的天职。

其一，在家里，要孝敬父母等长辈，就要尊重他们。有的人总认为：父母等长辈为自己所做的一切都是天经地义的，做得多，理所应当；要是做得离自己所希望的还有一段距离，则是可忍，孰不可忍，不是大发雷霆，就是恶语相加。

其实，有礼貌的人在自己的长辈给予了哪怕是微不足道的一点关心和帮助之后，也要表示谢意。当父亲送给自己一件梦寐以求的礼物，当母亲亲手为自己缝制了一条长裙，当祖母特意为自己准备了一顿丰盛的晚餐……我们都要当面对他们认真地说上一声"谢谢"。感激可以用行动表达，也可以用语言表达。对自己的长辈而言，用语言对他们表达的感激往往更令其珍惜。

在一个和睦的家庭里，长辈与晚辈的关系应当是平等而融洽的。作为晚辈的我们在家中大都可以畅所欲言，但在长辈面前也不能过分放肆，不能直呼长辈的名字，不要跟长辈开失礼的玩笑。在外人面前，把自己的长辈称为"老头"、"老太太"，不见得亲切，反而有点儿不对味。

其二，在家里，要孝敬父母等长辈，就要体谅他们。人到老年，最关心下一代的健康成长。我国自古以来就有所谓"爱之愈深，责之愈切"的说法，我们对此应予以理解。对于长辈的批评指教，我们务必要洗耳恭听，并且努力依照其要求去做，以不辜负长辈对我们的殷切希望。老年人说话，难免有时有些唠叨，甚至还有可能发发脾气，遇上这种情况，我们不必与之顶撞，把他们的话当成耳旁风。重要的是，我们应当理解他们的一片苦心。

有可能的话，我们应当多抽一些时间同长辈谈谈心。这样一是可以加深双向沟通；二是可以让长辈多享受一下他们最向往的天伦之乐。自己遇上大事，最好不要相瞒，而应多听听长辈的意见。俗话说："老马识途"，这话绝没有错。有事外出，出门之前要跟长辈打个招呼，以免其操心。回来之后，也应告之长辈。长辈若向我们关心地询问："干什么去呢？"应以实相告。不要嫌烦，或是干脆置之不理。即便长辈有时态度过于严厉，说了过头话，也应再三退让，不要立即与之大吵大闹，甚至拂袖而去。

现在人民生活水平普遍提高了。我们的长辈可以说是不愁吃，不愁穿，可是他们对于晚辈的关心，却是永远没有穷尽的。老年人害怕孤独，尤其害怕被自己的子女所遗忘。我们若是成家另过，一定不要忘了多在节假日去看望他们。我们可以陪他们逛逛公园、看看电影、聊聊家事。但是不要把父母当成了自己的"假日保姆"，过年过节名义上说是去看父母，实际上却跟去"打土豪"一样。一家人等父母备好了饭菜才进门，打完牙祭，再搞点儿随手牵羊，碗都不洗便走人了。

其三，在家里，要孝敬父母等长辈，就要关心他们。一方面，我们要在精神上关心自己的长辈。到了他们的生日或结婚纪念日，要热烈地向他们表示祝贺，并为之安排一定形式的庆祝活动。这样做费不了多少时间与金钱，却能够使他们充分地体验到晚辈对他们的爱心。如果没有与他们住在一起，要定期写信、打电话给他们，并且抽时间专程前去探望。不论多么忙，这一点都不能忘了。有机会多向他们请教一下他们有所专长的问题，对待他们的"忆往昔峥嵘岁月稠"也要表现得百听不厌。要使他们感到，我们需要他们，他们的宝贵经验对我们极有价值。这将使他们在精神上感到无比欣慰，也是一道为之提神祛病的良方。

另一方面，我们要在生活上多照顾自己的长辈。有时间的话，多去做一些家务，学着烧饭烧菜，让长辈多休息一下。每逢一定的时机，应主动给他们送一些诸如补品、服装、首饰之类他们平日舍不得买的东西作为礼品。在他们眼中，一件式样极为普通的衣衫，只要是晚辈孝敬自己的，那么就一定是天下最好的。而且一有机会，他们就会以此作为"现身说法"，向他们的老友夸耀我们的孝顺。此乃人之常情，大家都能理解。

第二，除自己的长辈之外，我们对待其他老年人也应无一例外地表现出自己的尊敬。

平时，在社交场合遇见任何老年人，我们都要首先向其施礼、问安。

在社交场合与老年人谈话，要以"您"相称，并且要甘当小学生，不耻下问。不要出口成"脏"，耀武扬威，在老年人面前表现得狂妄不可一世，没大没小。

上下公共汽车、火车、客轮或电梯的时候，对老年人要礼让三先。遇上个别行动迟缓的老年人，应主动搀扶相助。为没有座位的老年人让座，也不值得大惊小怪。在这类场合，凭借着自己年富力强，推搡、辱骂老年人，或是与老年人争抢道路、座位，都绝不允许。

与他人发生纠纷或争执时，在场的长者的劝解和评判，通常被认为是公正的和必须遵从的。若无理狡辩，则不会引起他人的同情。

同老年人发生了摩擦，应当退避三舍，并且要多作自我批评。对极个别记忆减退、身患病症的老年人，我们更是不能自以为在理，就与之大动干戈，得寸进尺。

其次，我们来谈谈爱护孩子的礼仪。

孩子是人类的未来。爱护每一个孩子，对于我们来说，都等于是在爱护我们自己的未来。它与尊敬老年人一样，都是一个现代社会的文明人所必须具备的教养。

虽然从本质上来讲，爱护孩子是人类的天性，但在现实生活中，我们每一个成年人对孩子的爱护并不总是能够被孩子所理解和接受。在极其个别的情况下，我们对他们的"爱护"，甚至会产生适得其反的后果。

要做到爱护孩子，依照社交礼仪的基本要求，我们每一位成年人都必须为孩子树立好榜样，尊重孩子，注重培养孩子的独立性。

孩子们的心灵最纯洁，他们的眼睛里是不揉沙子的。作为孩子的长辈，我们往往是他们崇拜的对象，我们的一言一行、一举一动都为他们所效法，并且对他们的人生观、价值观的形成和发展有着重大的影响。因此我们在孩子面前，一定要表现得奉公守法、忠于职守、好学上进、克己敬人，而且必须做到言行一致，表里如一。

长辈是孩子们最好的老师，所以我们一定要用自己的实际行动去为孩子们做好表率。如果我们在孩子们的面前说一套、做一套，好逸恶劳、不思进取、打人骂人、庸俗下流，那么不仅可能会失去孩子们的尊重与信任，还有可能把他们引导到邪路上去。

现在我国由于国情特殊，普遍提倡一对夫妻只生一个孩子。不少长辈，特别是做父母的人，对孩子的照顾无微不至，对孩子们的要求也经常百依百顺。而另一方面，他们却又"恨铁不成钢"，对孩子求全责备，小到孩子吃什么、穿什么，跟什么人玩，大到孩子学什么，今后朝什么方向发展，都希望替孩子包办代替。这种生活上溺爱、教育上苛求的做法，对于孩子的成长并不一定会有什么真正的好处。

对待年幼无知的孩子，进行适当的管教是必要的，可是也不能做得过了头。要使孩子健康地成长，就应当多去培养一下孩子的自尊心，而不要对孩子干涉过多，特别是不允许粗暴地干涉孩子所做的一切。

不论父母，还是孩子的其他长辈，都要学会跟孩子交朋友，与之平等相处。孩子懂事之后，他自己的事情最好要由他自己去决定和负责。在一般情况下，包括父母在内的所有长辈的意见主要是供孩子参考的，而不宜要求他必须照办。不要有意地与孩子保持一段距离，并且以此作为"威慑"孩子的一种手段。也不必在孩子面前说一不二。只有心平气和地跟孩子谈心，摆事实、讲道理，才能使孩子口服心服。

不要对孩子一味地采取"压服"的方法，把打骂孩子当成管教孩子的必要手段。这种伤害孩子自尊心的做法，是极不文明的。

要尊重孩子的某些合情合理的个人秘密，不要对孩子所做的一切都不放心，看不惯。不经孩子的同意，私开孩子的抽屉，翻看孩子的日记，或是私拆孩子信件的做法，都容易引起孩子的强烈反感，而且的确也是失礼于孩子的。

孩子的同学、小朋友来家里做客，长辈表示欢迎并提供方便就行了，不要上去逐个地"查户口"，或是坐在一边监视。当着外人的面，不要总说孩子的不是，例如说他尿床、考试不及格、偷家里的钱，等等。这样也会伤害孩子脆弱的心灵。

随着年龄的成长，孩子们在心理上愈发要求独立，他们普遍地反对长辈特别是父母过多地干预自己。而事实也已经证明，事事都替孩子拿主意，只会助长孩子的依赖性，使他们遇事没有主见。为了增强孩子们的生活能力，有必要有意识地去培养他们的独立性和自主生活的能力。作为长辈，此时应给予孩子的，唯有信任、鼓励与支持而已。

例如，孩子能够站立了，就不要总让他坐着。他能够走几步了，就要尽可能地让他自己行走，哪怕走得摇摇晃晃，连摔了几跤，只要能坚持下去就是胜利。大家都知道温室里的花朵弱不禁风，那么我们干吗不让自己的孩子去自主、自立、自强呢？

不要当孩子的司令，处处给他下达"必须执行"的命令，而要当他的参谋，为他出谋划策，而由他自己决断，自己负责。

别忘了，对孩子爱得过分，对他也是一种伤害。

当一个不懂事的孩子下手去抓麻辣豆腐时，你恐怕软硬兼施也不能制止他。这时不妨让他"成功"一次，亲口尝一下"辣"味。有了此番经历，你再让他去吃，他也不会从命了。这就是对孩子"自主尝试"的教育方法。这种方法，对培养孩子的独立性有很大好处。

第 26 篇

善待亲友的你

本篇我们来谈谈有关与亲友相处的礼仪。

许多刚刚参加工作、住过集体宿舍的人，可能都知道：与住宿在一起的同事过好集体生活，和睦相处是挺难的。在一家研究院当助理工程师的梁达仁先生就有类似的体验，只是他在这个方面非常注意，所以至今也没有和同宿舍的伙伴们闹过矛盾。不仅如此，实际上他还是宿舍里公认的最自觉、最有教养的人呢。

梁先生曾经介绍过他与集体宿舍的室友们友好相处的经验，他说：最重要有两条，一是要自觉；二是要体谅和帮助别人。

要做到自觉，就要遵守集体宿舍的作息时间，按时就寝，按时起床。大家都有兴致时，把"卧谈会"的时间延长一些未必不可。可要是在别人休息后乱说、乱动，甚至仍在意犹未尽地欣赏音乐，就绝对让人讨厌了。要做到自觉，还应主动承担诸如打扫卫生、打开水之类的服务于大家的工作。并且还要严于律己，搞好个人卫生。要是自己的脏衣服到处乱塞，饭碗不到吃下顿饭时不洗，于己是不自重，于人是不自觉。

要做到体谅和帮助别人，先要明白什么可以做，什么不可以做。室友心烦之时，不宜上前打扰，或与之乱开玩笑。室友向自己倾诉了个人隐私，既要认真地聆听，适当地为之排遣"离愁别恨"，又要为之保密,守口如瓶。室友遇到难题,在力所能及的范围内应予以全力帮助。但是再好的朋友,也不能不分彼此。比如说,乱翻别人的日记、书信,乱穿别人的衣服,借了别人的东西不还,等等,都是破坏室友之间关系的致命毒药。

梁先生所介绍的经验,如果站在社交礼仪的角度来考察,涉及的其实是每个成年人都难以回避的如何与亲友相处的问题。据此而论,他的意见是非常正确的。

在现实生活当中,除了与自己家人的关系之外,我们与自己的亲戚、朋友的关系无疑是我们最重要的人际关系了。我们每个人所期盼的个人事业的成功、家庭生活的幸福等等,若离开了亲友的关心、帮助和支持,是完全不可想象的。因此不论从哪一个方面来说,我们都必须善待自己的亲友,主动地与他们搞好彼此之间关系。

以下,我们就来谈谈与自己的亲友进行交往的礼仪规范。

首先,与亲戚交往的礼仪。

亲戚,简单地说是与自己或自己的家庭成员存在着血缘关系或婚姻关系的人。一般而言,血缘关系和婚姻关系是一种不可随意更动的人际关系。出于这种原因,我们与亲戚之间的关系,较之于其他方面的人际关系,往往显得亲密无间。然而这并不意味着我们与亲戚之间就十分容易相处,或是二者之间的关系永远牢不可破。要想协调好与亲戚之间的关系,以下几方面的问题就非得加以注意不可。

第一,要讲究礼貌。不要以为亲戚们与自己的关系非同一般,与他们交往时就可以弃礼不论,随心所欲了。

实际上,关系越是密切,人们就往往更加注意对方对自己的看法,特别是注意对方是否一如既往地尊重自己。若是以为亲戚关系浑然天成，没有必要像对待外人那样过于客套，见面非得行礼、问安，开口非得称"您"，得到帮助之后非要说一声"谢谢"，要是那样的话，亲戚之间的"近乎"表现在哪里呢？这种看法根本没有道理。

俗话说："你敬我一尺，我敬你一丈。"亲戚之间也是一个样。亲戚之间的亲情，主要体现在荣辱与共，患难相助，而并不是说可以没大没小地一点不讲礼貌。内容与形式是对立的统一。形式决定于内容，内容体现于形式。我们对待亲戚的感念与敬重，也必须通过一定的形式体现出来。社交礼仪就是这样一种形式。

我们对自己的亲戚如能待之以礼，不仅能够更好地、恰如其分地表达出我们对对方的敬重，而且也能够向对方展现出我们的良好教养。这对于我们双方之间关系的发展，将大有益处。

第二，要平等相待。我们每个人的亲戚都绝不止一人。亲戚多了，难免有近有远，有亲有疏，有的谈得拢，有的却缺乏共同的语言。别人对待这种状况怎么办，我们管不过来，可是对于我们个人而言，对待所有的亲戚，不论对方是富亲戚、穷亲戚，是自己有求于对方，还是对方有求于自己，都应当平等相待。

有的人在与亲戚往来的过程中，崇尚"实用主义"。他们用人靠前，不用人靠后。人们所不齿的"穷居闹市无人问，富在深山有远亲"的"势利眼"现象，正是对他们的真实写照。我们可不能去向他们这些人"看齐"。

对待所有与我们存在亲戚关系的人，我们都不能忘记血脉亲情。不管对方现状如何，也不管对方过去怎样对待过我们，只要我们与之存在某种形式的联系或交往，我们就应该将对方从一般的朋友、同事中区别出来，给予特殊的照顾。更为重要的是，对待辈分相仿、关系相似的亲戚，我们务必要平等相待，不分薄厚。

举例来说，如果你有两位表兄，一位当官，另一位务农，那么当你选择送给他们两人的年货时，最好的方法是选择价格、品种相似的东西。要是你给前者送去了茅台酒、中华香烟，对后者却用两瓶二锅头酒便打发了，人家兄弟两个后来一"通气"，弄巧成拙的还不是你。

第三，要给予特别的照顾和帮助。 从精神上、物质上给予自己的亲戚以特别的照顾和帮助，是人性的重要体现。就此来说，法律允许，社会承认，其他人也是无可非议的。

当我们自己遇到难处时，通常最先想到的是求助于亲戚，得到亲戚的大力照顾和支持。推己及人，我们的亲戚也是一样。碰上亲戚有求于我们，而且我们也有能力予以照顾和帮助时，例如，对方向我们借宿、借钱或者委托我们代为购买书籍、药品、书刊之类的东西，我们一定要痛痛快快地答应下来，并且即刻付诸行动，将事情快办、办好。

要是亲戚求助于我们的事情一时难于办到，或是有悖于党纪国法，

则应在不伤情面的前提下以实相告。这样做，即使对方一时想不通，我们自己也问心无愧。没有必要为了在亲戚面前逞能而铤而走险，也没有必要将人家交办的急事一拖再拖，直至不了了之。

其次，与朋友交往的礼仪。

朋友，是我们的知音。真正的朋友之间，应当以诚相见，以心贴心。要想使自己与朋友之间建立深厚的友谊，并且使这种友谊万古长青，不注意下述问题是不行的。

第一，要以诚相待。信任是友谊的基础，要想赢得朋友的信任，促进双方之间的理解，加深双方之间的友谊，就非得与对方以诚相见不可。

对待朋友的所作所为，在不伤和气的情况下，要敢于坦率地发表自己的不同意见。心里怎么想的，嘴上就不应该对朋友有所隐瞒，甚至口是心非。有些人笃信"害人之心不可有，防人之心不可无"，逢人只说三分话。在朋友诚心诚意地向他征求意见时，也一味地报喜不报忧。这样的人总有一天会失信于朋友，也是愧对于朋友的信任的。

"良药苦口利于病，忠言逆耳利于行。"要想赢得真正的朋友，无论如何都必须以诚立身，以诚取信于人。

第二，要相互支持。好朋友之间往往无话不谈，女孩子就更是这样了。对许多女孩子而言，日记和朋友最值得自己信任，而且也是自己宣泄情感的最重要的"渠道"。跟朋友说过的"悄悄话"，就连自己的父母也不一定知道。与朋友交心，其实意在求得其支持。

只有朋友之间同舟共济，才能化险为夷，遇难呈祥。即使是日常生活中的琐事，有了朋友的鼎力相助，我们也会倍感温暖。这里需要指出的是，支持与帮助都是相互的。正所谓"人心换人心，五两换半斤。"

如果自己遇到难处，需要朋友的支持，便四处寻求，来者不拒，多多益善；而当朋友渴望得到我们的支持与帮助的时候，却能推就推，能躲就躲，实在推不了、躲不过去了，也要跟朋友开个价钱，实行"有偿服务"。这种人是不配称之以朋友的。

第三，要保持联络。朋友一场，常来常往。在日常生活中，不论我们是否有求于人，都应当与自己的朋友保持经常性的联系。

周末或假日，应当想方设法地与朋友相互走动走动。比方说，串串门，聚一聚，一同外出观光游览，或是去文娱场所娱乐休闲。如果彼此之间忙不胜忙，实在抽不出工夫来见面、聊天，那么不要忘了定期地与朋友通电话，或者致信问候。每逢朋友本人或其家人的重要纪念日，应尽量亲往致贺，并送以纪念性礼品。朋友碰上了不幸，必须立即前去慰问、相陪。

不要过河拆桥。对朋友像对待衣饰一样，讲究岁岁常新，将暂时无助于自己的旧友打入另册，不闻不问。可是一旦有事相求了，又去临时抱佛脚。这是不可取的小市民作风。

第四，要学会容人。《礼记》里说："君子尚宽。"每个朋友都跟我们自己相似，都有自己的所长与所短，也有自己的欢乐和忧伤。作为一个成年人，我们在与朋友交往之时务必要记住这一点，不要对朋友要求过高。

不少年轻朋友都盼望自己能够早日成熟。而在对待朋友的问题上，能否宽宏大量、容忍朋友的短处与不足，便是我们用于判定一个人是否成熟的重要标准。金无足赤，人无完人。朋友也是人，所以也难免会有其自己的种种不足。朋友之间过从甚密，好朋友之间就更是如此了。或许正是因为这个缘故，我们对于朝夕相处的朋友的弱点和短处，看得要比其他人更真切一些。

对于朋友的种种不足，我们应当认识到"冰冻三尺，非一日之寒"，别指望对方会因为我们看不惯而立即"痛改前非"。对方的毛病倘若无关宏旨，那就不必与之水火不容，告诉对方"有我没他，有他没我"。不妨与之求大同，存小异。

当然，若是对方的问题十分严重，也不能听之任之，而应婉言相劝，以尽朋友之责。

跟意见不合的朋友可以好说好散，但是也不必反目为仇，一刀两断，甚至陈谷子、烂芝麻地清算历史旧账。过去的事就让它过去吧！即便与旧日的朋友不做朋友了，也不一定非做敌人不可。这是不难做到的吧？

在谈到与朋友相处的问题时，对于一种特殊的朋友——我们的邻居，不能不特此一提。古语道："远亲不如近邻"，如果我们连跟自己的邻居的关系都搞不好，那么做人肯定是不成功的。

要与邻居搞好关系，第一，不能以邻为壑。有人对邻居一律实行"关门主义"，平日对人家不理不睬，"鸡犬之声相闻，老死不相往来"。这样的人，不但会由于自己的失敬于人而失去邻居的关心与照顾，并为此付出一定的代价，而且还会破坏自己的公众形象。所以，我们不要放过与邻居交流的每一个机会。例如，见面首先问候对方，当对方不在家时为之代收信件，过春节时先过去给对方拜个年等等，都是促进自己与邻居相互关系的绝妙的催化剂。

要与邻居搞好关系，第二，不能充当长舌妇。与邻居走动多了，免不了要坐下来拉拉家常。此时此刻，最重要的是要出言谨慎，不可搬弄是非。

与邻居拉拉家常，说说知心话，是为了加深相互了解，取得对方的信任。但这并不等于非要对他人的私事说三道四不成。一个喜欢走东串西，以揭露他人隐私、传播张家长、李家短为乐趣的人，不仅显得自己无聊至极，而且也是令人反感的。

要与邻居搞好关系，第三，不能事事较真。邻居是自己的朋友，既不能远交近攻，也不能软的欺、硬的怕。对待邻里之间的纠葛，不宜处处在意，斤斤计较，而应当宽容大度一些，对非原则性的鸡毛蒜皮之事，不妨睁一只眼、闭一只眼。

例如，对待卫生值日、电费分摊、小孩打架、夜半歌声之类经常导致邻居冲突的事由，我们一方面要严格要求自己，另一方面也不必以牙还牙，非跟邻居讨回公道不可。人常说："退一步海阔天空"，跟邻居相处，也需要这样互谅互让。

从总体上讲，善待亲友，核心之点在于爱与诚这两个字。唯有捧出一片爱心，才能换得亲情与友谊。唯有以诚待人，方可得到亲友的理解与支持。希望大家今后在与亲友交往的过程中，时刻记牢这两字真言。

第 27 篇

探望病人的你

本篇我们来谈谈有关探望病人的礼仪。

孙晔的同事老李因病住院，听到这个消息后，他急急忙忙买了一大袋东西，便赶去探望。在病房里，小孙见到老李病情稳定，情绪不错，才算松了一口气。临走前，为了表示对老李的关心，他还亲自削了一个大菠萝，"监视"着老李将它全部消灭了。

但是小孙刚刚离去，病床上的老李就显得有些吃不消了。原来老李患的是急性胃炎，本应忌食酸性食物。可是碍于情面，他不得不"明知山有虎，偏向虎山行"，结果好几天之后才缓过劲来。事过之后，医院的大夫和老李的家人纷纷批评老李不知轻重；有人私下里还埋怨小孙不大懂事。

说小孙在这件事上表现得不大懂事，确有一定道理。说到底，小孙之所以好心办了坏事，是由于不了解探望病人时所应当遵守的礼仪规范。

亲朋好友生病卧床不起，或是因病住院，专程前去探望，于己而言，此乃人之常情，也是向对方表示关怀与友情的极好时机；于病人而言，能够使他在最需要关心爱护的时刻心想事成，因此而感到无比欣慰，并增强战胜疾病的勇气；同时，还能使其家属感到温暖与慰藉。

作为一种较为特殊的社交活动，合乎礼仪规范的探望，能够令病人精神振奋,有助于其病情稳定或早日康复;而不合乎礼仪规范的探望,却会使病人意志消沉,沉浸在悲观失望之中而难于自拔,或是因此而加重病情。

探望病人,通常需要在是否应当前去探望、探望的时间、停留的短长、馈赠的礼品、与病人的现场交流等几个方面加以特别的注意。

第一,是否应当前去探望。

在一般情况下,考虑是否应当亲自前去探望一位病人,大致需要着眼于以下三个问题。

其一,自己与病人的关系。每当亲戚、朋友、同学、同事卧病在家或是患病住院,一旦我们获知这一消息,就应立即前去探望。

倘若病人是长辈或上了年纪的人,及时前去探望他们,并给予适当的关心照顾,更是我们每一位有良心的人责无旁贷的社会责任。如果对方已经离、退休,而且身边缺少亲友关照,我们的探望与关心对他来说或许是一帖盖世无双的良药了。

自己若负有一定的领导责任,下属病了,如能前去探望,不仅会使他人觉得自己很有人情味儿,而且能够促使自己与对方的上下级关系日后更加和睦。

其二,病人的病情如何?自己的长辈、其他上了年岁的亲友,即便偶感风寒,可能的话也要前去探望,以示晚辈的关心与尊重。要是年轻人得了一些无关宏旨的小病,如伤风感冒、鼻炎、沙眼、过敏性皮炎之类,找机会表示一下关心即可,没有必要小题大做,借题发挥,非得兴师动众地前去探望不成。

如果病人已经病入膏肓,或是不久于人世,即使自己与他关系一般,也应尽早前去探望。不要一拖再拖,延误时机,弄得在病人生前连最后一面也没有见上，以至于将来抱憾终生。

总之，只要自己知道病人病情较为严重，就应尽可能地前去探望。装聋作哑，置若罔闻，或是编造理由，能不去就不去，既会令病人失望，也会使自己显得失礼。

其三，自己如果不能亲自前去探望病人应该怎么办？有时自己身在异地他乡，而且工作繁忙，实在抽不出身来前去探望病人；有时则可能是病人所患的是严重的传染性疾病，或是其他暂时需要与世隔绝、不允许亲友前去探望的病症，或是需要不受任何打搅地静养一段时间；面对上述不容探望的情况，我们依然应当以适当的方式对病人表示慰问。必要时，过一段时间再去探视。

如果病人神智清醒，能够阅读，可以认真地写给他一封慰问信，或是寄上一枚特制的康复卡，委托其亲属或医护人员转达自己的问候，也可以。

若是病人已经神智失常，或失明失聪，则可以写信、打电话或亲自前去，向其家人表示慰问。

第二，探望的时间。

决定前去探望之后，到底何时成行为佳呢？这主要视病人的病情和所处的地点而定。

从总体上来讲，上午大都是医护人员为病人诊断治疗的时间，故不应打扰。

午间和晚间是病人休息的时间，也不能前去探视。假如妨碍了病人的治疗和休息，倒还不如不去。

在一般情况下，当病人病情稳定或趋于好转时，比较适合接待探访者。要是他刚下手术台不久，或身体极度虚弱，你怎么好意思去"逼"他强撑病体，会见自己呢？

若去医院或疗养院探望病人，应当遵守院方规定的探视时间。必要时，可通过向病人亲属询问或打电话向院方咨询的方式，搞清楚有关这方面的规定以及病人所住的病区、病房和床号。不要不守秩序，因为探望病人的心切，而连闯带混，破坏有关规定。

在正常的情况下，如果病人休养在家，则以下午时间前去探访为宜。病人经过了午休，精力相对而言要充沛一些。

要去准备探视身在异地的病人，应三思而后行。行前还应向病人的亲属征询自己何时抵达为好，并应尽量不给对方增添麻烦。

第三，停留的长短。

探望病人的主要目的，是要当面给予病人鼓励、安慰、支持，并对其予以必要的帮助。因此它与亲友平日以谈天、消闲、娱乐为目的互访具有显著的差异，在停留的时间上也显然要短于后者。

在一般情况之下，与病人在一起待一刻钟至半小时的时间最为恰当。因为病人养病的处所不同于客厅，要求病人陪自己漫无边际地神侃乱吹一通，并不是什么好事。

如果病人精神不错，或是颇感寂寞，在其再三挽留下多待一会儿是可以的。只是千万别超过一个小时。要是病人身体欠佳，或是护士小姐特别关照过"不宜长谈"，在他那儿待五至十分钟亦可。

若病人病情较轻，而且卧病的时间也不长，去探望他一次即可。要是病人病得很重，或是身边缺少陪伴的亲人，相机多去几次，更合适一些。对待自己的长辈，尤其应当这么做。

第四，馈赠的礼品。

欲去探视病人，免不了要预备一些送给他们的礼品。过去，人们常常不分青红皂白地一律以糕点和水果罐头相赠，现在来看并不见得对路子。这是因为暂且不论病人的病情与口味儿如何，油腻而难于消化的糕点就让缺少运动的病人难于享用了。可是你拿去了，人家又不得不当着你的面亲口尝一尝，这不是让人活受罪吗？至于说到水果罐头，在其口感和营养方面，也比"正宗、原装"的水果相形见绌。

一般认为：适于送给病人的礼品，主要有以下几种：

其一，鲜花。它的适用范围最广，几乎适宜送给任何病人。由于鲜花能够带给人们美感，使单调乏味的病房充满生活气息，同时还可以调剂病人的情绪，因而最受欢迎。平常我们送给病人的鲜花应是气味较为淡雅的，如剑兰、石蒜、红罂粟、睡莲等等。不要送香气过于浓郁的鲜花，更不要送盆花。因为前者会使置身于空气不大流通的环境中的病人头晕，后者则暗含"扎根"之意，犯了民间的忌讳。

送给病人的鲜花尽量不要选择清一色的白色或黄色的花，人们通常认为这两种色彩不太吉利。除了选择色彩鲜艳的鲜花之外，还不应忽略其寓意。象征青春永驻的紫罗兰，象征安慰的深红色的天竺葵等等，均可首先予以考虑。

其二，水果。营养丰富的新鲜水果，有时对某些病症也有一定疗效。例如，苹果可以开胃、降压，梨子可以止咳、清热，香蕉可治便秘，柑、橙可治咳嗽。只要它们对病人的病情没有负作用，就可以选择适当的品种送给病人。

其三，书刊或音乐制品。对于患外伤或慢性病的病人来说，阅读一些内容适宜的书刊，或欣赏可以令人轻松而愉快的音乐，有助于其修身养性和消磨时光。一本风趣的读物、一册幽默的漫画、一张曼托瓦尼乐队演奏的轻音乐光盘，往往都会令获赠的病人高兴至极。

其四，对患者有益并受其欢迎的食物。如得到医生的许可，还可以送给病人一些他平日爱吃，而且有助于其病情恢复的食品。例如，甲鱼、肉鸽对于手术不久的病人，鸡汤、排骨对于伤筋动骨者，均大有益处。

第五，与病人的现场交流。

探视病人不是去参加春节团拜讲究热闹，所以最好不要成群结队一同前往，去医院或疗养院探望病人特别要记住这一点。否则狭小而清静的病房里一下涌入一大群人，搞得熙熙攘攘，不但会使被探视者难于承受，还会影响到其他病人的休息。

来到病人住处门外，如发现病人尚在休息，可以恭候在外，或是改日再来。若准备进门，应先轻敲一下房门，或请他人通报一声，待病人穿好衣服或盖好被子后，告以"请进"，才可以推门而入。

进入室内后，不要高声喊喝、阔步行进，不要制作刺耳的噪音。见到病人憔悴的病容、陌生的医疗器械，应当控制住自己的情绪，一定不要大惊小怪、面露恐惧，甚至一时说不出话来。对于其他病情严重的病人不要频频窥视，对于发出异味的便盆、痰桶不要再三躲避。这样做，有助于病人的情绪稳定。

见到病人之后，要表现得亲切、热情、自然。譬如说，应当尽可能坐得离他近一些。对方如坚持坐起来，可以扶他一把。得到医护人员许可后，可陪他在室外散散步。对病重的病人，可以帮他擦一把脸、翻一下身、喂一喂药、削一个水果、打一瓶开水，或读一读报纸，尽量做一些力所能及的事。

自己作为探视者的最大使命，是要陪伴病人消磨一段时光，并使其感到宽心。而要做到不辱使命，则应在表情与谈吐两个方面倍加注意。

其一，注意自己的表情。在病人的面前，表情应当自然、冷静、一如既往。不要愁眉苦脸，故作沉重和悲伤，说话走调，更不要一见面便"人未语，泪先流"，甚至号啕大哭，使病人思绪烦乱、心情败坏。

其二，注意自己的交谈。在病人面前交谈时，不要吞吞吐吐、欲语还休，或是故弄玄虚地与人耳语和低声交谈。那么做会刺激病人的神经，使其胡思乱想、疑神疑鬼。

与病人交谈的基本原则，通常应当是"报喜不报忧"。可以尽量多谈一些与病情无关的话题，如逸闻趣事、时尚流行、社会新闻、国内外大事之类。至于涉及病人病情的内容，则至多可以谈一谈战胜疾症的范例，以及病人病情好转的迹象。

当面向病人询问病情，与其切磋求医问药之道，往往都会使病人沉浸在病情的苦闷之中不能自拔，因而难于起到探视病人本应起到的使其宽心的作用，故此必须回避。

不要好心办傻事，在病人面前大谈特谈其所患病情的严重，或是夸大其病情。说什么："我们邻居也得过这病，真难治，现在还没好了"，"你怎么病成这个样子呢"，"你的脸色真不好，我都快认不出来你了"，"你可瘦多了"，等等，都是不应该的。

与护士遵照医嘱对病人进行的个别护理相对应，由病人的亲友共同配合，创造出一种有利于病人治疗与康复的气氛，在本质上讲也是一种护理。用术语来说，它叫做社会护理。

社会护理的核心，主要是心理护理。它通常采用所谓的"支持疗法"，即通过对病人在精神上进行宽心、安慰、支持、鼓励、劝解和疏导的方法，使病人消除顾虑，增强信心，从而达到更为理想的治疗效果。

有鉴于此，我们在病人面前，一定要完成好"社会护理"的任务。届时，我们的每种表情、每句话语，都要给病人安慰和鼓舞，增强病人战胜病痛的勇气。

如果在与病人交谈的过程中，发现其表现出烦躁，或是显得十分疲乏，应适可而止，立即告退。

第 28 篇

与异性交往的你

本篇我们来谈谈有关与异性相处的礼仪规范。

在今日社会，现代男女的社交面与往昔相比已经不可同日而语，老辈人所恪守的那一套"男女授受不亲"的清规戒律也早就"青山遮不住，毕竟东流去"了。

时至今日，不论是男性还是女性，人们大都将拥有共同的志趣作为交友的基本条件。要是认为一对青年男女过从甚密，便意味着男有情、女有意，双方正处于恋爱的"现在进行式"阶段，非让别人笑掉大牙不可。

然而这并不等于说，在现代社交中，人们相互之间的性别界线已被彻底消除，异性之间的交往与同性之间的交往已不存在任何差异了。实事求是地讲，在日常生活中，与异性相处，还是应当在许多方面好自为之的。唯其如此，我们才会真正地赢得异性的尊重，并且在公众面前展现出自己的最佳风采。

在与异性进行社交时，以下几个方面的礼仪不可不知。

首先，要加强自身修养。

我们在人际交往中，要想正确地处理与异性之间的关系，并且得到对方的尊重与信任，首要的一点是要锐意进取，努力把自己培养成为一名有教养、有文化、有专长、有礼貌的现代知识型人才。

人贵有自知之明。在男女的相互交往中，我们不否认在某种程度上存在着异性之间相互吸引的因素。若是能够对此处置得当，将会激发我们的上进心，使我们在各方面更加严格要求自己，去争取更大的进步。

可是有些人却不明白这一点，有个别男士认为：在社会上，我行我素、放纵自我，或者"今朝有酒今朝醉"，懂得及时行乐，才是英雄好汉。其实，任何人在今日的社会上生活，都必须懂规矩、讲规矩，都绝对不可以为所欲为。而一个人要想得到别人的尊重，首先就要加强个人修养，就要尊重自己，就要充实自己、完善自己、发展自己，并且报效国家、贡献社会。

有极少数的女士则错误地认为，要想为自己在社会上争得一席之地，并且充分地享受人生的乐趣，只要选择一条捷径，就可以不费吹灰之力地使自己脱颖而出。照她们自己的说法，这条捷径就是通过给自己"加魅"的方法，去"智取"男性。换句话来说，她们认为女性的魅力在于会向男人发嗲撒娇。如有必要，主动地跟男人打情骂俏，"放长线钓大鱼"，也可以一试。不言而喻，这是一种游戏人生的"自残"行为。照此去做，可能会一时"获益"，可是到头来被人们看不起，被社会所抛弃的还是自己。

"花无百日红"，青春女子的美貌总有一天会"无可奈何花落去"，但一个人所拥有的文化教养却只会有增无减。它才是一种永恒的人格魅力，不仅可以使我们奋发向上，而且还可以以此为我们赢得越来越多的真正的朋友，同性或异性的朋友。

其次，要待人落落大方。

我们在处理与异性的相互关系时，一定要努力加强自身的修养，使自己由"浅"而"深"，这一点固然重要，但是也不能走极端，让自己在异性面前深藏不露、深不可测。那样的话，也会拒人于千里之外，难于与人相处。因此我们有必要强调一下与异性搞好关系的另一个重要之点，那就是应当热情、友善、落落大方。

目前，有些人，特别是一些年轻人认为，在与异性交往的过程中，稳重胜过一切。此种看法没错，但要看你把什么叫做稳重？

所谓稳重，实质上是做人的一种教养。具体而言，它是指一个人的言语和行动沉着而有分寸，做事情不莽撞、不任性。然而个别人却不这样认识稳重，他们认定：稳重只是抬高自己身价的一种方法。所谓艳若桃李、冷如冰霜，或者不苟言笑、善于摆酷，才是他们所推崇的稳重。他们并不知道，这种所谓的稳重，在现实生活中是行不通的。这是因为，待人接物时过分的冷峻，好似在自己的四周设置了一道无形的屏障，它只会令人望而却步，使自己离群索居。所以说对待朋友，不论是同性还是异性，都应当态度热情才是。

平时，我们对待别人，不仅要热情，而且还要友善。此二者，必须相辅相成，与异性交往也是如此。待人不热情，就不会赢得朋友；待人不友善，热情便值得怀疑。我们在与异性交往的过程中，只有热情与友善并举，方能广结善缘。

再次，要检点社交分寸。

与异性打交道时，我们的举止行为应当自然而不拘束。没有必要事事瞻前顾后、想这怕那，见人低眉垂目，说话低语"难受"。有道是："心底无私天地宽"。与普通关系的异性交往时表现得落落大方，往往正说明白己别无他想。若是举止失措、词不达意，那通常可就不能不令人起疑了。

对待异性，要表现得热情、友善、落落大方，并不是说我们在任何方面都可以对自己放任自流。有社会经验的人都明白，我们在与异性打交道的时候，有一些具体的社交分寸是不得不讲究的。这些分寸，主要包括以下几点：

其一，要注意社交对象方面的限制。同异性同事、异性同学、异性邻居打交道，由于大家相互之间比较了解，一般不宜顾忌过多。而对于素不相识的异性和已婚的异性，我们就不能处处不设防了。对素不相识的异性，固然可以通过正常的社交，加深相互了解，而成为好朋友。但对其有所了解，通常必须成为与之社交的前提。

跟已婚的异性打交道，不是说绝不可以。然而在自己一方适当地留有余地，与之保持一定限度的正常距离，例如，尽量不要单独与之外出观光、游览，不要与之说过了头的"知心话"，不要轻易给对方送礼物，等等，对于双方都有好处。

其二，要注意社交时间方面的限制。与一般关系的异性约会外出，宜选择在节假日的白天，而应尽量避免以夜晚尤其是深夜作为双方进行社交活动的时间。遇到某些特殊情况，如观看演出、参加舞会、出席社交性聚会等，在晚上也可以与异性一道出去。但与异性一起参加此类活动,通常不应当超过23点钟。在此之前,就应当与异性告别回家。

在任何情况下,都不允许与异性一同外出时彻夜不归。

其三,要注意社交场所方面的限制。此点要求,主要是针对女士。当一位或几位异性邀请自己一同外出时,对对方提议的活动地点务必要认真考虑。从未去过的地方、不太熟悉的地方、不适合自己去的地方,都可以予以拒绝,而不必勉为其难。不过,在拒绝时可以说得婉转一些,比如,可以说自己突然有急事要办,身体不大舒服,或是自己的家人阻止自己前去。这些说法比说"我不去,那里对我不安全",要中听多了。

除此之外,异性单独住宿的房间、宾馆的客房、歌厅酒廊等处,也不宜作为我们与一般关系的异性会面的地点。

男士在邀请关系一般的女士外出时,往往也要兼顾以上各点,不要令对方深感不便。

其四,要注意社交次数方面的限制。很多有知识、有教养的异性见多识广、心胸开阔,许多人都觉得跟这样的异性进行社交更有品位。

然而若非以对方作为自己追求的对象,在正常情况下与异性往来的次数还是不要太多、太密为好。之所以如此要求，一是因为大家都有不少正事要办，对人家过多打扰，未必不会让人家讨厌。二则"量变"往往会引起"质变"，双方接触过多，不一定有助于友谊的长久维持。

其五，要注意谈话内容方面的限制。有些人以豪爽自居，在异性面前往往敢于无话不谈。自己的莫须有的罗曼史，身边人的种种不是，甚至种种绝对不登大雅之堂的粗话、黑话、黄话等"脏、乱、差"的语言，对他们而言都百无禁忌。虽说是"正不压邪"，但跟异性说话，限度还是要有的。

不仅如此，他们还喜欢在异性面前张口"讨厌"，闭嘴"没劲"，言必称"烦死了"，动不动就怨声载道、大发牢骚。

作为一个有教养的人，我们应当知道在异性面前什么当讲，什么不当讲。将以上内容挂在嘴边上，甚至当作"口头禅"来使，通常只能说明自己修养太差。有的话题，如个人生活的不幸、感情的失败、生活的寂寞等，若是随便向任何一位异性倾诉，不但表明自己做事轻率，而且往往还可能引起对方的误会。

其六，要注意行为举止方面的限制。与异性相处时，我们应当对自己的举止行为有所约束。跟异性动手动脚、打打闹闹，都是轻佻失仪的举动。

不要在异性面前进行"舞台表演"。猛甩秀发、狠咬嘴唇、捻指作声、张牙舞爪等等，非但不美，而且也很俗气。

不要在异性面前整理自己的服饰鞋袜。对于女士而言，尤其需要注意的是不要公然把自己内衣的吊带连塞带藏，也不要在异性面前脱下高跟皮鞋，让脚丫子舒服舒服，甚至把鞋子一甩，然后盘腿坐在异性对面的沙发上。这些均属于"卧室里的动作"，仅限于在自己的闺房里操练。要是把它们展现在一位与自己关系一般的异性面前，岂不是在有意暗示对方"我不跟你见外"吗？随随便便地当众剔牙、抠鼻、吐痰，或挽裤、卷袖，亦是男士们必须绝对禁止的不良举止。

不要在异性面前摆臭架子。人家照顾你是一种礼貌，我们却不能因此而得寸进尺，或手不动，脚不抬。

最后，要学会表达情感。

当自己确实钟情于某位异性之时，不必非等着对方来向自己表白不可。要是他人先入为主，而使自己与对方失之交臂，那只能责怪自己的优柔寡断啦。

向一位异性表白自己的爱情，通常需要注意以下几点。

其一，要比较全面地了解对方的一切状况。例如，其经历、品德、性格、嗜好、社会关系等等。如此的知此知彼，既可以找到双方的共同语言，也可以避免自己由于爱情冲昏头脑，从而草率从事。

其二，要选择好时机。从爱情的萌发到爱情的表白，是一个循序渐进的过程。在这个过程中，男女双方都需要有一个观察对方、加深彼此之间相互了解的机会。人是理智的动物，对于一见钟情式的爱情，人们一般都是不大相信的。所以不妨在水到渠成之时再向对方坦陈自己的爱意。

其三，要以适当的方式向对方表达。鸿雁传书，自然可以捎去自己的绵绵情意。以单独与对方约会为起点，往往也可以达到向对方示爱的目的。

以恋爱为目的约会，可以有种种不同的选择。郊游、溜冰、划船、跳舞、听音乐会、去美术馆、观看电影和戏剧，都可以加以考虑。如果是第一次约会，可以在告之对方时说得含蓄一些。

例如，可以说："听说美国扬百翰大学的歌舞团要来演出了，你想和我一起去看吗"；也可以说："我想请你星期天陪我去美术馆看展览，不知道你是否方便"。这样的话，就是遭到了对方的拒绝，也不至于让自己太难为情。

与恋人约会，务必要准时赴约。有个别人，尤其是某些女性总是无师自通地把姗姗来迟当作提高自己的身价，或是考验对方忠诚的一种必不可缺的方式。其实，这种做法，往往没什么用处，而只会引起男方的反感。某些女士在约会时，明明自己准时到达了现场，却有意躲在暗处欣赏男士的望眼欲穿。若是让对方发现了此情此景，可能就不好交待了。此外，**与恋人约会，着装与交谈都要文明、礼貌。**

与异性进行进一步的交往时，既不必一味讨好、迁就对方，而使对方得寸进尺、不可一世，也不要跟人家玩"爱情游戏"。有些人颇为擅长在谈恋爱时和自己的恋人玩捉迷藏，他们一会儿耍"大牌"，或使"小

性子"，借此要求对方事事对自己唯命是从，一会儿则又给对方设置重重障碍，要求对方时时刻刻为自己不辞万苦千辛。有些时候，他们甚至对自己的求爱者来者不拒，同时脚踏几只船，并以此去激励对方"发愤图强"。对待爱情如此地不严肃，获得真爱的概率恐怕只能会是零。

古诗云："窈窕淑女，君子好逑。"如果你是一名可爱的现代女性，身边同时拥有几位追求者是不足为怪的。遇上这种情况，切不可沾沾自喜，或是指望通过多名追求者之间的竞争而从中牟利。对于并非我们意中人的男士，一定要尽早相告。不然的话，就会当断不断，自受其乱。

作为一名有教养的男士，则要尊重妇女、尊重感情，切不可游戏人生，伤害女性。

拒绝异性的求爱，可以当面予以拒绝，也可以委托双方共同的好友去代为转述自己的意思。但是，千万不要出于怜悯而对别人的表白支支吾吾，或者对必要的、及时的拒绝一拖再拖。

后 记

管仲曾经说过："仓廪实而知礼节，衣食足而知荣辱。"当前，随着我国改革开放的不断深入，随着我国社会主义物质文明、精神文明和政治文明建设成果的不断积累，当代中国人的社交活动变得越来越丰富多彩。

目前，人们的社交圈已由邻里、亲友、同事，逐渐扩大为其他单位、其他行业和其他地区，并且已经开始跨地区、跨国家地进行更为广泛的人际交往。

人们的社交内容与形式，也已由单一、简单、初级，逐渐发展为多种多样、丰富多彩、万紫千红。

我们必须承认，多交朋友、广结善缘，有助于我们每个人的工作、学习与生活。这是因为，个人的人际关系的好坏，往往关系着我们自己的发展与未来。我们也必须明确，在现代社会上所进行的任何一种形式的人际交往，首先都必须有其规则可循。因为：没有规矩，便不成方圆。

所谓社交礼仪，就是人们在其社交应酬中所必须自觉地遵守的、社会上约定俗成的、有关待人接物的行为规范，亦即为人处世的基本规则。换言之,社交礼仪的基本特点即规范社交行为;待人"敬而无失"。

我们还必须强调，在人际交往中，一个人懂不懂社交礼仪，实际上就是他本人有没有教养的表现。一个人讲不讲社交礼仪，是直接关系到其自身形象的问题。

为了保持风格上的统一，根据出版社与本书责任编辑的要求，这本《社交礼仪》依然根据我以往的电视讲座、演讲与报告的记录，以及有关的报刊文章整理而成。真心地希望它能够对广大读者有所帮助，有助于提高大家的社交能力。

因受作者本人水平与本书体裁的具体限制，本书难免多有不足，在此恳请广大读者予以指正。

作　者

图书在版编目（CIP）数据

社交礼仪 / 金正昆著 . —北京：北京联合出版公司，2013.2（2025.2 重印）

（礼仪金说）

ISBN 978-7-5502-1381-4

Ⅰ.①社…　Ⅱ.①金…　Ⅲ.①心理交往—礼仪　Ⅳ.① C912.1

中国版本图书馆 CIP 数据核字 (2013) 第 030822 号

社交礼仪

作　　者：金正昆

出 品 人：赵红仕

责任编辑：徐秀琴　昝亚会

封面设计：先锋设计

北京联合出版公司出版

（北京市西城区德外大街83号楼9层 100088）

北京新华先锋出版科技有限公司发行

天津联城印刷有限公司印刷　新华书店经销

字数268千字　787毫米×1092毫米　1/16　23印张

2013年6月第1版　2025年2月第11次印刷

ISBN 978-7-5502-1381-4

定价：59.00元